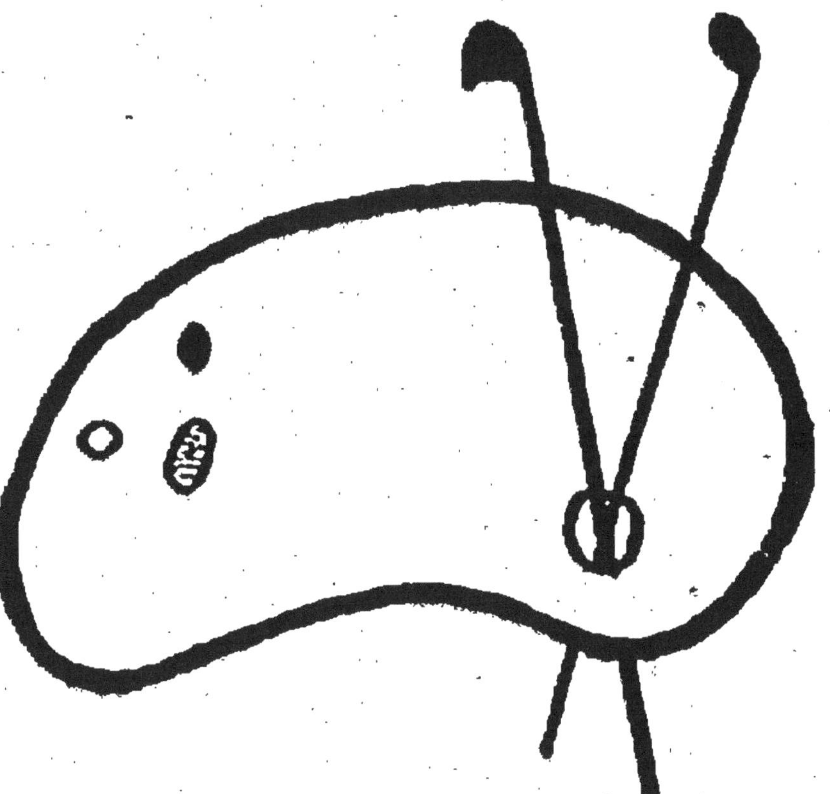

DEBUT D'UNE SERIE DE DOCUMENTS
EN COULEUR

ÉTUDES ET DOCUMENTS

SUR L'HISTOIRE

DE BRETAGNE

(XIIIe-XVIe SIÈCLES)

PAR

L'ABBÉ G. MOLLAT

HONORÉ CHAMPION
Librairie spéciale pour l'Histoire de France
5, QUAI MALAQUAIS, 5, PARIS

1907

LA BORDERIE (A. de), membre de l'Institut. **L'Historia Britonum** attribuée à Nennius et l'historia Britannica avant Geoffroy de Monmouth. 1883, in-8. 6 fr.

— Une prétendue compagne de Jeanne d'Arc : **Pierrone et Perrinaic.** 1894, in-8. 1 fr. 50

— **Jean Meschinot,** sa vie, ses œuvres, ses satires contre Louis XI. 1896, in-8. 4 fr.

— **Nouvelle galerie bretonne historique et littéraire.** 1897, in-12. 3 fr.

— **Recueils d'actes inédits** des ducs et princes de Bretagne (XIe, XIIe, XIIIe siècles). 1899, in-8. 7 fr.

— **Notions élémentaires sur l'histoire de Bretagne.** 1901, in-12. 5 fr.

— **La chronologie du cartulaire de Redon.** 1901, in-8. 5 fr.

— **La Bretagne.** Les origines bretonnes. La Bretagne aux grands siècles du moyen-âge. La Bretagne aux derniers siècles du moyen-âge. La Bretagne aux temps modernes. 1894-1903, 1 vol. in-12. 14 fr.

Cours d'histoire professé à la Faculté des lettres de Rennes.

LE BRAZ (Anatole), professeur à la Faculté de Rennes. **La Légende de la mort chez les Bretons armoricains.** Nouvelle édition avec des notes sur les croyances analogues chez les autres peuples celtiques, par Georges Dottin, professeur adjoint à l'Université de Rennes. 1899, 2 forts vol. in-12. 10 fr.

— **Textes bretons inédits** pour servir à l'histoire du théâtre celtique. 1904, in-8. 1 fr.

— **Cognomerus et sainte Tréfine.** Mystère breton en deux journées. Texte et traduction. 1904, in-8. 4 fr.

— **Vieilles histoires du pays breton.** 1905, in-18. 3 fr. 50

LE GOFFIC (Charles). **L'Ame bretonne** (nouvelle édition revue et augmentée). 1902, in-16. 3 fr. 50

LONGNON (A.), membre de l'Institut. **Manuel de géographie ancienne** de H. Kiepert, tr. par E. ERNAULT. Ouvrage accompagné d'un avant-propos et remanié en ce qui concerne la Gaule par A. LONGNON. 1887, in-8. 6 fr.

— **De la formation de l'unité française.** Leçon professée au collège de France, le 4 décembre 1889. 2e édition. 1904, in-8. 1 fr.

Cette leçon prononcée au collège de France par le maître de la géographie historique, M. Longnon, fait merveilleusement comprendre la formation de l'ancienne France. Elle est utile à tous ceux qui sont destinés à en étudier l'histoire et nous avons cru rendre service à tous les travailleurs en en donnant une nouvelle édition.

LOT (F.), professeur à l'École des Hautes-Études. **Les derniers Carolingiens** : Lothaire, — Louis V, — Charles de Lorraine (954-991). Avec une préface de A. Giry. 1891, gr. in-8. 13 fr.

— **Études sur le règne de Hugues Capet** et la fin du Xe siècle. Ouvrage couronné par l'Institut (Prix Gobert). 1903, gr. in-8, avec une planche. 20 fr.

— **Fidèles ou vassaux?** Essai sur la nature juridique du lien qui unissait les grands vassaux à la royauté depuis le milieu du IXe jusqu'à la fin du XIIe siècle. 1904, in-8. 7 fr.

LOTH (J.), professeur à l'Université de Rennes. **Vocabulaire vieux-breton** avec commentaire, contenant toutes les gloses en vieux-breton, gallois, cornique, armoricain connues. Précédé d'une introduction sur la phonétique du vieux-breton et sur l'âge et la provenance des gloses. 1884, gr. in-8. 10 fr.

— **Chrestomathie bretonne** (armoricain, gallois, cornique), 1re partie : Breton-Armoricain. 1890, gr. in-8. 10 fr.

— **Remarques et corrections** au lexicum cornu-britannicum de Williams. 1902, in-8. 2 fr.

— **L'année celtique** d'après les textes irlandais, gallois, bretons et le calendrier de Coligny. 1904, in-8. 3 fr.

NOLHAC (P. de). **Pétrarque et l'humanisme,** nouvelle édition, 2 vol. in-8, planches. 20 fr.

ORAIN (Adolphe). **Contes du pays Gallo** : I. Cycle mythologique. — II. Cycle chrétien. — III. Contes facétieux. — IV. Contes de voleurs. — V. Le monde fantastique. 1904, in-12. 3 fr. 50

POUPARDIN (R.). **Le Royaume de Provence sous les Carolingiens** (855-933?). 1901, gr. in-8. 15 fr.

REINACH (S.), membre de l'Institut. **Pourquoi Vercingétorix a renvoyé sa cavalerie d'Alésia,** in-8. 1 fr. 50

— **La Gaule personnifiée,** in-8, pl. 1 fr.

Soniou Breiz-Izel. Chansons populaires de la Basse-Bretagne recueillies et traduites par F.-M. Luzel avec la collaboration de M. A. Le Braz. Soniou (Poésies lyriques). 1890, 2 vol. in-8. 16 fr.

T. I. Chansons enfantines ; sentimentales. — T. II. Mariage ; chansons humoristiques et satyriques ; métiers ; chansons de soldats et chansons de lord ; Noëls et chansons religieuses.
La traduction française est en regard du texte breton. Importante introduction d'Anatole Le Braz.

TOURNEUR (Victor). **Le Mystère Breton de saint Crépin et de saint Crépinien.** 1906, in-8. 5 fr.

Introduction [Études sur les sources]. Texte breton et traduction française.

— **Vision (La) de Tondale (Tnudgal),** textes français, anglo-normand et irlandais publiés pour la première fois par V.-H. Friedel et Kuno-Meyer, in-8. 7 fr. 50

Ces textes variés, publiés avec toute la rigueur de la méthode la plus scientifique, seront très utiles aux maîtres de philologie et aux professeurs d'enseignement supérieur pour l'explication en commun dans leurs cours.

ÉTUDES ET DOCUMENTS SUR L'HISTOIRE DE BRETAGNE

ÉTUDES ET DOCUMENTS

SUR L'HISTOIRE

DE BRETAGNE

(XIIIe-XVIe SIÈCLES)

PAR

L'Abbé G. MOLLAT

Honoré CHAMPION
Librairie spéciale pour l'Histoire de France
5, Quai Malaquais, 5, Paris

1907

ÉTUDES ET DOCUMENTS

SUR

L'HISTOIRE DE BRETAGNE

(XIIIe-XVIe SIÈCLE)

On chercherait vainement dans les *Études et Documents* qui vont suivre le résultat d'un dépouillement systématique et complet de la Bibliothèque et des Archives du Vatican au point de vue particulier de l'histoire de Bretagne. Les pièces, presque toutes inédites, qui ont fourni matière à ces études ont été trouvées soit à l'aide du précieux inventaire dressé au XVIIIe siècle par Garampi (1), soit au cours de longues recherches faites au Vatican dans un tout autre but. Datées pour la plupart du XIVe siècle, elles n'ont entre elles aucun lien sinon qu'elles concernent le pays breton, les abbayes bretonnes, les diocèses, les évêques et la cour des ducs de Bretagne.

I

Les démêlés de Guillaume Ouvroin, évêque de Rennes, et de Jean II, vicomte de Beaumont

(1311-1313)

A la suite du mariage de Jean Ier, vicomte de Beaumont, avec Jeanne, dernière survivante de la famille de la Guerche, les seigneuries de la Guerche, de Pouancé et de Château-Gontier échurent à la maison de Beaumont (2). La châtelainie

(1) Cfr. L. Guérard, *Petite introduction aux Inventaires des Archives Vaticanes*, Paris, 1901, p. 28 et sqq., et U. Berlière, *Aux Archives Vaticanes*, Bruges, 1903.

(2) E. Hucher, *Monuments funéraires et sigillographiques des vicomtes de Beaumont*, dans la *Revue historique et archéologique du Maine*, t. XI (1882), p. 363, et *Notice généalogique et historique sur Pouancé et La Guerche*, Paris, 1832, p. 36. Voir aussi Guillotin de Corson, *Les grandes Seigneuries de Haute-Bretagne*, 2e série, Rennes, 1898, p. 208-213.

de la Guerche était située sur le territoire de la paroisse de Rannée et était englobée dans le régaire de Rannée qui comprenait le manoir de Rannée, appelé aussi les Salles, cédé à l'évêque de Rennes en 1096 par Sylvestre de la Guerche, et entre autres choses des rentes dues par le seigneur de la Guerche [1]. De plus, comme marque de sa dépendance à l'égard de l'évêque de Rennes, dont il était le vassal et auquel il prêtait serment de fidélité et hommage-lige [2], le châtelain de la Guerche soutenait l'un des quatre coins du siège d'honneur sur lequel, lors de sa prise de possession, tout nouvel évêque faisait son entrée dans la ville de Rennes [3].

Jean II de Beaumont (1327-1371 ?) [4], petit-fils de Jean Ier, qui avait épousé en premières noces Isabeau d'Harcourt, obtint d'être uni en secondes noces avec Marguerite de Poitiers, fille d'Aymar IV, comte de Valentinois, et de Sibille de Baux, par l'évêque de Rennes, sans que les bans de mariage eussent été publiés (1er janvier 1334) [5]. L'entente qui, à cette époque, semble avoir régné entre le vicomte et Guillaume Ouvrouin fut bientôt rompue, et en 1344, en cour d'Avignon, devant le pape et les cardinaux réunis en consistoire, l'évêque prononçait un violent réquisitoire contre son vassal.

Jean de Beaumont, tout récemment, avait eu l'audace de se saisir d'un prêtre, Jacques Badiee, et de deux clercs du diocèse de Rennes, nommés Olivier de Terchamp et Pierre

(1) Guillotin de Corson, *Pouillé historique de l'Archevêché de Rennes*, Paris-Rennes, 1881-1886, t. I, p. 117 et 120; A. de la Borderie, *Notice sur le régaire de l'Evêché de Rennes*, dans *Mélanges d'archéologie et d'histoire bretonnes*, Paris-Rennes, 1858, t. II, p. 66-79.

(2) « Et non attendens quod ipse [le vicomte de Beaumont] prefati episcopi et sue Redonensis ecclesie vasallus erat, prout existit, ac fide et homagio astrictus eisdem », *Reg. Vat.* 123, f. 173 r°, ep. 158; J.-M. Vidal, *Lettres communes de Benoît XII*, Paris, 1906, t. II, p. 335, n. 9006.

(3) De Corson, *Pouillé*..., t. I, p. 107.

(4) Masse, *Notice historique sur Beaumont-le-Vicomte et ses seigneurs*, Mamers, 1891, p. 19.

(5) *Reg. Vat.* 106, ep. 401, et *Gallia Christiana*, t. XIV, Instrum., col. 756. — D'après le P. Anselme (*Histoire généalogique et chronologique de la maison de France et des grands officiers de la couronne*, t. II, p. 192), le mariage aurait été conclu par traité dès le 31 décembre 1330.

Manhugeon, d'ordonner de les jeter en prison et de les y détenir longtemps en ne leur ménageant pas les mauvais traitements. Bien plus, Jacques Badiec et un des frères de l'évêque de Rennes, également clerc, avaient été dépouillés de testaments qu'ils gardaient soigneusement avec eux et de tous les biens meubles ou immeubles qu'ils possédaient légitimement; après quoi, s'arrogeant le droit de patronat sur l'église Notre-Dame de La Guerche, le vicomte leur retira les bénéfices ecclésiastiques qu'ils y occupaient et, de sa propre autorité, les conféra à d'autres personnes de son choix. A cette nouvelle, l'évêque de Rennes s'était décidé à procéder contre son vassal insoumis d'après les lois de l'Eglise et, à cet effet, avait délégué ses pouvoirs à un prêtre, du nom d'Yves (1). Celui-ci se trouvait dans les murs du monastère de Saint-Melaine, quand tout-à-coup le vicomte fit irruption dans le cloître, s'empara de sa personne et, l'épée sous la gorge, le força à manger les lettres de l'évêque qu'il portait sur lui. Sans perdre de temps, l'injuste agresseur s'élança à l'assaut du manoir de Rannée et pilla tout ce qui s'y trouvait, blés et objets mobiliers (2); puis, payant d'audace, sous des peines sévères il proclama défense aux sujets de l'église de Rennes de recourir à la juridiction de l'évêque dans les causes qui, de par le droit et la coutume, ressortissaient au for ecclésiastique (3). En conséquence, le vicomte encourut des peines canoniques et fut déclaré déchu du fief qu'il tenait de l'église de Rennes. Fort de son droit, Guillaume Ouvrouin supplia Benoit XII de lui venir en aide et de réprimer la rébellion de son vassal.

(1) Voir pièce justificative.

(2) « Idem vicecomes... quemdam presbyterum, nuncium ipsius episcopi, certas ipsius episcopi litteras deferentem ac mandata ejusdem exequentem contra vicecomitem supradictum, et tunc infra septa monasterii sancti Melanii Redonensis, ordinis sancti Benedicti, existentem invasit hostiliter et nisus fuit ipsum presbyterum gladio evaginato compellere comedere litteras memoratas... dictusque vicecomes... quoddam manerium ecclesie et episcopi predictorum occupans violenter, blada et quedam alia bona mobilia dicti episcopi existentia in eodem fecit de dicto manerio pro suo libito asportari... » *Reg. Vat.* 120, f. 173 r°, ep. 158; Vidal, *op. cit.*, n. 9006.

(3) Voir pièce justificative.

Avant de rien décider, le pape ordonna une enquête; puis, celle-ci ayant établi que les plaintes de l'évêque étaient fondées et que les excès reprochés à Jean de Beaumont n'étaient que trop réels, les évêques du Mans et d'Angers ainsi que l'abbé de Saint-Melaine furent chargés de citer le coupable à comparaître personnellement en cour d'Avignon, dans les quarante jours qui suivraient la citation, et cela au mépris des appels qu'après le départ de l'évêque de Rennes pour Avignon le vicomte avait interjetés des sentences portées contre lui près de la cour métropolitaine de Tours. Le pape, d'ailleurs, évoquait entièrement à lui la cause, engageait ses mandataires à exécuter ses ordres sans délai et les priait de le tenir au courant des événements (Bulle du 18 juillet 1341) (1).

Malgré que la citation pontificale lui eût été signifiée, Jean de Beaumont ne mit pas fin à la série de ses exploits; bien au contraire. Exaspéré de ce que les vicaires généraux de Guillaume Ouvrouin avaient osé jeter l'interdit sur les terres placées sous sa suzeraineté et sises dans le ressort du diocèse de Rennes, il obligea de vive force quelques prêtres à violer l'interdit en leur faisant célébrer la messe et les autres offices divins. Puis, sur ses ordres, le chevalier Bonabes de Rougé (2), fils du baron Guillaume de Rougé, avec des affidés, arrêtèrent Jean Baratin (3), archidiacre du Désert et vicaire général de l'évêque de Rennes, le jetèrent en prison et l'y laissèrent languir jusqu'à ce qu'il eût promis de payer, à la réquisition du vicomte, une rançon de 500 livres. Les autres vicaires généraux, Nicolas de Tréal (4), abbé de Saint-Melaine, et Guillaume Hequenoille (5), chantre de la cathédrale de Rennes, l'official, le garde-sceaux, les clercs, chapelains et familiers

(1) *Reg. Vat.* 129, f. 173 r°, ep. 158; Vidal, *op. cit.*, n. 2006.

(2) Sur Bonabes de Rougé, voyez Du Paz, *Histoire généalogique de plusieurs maisons illustres de Bretagne...*, Paris, 1619, f. 164-166, et Couffon de Kerdellech, *Recherches sur la chevalerie du duché de Bretagne...*, Nantes, 1877-1878, t. II, p. 26.

(3) De Corson, *Pouillé...*, t. I, p. 176.

(4) De Corson, *ut s.*, p. 134.

(5) De Corson, *ut s.*, p. 161.

de l'évêque furent menacés de représailles si terribles que n'osant plus se montrer dans le diocèse de Rennes certains réussirent à s'y cacher tandis que les autres gagnèrent des régions plus lointaines.

Averti par l'évêque de Rennes de la rébellion de Jean de Beaumont, Benoît XII ordonna aux évêques de Dol, Léon et Tréguier d'instruire une enquête en forme sommaire « summarie, simpliciter et de plano, ac sine strepitu et figura judicii »[1]. Si l'enquête se concluait par la culpabilité des ayants cause, l'excommunication nominale serait publiée, partout où cela serait nécessaire, contre chacun des incriminés et ne serait suspendue que jusqu'à complète satisfaction des injustices, offenses et dommages commis au détriment de l'église et de l'évêque de Rennes, des gens de celui-ci et de l'archidiacre du Désert. Quiconque violerait l'interdit porté contre les coupables encourrait des censures. Que si le vicomte de Beaumont, Bonabes de Rougé et ses sicaires persévéraient dans la rébellion, leurs terres seraient frappées d'interdit tandis que l'aggrave, la réaggrave et d'autres peines ecclésiastiques seraient prononcées contre leurs propres personnes. (Bulle du 28 août 1341)[2].

Les ordres sévères du pape furent si bien exécutés que le 1er octobre 1341[3], par-devant maître Geoffroy de Renay, notaire à Rennes, Jean de Beaumont constitua le chevalier Geoffroy de Rougé[4] et les damoiseaux Jean Gabil et Juhel de Rougé ses procureurs en cour d'Avignon et leur donna pleins pouvoirs de le représenter au cours du procès canonique dans lequel il était impliqué. Il s'engageait notamment à ratifier tout accord, engagement, compromis et sentence d'arbitrage qui seraient acceptés en son nom.

Les procureurs du vicomte comparurent devant le pape et les cardinaux assemblés en consistoire et durent écouter

(1) Sur la procédure sommaire en droit canonique, voir Paul Fournier, *Les officialités au Moyen-Age*, Paris, 1880, p. 231-232.

(2) *Reg. Vat.* 120, f. 177 r°, n. 167; Vidal, *op. cit.*, t. II, p. 388, n. 9100; voir aussi pièce justificative.

(3) Voir pièce justificative, dans laquelle l'acte de procuration est inséré.

(4) Mss. de Logeyo.

le violent réquisitoire de l'évêque de Rennes qui réclamait 3,000 florins d'or de dommages et intérêts et suppliait les juges de déclarer son vassal contumace et de procéder contre lui, puisqu'il n'avait pas comparu personnellement en cour d'Avignon au jour fixé.

On réussit à calmer Guillaume Ouvrouin, et finalement fut conclu un compromis. Au nom de leur maître, les procureurs reconnurent que les plaintes de l'évêque de Rennes n'étaient que trop justes. Humblement et respectueusement ils prièrent Benoît XII d'épargner le vicomte de Beaumont, de le relever de l'excommunication qu'il avait encourue et de suspendre l'interdit qui pesait sur ses terres. En retour, ils promirent que leur maître serait soumis aux ordres du pape, qu'il rétablirait l'évêque de Rennes et ses gens dans leurs droits et qu'il maintiendrait intégralement la liberté ecclésiastique. Ils offrirent de payer les 3,000 florins d'or réclamés par l'évêque de Rennes en trois échéances : 1,500 florins le dimanche des Rameaux, 500 le jour de la fête de la Nativité de la Sainte-Vierge, et les 1,000 autres à la Pentecôte suivante[1]. Quant à l'archidiacre du Désert, aux prêtres, clercs et autres ecclésiastiques du diocèse de Rennes, une indemnité leur serait donnée en proportion des dommages que chacun d'eux avait eu à subir.

Benoît XII se laissa fléchir, accepta les offres des procureurs délégués par Jean de Beaumont, mais obligea Geoffroy de Rougé à jurer sur l'Évangile et au nom de son maître complète obéissance à l'Église et au Saint-Siège. Après quoi il leva l'excommunication qui frappait le vicomte, du consentement même de l'évêque de Rennes. Cependant à cette grâce il mit des conditions nombreuses et justifiées. Tout d'abord, Guillaume Ouvrouin recevrait les 3,000 florins d'or aux termes proposés. Remise lui serait également faite du manoir de Rannée et de tout ce qui en avait été enlevé. A la Nativité de la Sainte Vierge[2], pleine satisfaction devrait être donnée à l'archidiacre du Désert et aux autres ecclésiastiques qui

(1) C'est-à-dire le 1er avril et le 8 septembre 1342, et le 19 mai 1343.
(2) C'est-à-dire le 8 septembre 1342.

avaient été lésés dans leurs droits. De plus, ces mêmes personnes seraient reconnues libres des obligations ou promesses qui leur avaient été extorquées lors de leur emprisonnement. Les jours de foires et de marchés, à trois reprises différentes, jusqu'à Pâques prochaines [1], dans les domaines du vicomte de Beaumont situés dans les limites du diocèse de Rennes, un crieur public proclamerait qu'entière liberté était laissée aux habitants de porter devant les tribunaux ecclésiastiques les causes dont, de par le droit et la coutume, il leur appartenait de connaître. A l'avenir le vicomte s'engageait à être respectueux de la juridiction ecclésiastique et à ne plus inquiéter l'évêque, son frère, ses vicaires généraux et ses autres gens. Dans le délai d'un an, à partir du 24 novembre 1341, il n'en serait pas moins tenu de comparaître en cour d'Avignon devant le pape régnant. Avant la Saint-Hilaire prochaine [2], en présence d'un notaire et de témoins, il ratifierait et approuverait tout ce à quoi ses procureurs s'étaient obligés en Avignon, et prêterait serment sur les Evangiles d'être fidèle aux engagements pris en son nom. De son serment il ferait dresser un acte authentique par un notaire, le scellerait de son sceau et le transmettrait à l'évêque de Rennes ou au Saint-Siège dans les quinze jours qui suivraient la fête de la Purification de la Vierge. Que s'il osait enfreindre l'une des conditions précitées, *ipso facto* il retomberait sous le coup de l'excommunication et ses terres seraient de nouveau frappées d'interdit (Bulle du 24 novembre 1341) [3].

Pour plus de sûreté, Benoît XII avertit les évêques de Dol, Angoulême et Léon qu'ils auraient à publier de nouveau l'excommunication contre le vicomte si celui-ci méprisait les ordres émanés du Saint-Siège et s'il ne certifiait pas qu'il s'y était scrupuleusement conformé, dans les vingt jours qui suivraient l'expiration des délais fixés par la bulle du 24 novembre [4].

(1) C'est-à-dire jusqu'au 8 avril 1342.
(2) C'est-à-dire avant le 14 janvier 1342.
(3) Voir pièce justificative.
(4) Bulle du 24 novembre 1341 ; *Reg. Vat. 129*, ep. 23 *de curia* ; *Reg. Avin. 55*, f. 53 v°; J.-M. Vidal, *op. cit.*, n. 9153; Daumet, *Lettres closes de Benoît XII*, Paris, 1899, t. I, n. 906.

Les conditions que Benoît XII mit pour prix de son pardon parurent-elles trop dures au vicomte de Beaumont? Escompta-t-il l'impunité à la mort du pontife et crut-il trouver de sérieux appuis dans l'entourage ou la nombreuse famille de Clément VI ? Toujours est-il que, loin de s'amender, il refusa d'exécuter les engagements que ses procureurs avaient pris en son nom. Bien plus, après que ses hommes d'armes se furent saisis du frère de l'évêque de Rennes, clerc marié, portant tonsure et vêtements ecclésiastiques, il le fit frapper en plein visage, conduire sous bonne escorte à son château de Sainte-Suzanne et jeter dans une dure prison où plusieurs jours durant il fut détenu les fers aux pieds. Sur ses ordres, on coupe successivement à la malheureuse victime la langue, les lèvres et les mains; on lui arrache les yeux; on le descend au fond d'une fosse infecte et profonde dont on ne le retire que pour le soumettre à la torture. A force de menaces, de violences et de tourments, le clerc apeuré verse 10,000 livres tournois et promet d'en payer 10,000 autres. Tant lui que ses parents et amis, dans la crainte de le voir périr, ils s'obligent à se constituer prisonniers s'ils ne peuvent acquitter cette grosse somme d'argent aux termes qui leur sont fixés.

A la suite de ces crimes, l'excommunication ressaisit le vicomte de Beaumont dont les terres retombèrent aussi sous l'interdit, d'autant qu'en cour d'Avignon l'on sut que lors de l'accord conclu en présence de Benoît XII ses procureurs avaient caché la vérité. En effet, le clerc Pierre Manhugeon, familier de Guillaume Ouvrouin et chanoine de Notre-Dame de La Guerche, avait été enfermé au château de Segré dans une horrible prison où au bout de quelque temps il était mort étouffé, et de ces méfaits les procureurs s'étaient bien gardé de parler [1].

(1) « ... Dilectum filium Johannem episcopi predicti [Guillaume Ouvrouin] germanum, clericum conjugatum, etiam vestes et tonsuram clericales publice deferentem, in injuriam, contumeliam et contemptum dicti episcopi, ac rancore et odio premissorum personaliter per suos satellites capi et in facie graviter vulnerari, et ad castrum suum de sancta Susanna duci et in vili carcere retrudi fecit, ipsumque in eo per plures dies ligatum in vinculis ferreis detineri, necnon de abscindendo sibi linguam, labia

L'évêque de Rennes porta donc plainte à Clément VI qui pria le cardinal Pierre Gomez, évêque de Sabine, d'instruire une enquête. Celle-ci étant ressortie contraire à Jean de Beaumont, le pape suspendit jusqu'au 24 juin l'effet des engagements qu'avaient contractés Jean Ouvrouin, le frère de l'évêque, ainsi que ses amis et ses proches, et défendit au vicomte de toucher quoi que ce fût des 10,000 livres tournois, sous peine d'être destitué de tous les fiefs qu'il détenait de l'église de Rennes ou d'autres églises. Enfin, Jean de Beaumont était cité péremptoirement à comparaître en cour d'Avignon dans les cinquante jours qui suivraient la citation. Si l'archevêque de Tours et les évêques du Mans et d'Angers, qui avaient reçu mandat du pape pour exécuter ses ordres, craignaient des représailles, il leur serait permis de notifier la citation pontificale par l'affichage de leurs lettres patentes sur les portes des églises des diocèses du Mans, d'Angers et de Rennes dans lesquels le coupable possédait des terres ou avait domicile principal (1).

et manus, et oculos eruendo, ac de ipsum ponendo inhumaniter in quadam oribili fovea et profunda, necnon de pluribus aliis crucialibus infligendis, in personam ipsius minas inferri terribiles et atroces, ac per minas, terrores et cruciatus hujusmodi et per vim et metum ab eodem Johanne germano decem millia librarum turonensium parvorum, ac obligationem cum juramento de aliis decem millibus libris eidem vicecomiti ad suam requisitionem persolvendis tam ab ipso Johanne quam a quibusdam ejusdem Johannis propinquis et amicis, mortem ipsius Johannis verisimiliter, si ea non faceret, formidantibus, obligationes et juramenta de hujusmodi aliis decem millibus libris eidem vicecomiti persolvendis extorsit ad eisdem Johanne, propinquis et amicis, nichilominus alia obligatione recepta videlicet quod si ipsi dicta alia decem millia librarum sibi non persolveret in certis terminis, super hoc per ipsum vicecomitem statutis, in carcere quodve ipse vicecomes eligeret se redderent arrestatos, propter que dictus vicecomes in pristinas et alias excommunicationum sententias recideret ac tota terra sua predicta interdicto ecclesiastico subjacebat, quodque idem vicecomes quondam Petrum Manhinon, clericum, dicti episcopi familiarem et canonicum ecclesie Beate Marie de Gurcheya, Redonensis diocesis, in ipsa diocesi capi et in castro suo de Segreyo, Andegavensis diocesis, in quodam orribili carcere detrudi mandavit et fecit, in quo carcere infra breve tempus extitit suffocatus ante tractatum pacis et concordie predictorum, de quibus captione, carceracione ac suffocatione dicti clerici in dicto contractu nichil actum extiterat, quia de predictis ipse episcopus tempore tractatus et pacis hujusmodi plenam notitiam non habebat... », Bulle du 13 janvier 1343, *Reg. Vat.* 151, f. 386 v°, ep. 1301; *Reg. Avin. Clementis VI*, t. VI, f. 442 r°.

(1) Voir la bulle précitée.

Cette fois Jean de Beaumont dut se plier aux injonctions du pape. Au délai fixé il se présenta devant lui, et humblement implora son pardon. Finalement lui-même, Guillaume et Jean Ouvrouin ils promirent d'oublier leurs torts mutuels et se jurèrent amitié. Avant le 24 juin prochain toutes les conditions énoncées dans la bulle de Benoît XII devaient être remplies. Si les cardinaux Guy de Boulogne et Etienne Aubert jugeaient la chose méritée, le vicomte rendrait en effigie Pierre Manhugeon à son évêque et payerait une amende. Quant aux 16,000 livres tournois qui avaient été promises par Jean Ouvrouin, il ne pourrait en réclamer le payement. De plus, les 10,000 autres livres extorquées au même clerc devaient être versées avant la Toussaint 1343 entre les mains des cardinaux chargés de l'affaire. Si l'enquête prouvait qu'elles avaient été enlevées par la violence, elles seraient rendues à l'intéressé; dans le cas contraire, le vicomte les conserverait. Mais le pape pensait qu'une transaction à l'amiable consoliderait mieux la paix entre les parties. Les peines canoniques dont Jean de Beaumont avait eu à porter le poids retomberaient *ipso facto* sur lui, s'il ne se conformait en tout aux prescriptions pontificales (1).

Il faut croire que les menaces du pape produisirent un effet salutaire sur le vicomte, car on n'eut plus à se préoccuper de ses méfaits à la cour d'Avignon. En tout cas, au cours du procès qu'il provoqua il ne tint pas le beau rôle : s'il avait quelque raison de se plaindre de l'évêque de Rennes, il n'était pas obligé de traiter si odieusement Jean Ouvrouin ni de faire périr Pierre Manhugeon d'une façon aussi atroce.

Dans les bulles de Benoît XII et de Clément VI, pas une fois, chose curieuse, il n'est fait allusion aux motifs qui poussèrent Jean de Beaumont à se rebeller contre son évêque. Nous sommes en droit, cependant, de supposer que la révolte ouverte contre son suzerain fut une conséquence de la guerre de succession de Bretagne. Le vicomte appartenait, en effet,

(1) Bulle du 17 avril 1343 (*Reg. Avin.* 67, f. 378 r°-383 r°), dont les exécuteurs sont les évêques de Chartres, Angoulême et Westeraes.

au parti de Montfort et, comme tel, participa au siège de Nantes où Charles de Blois s'était enfermé[1]; Guillaume Ouvrouin, au contraire, tenait pour Charles de Blois et, au dire de Froissart, ce fut lui en partie qui empêcha la ville de Rennes de tomber au pouvoir de l'armée anglaise[2]. Dès lors, il est fort probable que le vicomte de Beaumont essaya de profiter de sa situation et de l'appui des Anglais pour dénouer les liens de vassalité qui le rattachaient à l'évêque de Rennes.

PIÈCE JUSTIFICATIVE

Après avoir entendu l'évêque de Rennes et les procureurs de Jean de Beaumont Benoît XII lève à certaines conditions les peines ecclésiastiques dont celui-ci a été frappé. — Avignon, 24 novembre 1341.

(*Reg. Vat.* 129, *ep.* 22 *de curia*, f. 33 v°-35 v°; *Reg. Aven.* 55, f. 51 r°; J.-M. Vidal, *op. cit.*, t. II, p. 394, n. 9152; G. Daumet, *Lettres closes de Benoît XII*, Paris, 1899, t. Ier, n. 904, analyse.)

Ad perpetuam rei memoriam. Sancta Romana Ecclesia... Demum vero dilectis filiis Gaufrido de Logeyo, milite, Johanne Gabil et Juello de Logeyo, domicellis dicte Cenomanensis et Andegavensis diocesium, nunciis et procuratoribus dicti vicecomitis in solidum constitutis, ad sedem apostolicam venientibus, et tam ipsis ad omnia et singula infrascripta facienda et exequenda ab ipso vicecomite plenariam potestatem habentibus, prout constat quodam publico instrumento etiam sigillo dicti vicecomitis sigillato et per eos coram nobis exhibito et ostenso, cujus tenorem de verbo ad verbum presentibus fecimus annotari, quam dicto episcopo in nostra presentia constitutis dictisque procuratoribus excusationes et causas

(1) Dom Morice, *Histoire de Bretagne*, t. I, p. 265.
(2) Froissart, éd. S. Luce, t. III, p. 31, § 200, et p. VIII, note 1.

absentie dicti vicecomitis allegantibus, prefatus episcopus proposuit coram nobis quod idem vicecomes ante citationem hujusmodi dilectos filios Jacobum Badiec, presbyterum, Oliverium de Terchamp et Petrum Manhugion, clericos dicte Redonensis diocesis, non absque injectione gravi manuum in eosdem, Dei timore postposito, temere violenta capi fecerat, et ipsos Oliverium et Petrum suis carceribus mancipari et in dictis carceribus viliter detineri, et tam dictum Jacobum quam quemdam germanum ejus, clericum ipsius Redonensis diocesis, quibusdam litteris hereditariis ac aliis rebus et bonis mobilibus et inmobilibus eorumdem per violentiam spoliarat, necnon quedam beneficia ecclesiastica que ipsi Jacobus et germanus in ecclesia Beate Marie de Ourcheya, prefate Redonensis diocesis, cujus idem vicecomes asserit se patronum, obtinebant et pacifice possidebant, certis aliis personis de facto pro sua voluntate contulerat; ac dictum presbyterum, ipsius episcopi nuncium, de quo in dictis litteris nostris sit mentio, nomine Yvonem, male, ut premittitur, pertractarat, ac subditis suis dicte Redonensis diocesis ne in causis ad forum ecclesiasticum de consuetudine vel de jure spectantibus responderent aut alios convenirent sub certis penis inhibuerat; quodque ipse post citationem hujusmodi contra episcopum et officiales ac gentes ipsius predictos durius provocatus, non verens pejora prioribus cumulare, dilectum filium Johannem archidiaconum de Deserto in ipsa ecclesia.

Redonensi, episcopi predicti vicarium, in contemptum ipsius episcopi ausu sacrilego personaliter capi et suis carceribus mancipari ac in eisdem carceribus diutius detineri mandavit et fecit, ac ab eo de solvendo ipsi vicecomiti quingentas libras ad requisitionem ipsius obligationem extorsit de facto pro sue libito voluntatis, quorum occasione dictus archidiaconus nonnulla alia dampna realia et personalia fuit perpessus, et quod dictus vicecomes nullum ad Deum respectum hiis in majoris persecutionis injuriam dicti episcopi et suorum dilectum filium Guillelmum cantorem dicte ecclesie Redonensis, ac alios vicarios, officiales, sigilliferum, capellanos, et clericos ac familiares dicti episcopi adeo per se et suos complices fuit hostiliter prosecutus, eis minas, insidias et terrores horribiles inferendo, quod ipsi cantor, vicarii, officialis, sigillifer, capellani, clerici et familiares intrare non audebant Redonensem diocesim prelibatam, quinimo oportebat eosdem metu persecutionis ejusdem partes remotas querere vel latere. Nec hiis contentus, dictus vicecomes interdictum in terra ipsius vicecomitis in prefata Redonensi diocesi constituta, suis culpis et excessibus variis exposcentibus, vigore statutorum provincialium Turonensium cum ipse, civitas et diocesis Redonensis de Turonensi provincia existant, canonice et rite prolatum tam ante quam post captionem archidiaconi memorati pluries violavit et violari fecit, ac in terris ipsis missas et alia divina officia prophanari in anime sue salutis dispendium et scandalum plurimorum; et quod idem episcopus occasione premissorum multa dampna et expensas pertulerat ascendentia ad valorem trium milium florenorum propter que et alios ejus excessus in eisdem litteris nostris expressos idem vicecomes excusatus haberi non debebat, sed contra ipsum tanquam contra contumacem erat graviter procedendum. Et tandem post certos tractatus inter procuratores et episcopum predictos, mediantibus nonnullis ex fratribus nostris Sancte Romane Ecclesie cardinalibus concordiam, pacem et bonum statum partis utriusque zelantibus, habitos dicti procuratores nomine procuratorio dicti vicecomitis bonam fidem agnoscentes, in nostra cardinalium et episcopi predictorum presentia, sponte quo supra nomine recognoverunt tam contenta in eisdem litteris quam alia premissa omnia per episcopum predictum contra vicecomitem ipsum proposita fore vera, nobisque reverenter et humiliter supplicarunt ut cum idem vicecomes, sicut ex mandato ipsorum clare liquebat, paratus esset super premissis omnibus et singulis parere plenarie mandatis ecclesie atque nostris ac abstinere in futurum a similibus et manutenere libertatem ecclesiasticam, et episcopum predictum, clericos et personas ecclesiasticas in eorum juribus et libertatibus confovere, cum dicto vicecomite super premissis misericorditer agere, ipsumque ab excommunicationum sententiis, quas

2

propter premissa incurrisse dinoscitur, absolvere ac interdictum relaxare prefatum auctoritate apostolica dignaremur, promittentes et offerentes procuratorio vicecomitis antedicti prout etiam ab eo in mandatis habebant, et dictus miles suo proprio nominibus prefato episcopo de dictis tribus milibus florenis auri satisfacere realiter, illosque dicto episcopo vel procuratori suo in terminis infrascriptis, videlicet mille et quingentos infra dominicam palmarum proximo futuram, ac quingentos alios infra Nativitatis Beate Marie Virginis proximo secuturam et reliquos mille infra Penthecosten festivitates, dictum festum Nativitatis Beate Marie Virginis proximo subsequentem, solvere cum effectu, et nichilominus archidiacono, presbyteris et clericis et aliis personis ecclesiasticis civitatis et diocesis Redonensium predictarum injurias et dampna passis predictis satisfacere competenter. Nos igitur, licet immeriti vices illius gerentes in terris qui misericordias suas in ira non continet nec cum iratus fuerit obliviscitur misereri, propositi boni constantiam et devotionem sinceram oblatam ipsius vicecomitis ex continuatione, ut speramus, bonorum operum in eo verisimiliter presumendam in Domino commendantes, et propterea nostrum erga eum ad petitam misericordiam inclinantes animum, ac de reductione ipsius in illo qui eum revocasse videtur ab invio et ad viam reduxisse salutis plurimum exultantes, prestito prius coram nobis per eumdem militem procuratorio nomine ipsius vicecomitis et in ejus animam de parendo super premissis omnibus et singulis mandatis Ecclesie atque nostris, ad sancta Dei evangelia manu tacta corporaliter juramento, ipsum vicecomitem ab omnibus et singulis excommunicationum sententiis, quas propter premissa dumtaxat incurrisse dinoscitur, etiam de consensu dicti episcopi apostolica auctoritate absolvimus de consueta misericordia et clementia dicte sedis, Injungentes eidem vicecomiti sub debito predicti in animam suam prestiti juramenti ut prefato episcopo dicta tria millia florenorum solvat integraliter et cum effectu in terminis antedictis, sibique manerium predictum de Radanea cum omnibus bonis et rebus inmobilibus invasis et juribus occupatis per eum seu de mandato suo restituat et dimittat liberum, vacuum et expeditum, pacifice et quiete, ac archidiacono, cantori, presbyteris et clericis nominatim expressis et aliis personis ecclesiasticis lesis et dampna passis predictis infra festum Purificationis Beate Marie Virginis futurum proximo debite satisfaciat cum effectu, et quod ipse vicecomes ipsis archidiacono et personis remittat, et per gentes suas remitti faciat libere omnes obligationes et promissiones quascumque, quas ipsi vicecomes et gentes ab eis ob predicta vel eorum aut alicujus ipsorum occasione quomodolibet extorserunt seu etiam receperunt; quodque vicecomes ipse in omnibus locis sui dominii temporalis et districtus, in prefata Redonensi diocesi consistentibus, diebus fori et nundinarum, publice faciat proclamari tribus vicibus, diversis diebus, infra festum Resurrectionis Dominice proximo venturum, quod omnes sui subditi in foris et curiis ecclesiasticis, super rebus et actionibus solitis inibi ventilari, possint conveniri et alios convenire libere, sine pena aliqua vel offensa ipsius vicecomitis, prout eis competit de consuetudine vel de jure; quodque ipse vicecomes de cetero non perturbet seu impediat et, quantum in eo fuerit, perturbari seu impediri non permittat jurisdictionem et libertatem ecclesiasticas quovis modo; et quod propter premissa vel eorum occasione dictos episcopum, vicarios, officiales, sigilliferum, procuratores, capellanos, clericos et familiares, et gentes suas aut germanum ipsius episcopi non dampnificet in aliquo nec offendat, nec, quantum in eo fuerit, per alios dampnificari seu offendi permittat, eisque ex toto remittat et libere ac per gentes suas remitti faciat quicquid propter premissa per eos vel eorum aliquem ipsis vicecomiti et gentibus suis promissum extitit seu etiam obligatum; et nichilominus quod ipse vicecomes infra unum annum, a dato presentium computandum, nostro vel successoris nostri conspectui se personaliter representet super predictis commissis per eum mandatis apostolicis pariturus; et quod ipse infra festum beati Ilarii proximo futurum premissa omnia et singula promissa, et oblata per procuratores eosdem, ac per nos sibi per presentes injuncta, coram notario publico et testibus fidedignis ratificet et approbet, et juret ad sancta Dei evangelia corporaliter manu tacta per ipsum ea omnia et singula servari inviolabiliter et efficaciter adimpleri, ac ratificationem hujus manu tabellionis publici scripta et ipsius vicecomitis sigillo munita teneatur infra XV dies dictum festum Purificationis immediate sequentes, nobis vel eidem episcopo realiter assignare. Quod si forte prefatus vicecomes premissa omnia et singula per nos sibi per presentes, ut prefertur, injuncta vel eorum aliquid non observaverit et adimpleverit cum effectu, seu in eis vel aliquo eorumdem defecerit, volumus quod ipse in pristinas sententias recidat ipso facto et tota terra sua ecclesiastico subjaceat interdicto, ipseque ex tunc excommunicatus ac tota terra sua interdicta publice nuncientur, eidem vicecomiti nichilominus inhibentes ne ipse deinceps in presbyteros, clericos, religiosos conversos aut alias personas ecclesiasticas manus per se vel alium invicem temere quovis modo injicere presumat.

Tenor autem instrumenti procurationis predicti talis est. *Universis presentes litteras seu presens publicum instrumentum inspecturis Johannes, vicecomes de Bellomonte, in Domino salutem.* Noveritis quod nos dilectos nostros nobiles viros, dominum Gaufridum de Logeyo, militem, Johannem Gabil et Juhellum de Logeyo, valetos, absentes tanquam presentes et eorum quemlibet in solidum, ita quod non sit conditio melior occupantis sed quod unus eorum incepit alter prosequi valeat et finire nostro terreque nostre et officialium nostrorum pro nobis et ipsis etiam divisim fecimus, constituimus et etiam ordinavimus, facimus et constituimus et tenore presentium ordinamus procuratores nostros in causa seu causis civilibus vel criminalibus et aliis criminalibus, de speciali commissione domini nostri pape seu ejus auctoritate vel mandato vel etiam alias juris necessitate in Romana curia tractanda vel finienda, seu tractandis vel finiendis, et in qua vel quibus artati essemus, legitimam juris vel hominis citationem vel alias juris necessitate in dicta curia litigare, motis vel movendis pro nobis vel contra nos, aut gentes vel officiales nostros quoscumque, maxime per reverendum patrem dominum episcopum Redonensem, vel ejus officialem seu gentes, ad agendum, defendendum libellum, petitionesque summarias et alias dandum et recipiendum, excipiendum, replicandum, litemque contestandum, et in animam nostram de calumpnia, de malitia et de veritate danda et cujuslibet alterius generis juramentum prestandum et etiam subeundum et juramentum deferendum crimina et defectus opponendum et probandum, ponendum et articulandum, positionibus et articulis respondendum, testes, instrumenta et quelibet alia probationum genera producendum et probationes adversarum partium reprobandum, protestandum, compromittendum, transigendum, componendum et paciscendum, ac compromissa, transactiones, compositiones et pacta vallandum, firmandum juramentis, penis, promissionibus et stipulationibus, renunciationibus, submissionibus et aliis firmitatibus, et aliis clausulis quibuscumque, et eas ratificandum, emologandum et approbandum, et de omnibus et singulis querelis concordiam faciendum, necnon nos et bona nostra quecumque, tam mobilia quam inmobilia, presentia et futura, obligandum et submittendum jurisdictioni cujuscumque ecclesiastici vel secularis, et recipiendum precepta, sententias, monitiones, excommunicationes et alterius ecclesiastice censure sententias quascumque, atque in causis concludendum, sententiam vel sententias audiendum, appellandum, appellos petendum et obtinendum, appellationes prosequendum, beneficium absolutionis et restitutionis in integrum tam simpliciter quam ad cautelam, necnon beneficium absolutionis a quibuscumque excommunicationibus vel interdicti sententiis in fautores nostros et terras nostras vel aliquos eorum latas hactenus seu imposterum proferendas, humiliter petendum et obtinendum, juxta formam ecclesie consuetam, privilegia, indulgentias et litteras tam simplices quam legendas, gratiam et justitiam continentes, in Romana Curia litterarum contradictarum audientia impetrandum, et eas contradicendum, de locis et judicibus conveniendum, cautionem dandum et recipiendum, necnon unum vel plures procuratorem seu procuratores loco sui substiluendum et revocandum, et generaliter ad omnia et singula dicendum, faciendum et exercendum in premissis, et circa ea necessaria seu etiam oportuna et que nosmetipse constituens faceremus seu etiam facere possemus, si presentes essemus, etiam si mandatum exigant speciale; promittens nos ratum, gratum atque firmum habere et tenere quicquid per dictos procuratores nostros, seu eorum alterum, seu per substitutos ab eisdem vel eorum altero factum, gestum, ordinatum, arbitratum, compositum, concordatum seu etiam procuratum fuerit in premissis et quolibet premissorum; et volentes dictos procuratores constitutos et substituendos relevare ab omni onere, satisdandi promittens etiam notario subscripto, tanquam publice persone stipulanti et recipienti vice et nomine, omnibus quorum interest vel intererit, pro eisdem procuratoribus et eorum quolibet judicio sisti et judicatum solvi cum omnibus clausulis suis oportunis, sub omnium bonorum nostrorum obligatione et etiam ypotheca, et etiam omni juris renunciatione pariter et cautela. In quorum omnium testimonium premissorum presentes litteras fecimus sigilli nostri appensione muniri una cum sigillo et subscriptione notarii seu tabellionis publici infrascripti. Acta fuerunt hoc anno Domini M. CCC. XL primo, die lune post festum beati Michaelis in Monte Gargano, videlicet prima die mensis octobris, indictione nona, pontificatus sanctissimi patris ac domini nostri, domini Benedicti pape XII, anno septimo, in villa Redonensi, circa horam vesperarum illius diei, presentibus ad hec nobili viro domino Johanne de Loeul milite, Jacobo Alixandre et Michaele Fille ou Fillesaye, presbytero, testibus ad premissa vocatis specialiter et rogatis. Et ego Gaufridus de Renay, clericus Redonensis diocesis, imperiali publicus auctoritate notarius, premissis omnibus et singulis dum agerentur per nobilem virum Dominum vicecomitem predictum una cum prenominatis testibus presens fui, premissaque omnia et singula manu propria scripsi, et in hanc publicam formam redegi, signoque meo signavi consueto rogatus una cum sigillo domini mei vicecomitis predicti presentibus hiis appensi in testimonium premissorum, constat michi de verbo interliniari non quod approbo et confirmo. Nulli ergo et nostre intentionis, injunctionis, voluntatis et inhibitionis infringere etc. Datum Avinione VIII Kalendas decembris, anno septimo.

II

La date du martyre des saints Donatien et Rogatien.

La date du martyre des saints Donatien et Rogatien soulève un problème historique qui a exercé la sagacité des divers érudits qui se sont occupés des origines des églises bretonnes. Au cours d'un ouvrage paru en 1904, l'un d'eux écrivait à propos de la persécution dont les saints nantais furent victimes, qu'elle devait « se placer entre les années 287 et 291 »[1].

Le passionnaire que l'auteur s'est attaché à commenter longuement débute ainsi qu'il suit : « Igitur cum Diocletianus et Maximianus Romanae Urbis apicem gubernarent et eorum praeceptis in christianum nomen bestialis feritas desaeviret, ut gratiam religionis catholicae gentili sub lege calcarent, missis epistolis ad praesidem Galliarum, decreto sanxerunt ut simulacra Jovis vel Apollinis non deorum sed doemonum, quasi divino cultu deberet universitas venerari, ea ratione praefixa pollicentes, ut is qui eorum ceremonias coleret vel sacrificia devotus offerret, publico se cognosceret stipendio numerandum...; eos vero qui christiani nominis in confessione perstarent post illa tormenta jubent capitalem subire sententiam »[2].

De ce texte il ressort que le martyre de Donatien et de Rogatien eut lieu sous Dioclétien, après l'association de Maximilien Hercule à l'Empire, c'est-à-dire après 286, et

(1) Abbé Delanoue, *Saint Donatien et Saint Rogatien de Nantes*, Nantes, 1904, p. 14.
(2) Th. Ruinart, *Acta sincera*, p. 295-298, et *Acta Sanctorum*, mai, t. V, p. 280-281.

avant l'abdication de Dioclétien survenue le 1er mai 305, et qu'il fut provoqué par un édit de persécution générale, défendant de professer le christianisme et condamnant les réfractaires aux derniers supplices et à la mort. Sous Dioclétien et Maximien on compte généralement deux périodes de persécutions : l'une qui va de 289 à 291 et que l'on nomme assez improprement persécution militaire; l'autre qui suivit les édits de 303 et 304 et qui, à l'encontre de la première, n'eut aucune répercussion en Gaule, selon le mot bien connu de Lactance : « vexabatur universa terra praeter Gallias »[1]. Par suite, il sembla à M. Delanoue, le dernier biographe des saints nantais, qu'il lui fallait opter pour la première période. A cela, cependant, s'oppose le texte du passionnaire, puisqu'il y est relaté que Donatien et Rogatien furent martyrisés en vertu d'un édit général obligeant tous les chrétiens à sacrifier aux faux dieux. Or, un tel édit n'a jamais été publié de 287 à 291 et, si à cette époque il y eut persécution pendant laquelle périrent vraisemblablement saint Victor de Marseille, saint Saturnin de Toulouse et bien d'autres, elle ne fut que partielle.

Ces observations ayant été soumises à M. Delanoue dans le *Bulletin Critique*[2], celui-ci crut bon de revenir sur sa première opinion, et tout récemment il affirmait très catégoriquement que « si jamais l'on veut rétablir quelque inscription commémorative à l'ombre des deux croix jumelles de la rue Saint-Donatien[3], il sera bien d'y inscrire la date du 24 mai 304, comme celle du martyre des saints Enfants nantais »[4].

Sans doute personne ne fait difficulté pour convenir que le récit du passionnaire ne peut s'entendre que de la grande persécution de 303 et 304. Prévoyant l'objection tirée du texte de Lactance, Tillemont ajoutait même : « Il n'est pas impossible que quelques chrétiens aient souffert alors dans les

(1) *Liber de mortibus persecutorum*, éd. Baluze, cap. XV et XVI.

(2) 28 octobre 1904, p. 582-583, et 5 mai 1905, p. 241-242; voir aussi *Analecta Bollandiana*, t. XXIV, p. 143.

(3) A Nantes.

(4) Abbé Delanoue, *Epoque du martyre des saints Donatien et Rogatien*, dans *Semaine religieuse du diocèse de Nantes*, 26 mai 1906, p. 494-497.

Gaules... quoique Constance [Chlore] leur fust tout à fait favorable »[1]. Mais, au lieu de s'arrêter à cette hypothèse que M. Delanoue transforme en certitude, le prudent érudit écrivait : « Comme il n'est pas nécessaire de s'arrêter précisément aux termes de ces Actes s'ils ne sont pas originaux, je ne crois pas qu'il faille trop s'assurer sur ce point, ni qu'il soit défendu de croire que saint Donatien a souffert lorsque Maximien estoit dans les Gaules par quelque occasion particulière et sans qu'il y eût de persécution générale »[2]. C'est cette dernière opinion qu'adopte en définitive Tillemont[3], car il ne croyait pas que les Actes des saints nantais pussent passer pour originaux. A juste raison il trouvait que les discours étaient trop longs, et ceux de Rogatien peu respectueux; il n'admettait pas que Dioclétien eût promis de donner des pensions à tous ceux qui adoreraient ses idoles, ni que les bourreaux « aient changé quelque chose dans l'exécution de la sentence prononcée contre les martyrs »[4]. De même, Mgr Duchesne remarquait que le passionnaire dénotait « un homme peu au courant de la situation administrative de la Gaule au IVe siècle » et qu'il était en contradiction avec l'ancienne tradition épiscopale de Nantes; toutes choses qui indiquaient une rédaction tardive, mais sur des traditions encore vivantes. Bien plus, d'après lui, le fait d'être martyrisé pour la seule raison de professer le christianisme pouvait autoriser à reporter le martyre des saints nantais à des persécutions antérieures, « à celle de Dèce par exemple »[5].

Quoi qu'il en soit de l'une ou l'autre hypothèse, le récit du passionnaire doit être corrigé et non pas suivi aveuglément. Dans l'état actuel de la science, il est, en tout cas, téméraire d'assigner une date certaine au supplice des saints Donatien et Rogatien.

(1) Lenain de Tillemont, *Mémoires pour servir à l'histoire ecclésiastique des six premiers siècles*, Paris, 1696, t. IV, note XXVIII, p. 732.
(2) *Ibidem*.
(3) C'est aussi celle de Dom Lobineau (*Vie des Saints de Bretagne*, éd. de 1836, p. 8-10), et de P. Allard (*La Persécution de Dioclétien et le Triomphe de l'Église*, Paris, 1890, t. I, p. 37).
(4) Tillemont, *locus cit.*
(5) L. Duchesne, *Fastes épiscopaux*..., Paris, 1900, t. II, p. 359-361.

APPENDICE

I. — Oraison et leçons extraites d'un bréviaire de Rennes (milieu du XVe siècle).

f. 252 v° *Sanctorum Donatiani et Rogatiani.*

[Oremus]

Da nobis, quesumus, Domine Deus noster, sanctorum martyrum tuorum Donatiani et Rogatiani incessabili veneratione honorare ut quos digna mente non possumus celebrare humillimis saltem frequentemus obsequiis.

[Lectio I[a]]

Tempore Diocletiani (1) imperatoris erat in Urbe Nannetica
f. 253 r° quidam juvenis nomine ‖ Donatianus clarus genere, tamen multo clarior fide. Qui, despectis ydolis, baptismatis unda purgatus, misterio religionis imbutus, quasi miles fortissimus fruges sanctos fidei seminavit. Qui fratrem suum seniorem, adhuc gentilitate detentum, assiduis predicationibus et orationibus convertit ad Dominum; sed quod non fuit baptisma consecutus fecit sacerdotio absentia; sed id quod de fonte abfuit martyrii cruor infusus impendit.

[Lectio II[a]]

Sancto itaque Donatiano in carcere recluso, germano ipsius in conspectu presidis constituto, blandis primo cepit eum mulcere sermonibus, deinde pulsare terroribus ut relicto nomine christiano ydolis sacrificaret ne pro cultura unius dei plurimorum deorum iram incurreret et imperatorum gratiam cum ipsis militaturus amitteret. Sanctus Rogatianus respondit : Optime perversa promittis, cum ipse perversus sis, qui primum polliceris gratiam imperatorum.

[Lectio III[a]]

Qualiter in arce divinitatis colendi sunt qui ab ipsis hominibus videntur esse in ordine posteriores; cum ipsi sint de

(1) Le codex 100 de la Bibliothèque de Chartres omet également Maximien, mais la suite du texte semble indiquer que l'omission est due à une faute du copiste. (Voir *Analecta Bollandiana*, t. VIII (1889), p. 163.)

metallo surdi, vos habeatis auditum; illi spiritu caruerint, vos sensu. Audiens hec preses ira commotus jussit ambos fratres in equulei catasta suspendi et laniari, deinde lancea militari perforari, novissime vero capitum obtruncatione dampnari. Deinde felici martyrio completo Christi martyres ad Dominum migraverunt [1].

Bibliothèque Vaticane, Ottoboniano 543.

II

Bulle du 25 août 1290 par laquelle Nicolas IV accorde un an et quarante jours d'indulgences, pour un an, le jour de la fête des saints martyrs et pendant l'octave à tous ceux qui iront prier dans la cathédrale [2] de Nantes : « in qua sanctorum martirum Donatiani et Rogatiani fratrum corpora haberi dicuntur ». *Reg. Vat.* 45, f. 73 v°, ep. 370; E. Langlois, *Les registres de Nicolas IV*, n. 3163.

III

Urbain V accorde des indulgences à ceux qui viendront en aide à la maison des Trinitaires de Sarzeau fondée par Jean III, duc de Bretagne, en l'honneur de la sainte Trinité et des bienheureux Donatien et Rogatien : « Cum itaque, sicut accepimus, redditus et proventus capelle domus de Sarzau, ordinis sancte Trinitatis et redemptionis captivorum,

(1) Il semble que les leçons du bréviaire de Rennes aient été tirées de la vie éditée par Dom Ruinart, car des membres de phrase y ont été empruntés presque entièrement, et le clerc qui s'est chargé de la compilation s'est souvent contenté de changer l'ordre des termes; ainsi comparez *erat autem in Urbe Nannetica quidam juvenis nomine Donatianus clarus genere, multo tamen clarior fide* et *erat in Urbe Nannetica quidam juvenis nomine Donatianus clarus genere, tamen multo clarior fide.* Parfois le récit est simplement écourté, ex. *Qui, despectis idolis, cum ad catholice fidei gratiam convolasset, mysterio religionis imbutus...* et *Qui, despectis ydolis, misterio religionis imbutus.* Remarquez l'omission très significative du mot *fugitiva* dans le passage *quod non fuit baptisma consecutus fecit sacerdotis absentia;* il s'ensuivrait qu'il n'y aurait pas eu d'évêque à Nantes; voir Duchesne, *Fastes épiscopaux*, II, p. 360, qui considère le mot *fugitiva* comme une addition.

(2) Sur la translation des reliques des Martyrs à la cathédrale de Nantes, voir Delanoue, *op. cit.*, p. 114-122.

Venetensis diocesis, quam quondam Johannes dux Britannie in honorem et sub vocabulo sancte Trinitatis ac beatorum Donatiani et Rogatiani pro recipiendis et sustentandis ibidem tam religiosis quam aliis pauperibus illuc undique confluentibus fundasse dicitur et dotasse, post ipsius ducis obitum propter guerras in ducatu Britannie continue ingruentes sint adeo diminuti et attenuati... » (Bulle du 5 juillet 1353; *Reg. Vat.* 252, f. 130 v°; H. Denifle, *La désolation des églises, monastères et hôpitaux en France pendant la guerre de Cent Ans*, Paris, 1889, t. II, p. 744).

IV

Clément VII obtient des indulgences aux fidèles qui visiteront la chapelle (1) des saints Donatien et Rogatien près Nantes à certains jours de l'année, ainsi qu'à ceux qui, par leurs aumônes, aideront à la réparer et à la restaurer. (Bulle du 17 octobre 1381; *Reg. Vat.* 291, f. 151 v°; *Reg. Avin.* 238, f. 583 v°, inédite.)

Universis christifidelibus, presentes litteras inspecturis, salutem. Licet is de cujus... Cupientes igitur ut capella sanctorum Donatiani et Rogatiani prope muros Nannetem. perpetuis futuris temporibus congruis honoribus frequentetur, et ut christifideles eo libentius causa devotionis confluant ad eandem et ad fabricam ipsius capelle manus promptius porrigant adjutrices, quo ex hoc ibidem uberius dono celestis gratie conspexerint se refectos, de omnipotentis Dei misericordia et beatorum Petri et Pauli apostolorum ejus auctoritate confisi. omnibus vere penitentibus et confessis qui in Nativitatis, Circumcisionis, Epiphanie, Resurrectionis, Ascensionis et Corporis Domini nostri Jhesu Christi ac Penthecostes, necnon in Nativitatis, Annuntiationis, Purificationis et Assumptionis Beate Marie Virginis, ac beati Johannis Baptiste, dictorumque apostolorum Petri et Pauli, et in sanctorum Donatiani et Rogatiani, sub quorum vocabulis dicta capella dicitur esse fundata, festivitatibus, ac in celebritate

(1) Voir, sur cette chapelle, Delanoue, p. 123 et sqq.

Omnium Sanctorum, et per ipsarum Nativitatis, Epiphanie, Resurrectionis, Ascensionis et Corporis Domini, ac Nativitatis, et Assumptionis ipsius Beate Marie Virginis ac Nativitatis beati Johannis et apostolorum predictorum festivitatum octabas, et per sex dies dictam festivitatem Penthecostes immediate sequentes, unum annum et quadraginta, necnon singulis dominicis quibus dictam capellam devote visitaverint annuatim et ad reparationem et fabricam predictas manus porrexerint adjutrices, ut prefertur, centum et quadraginta dies de injunctis eis penitentiis misericorditer relaxamus. Datum apud Castrum novum, Avinionensis diocesis, XVI Kalendas novembris anno sexto.

V

Guillaume de Kaer (1) est nommé chanoine de Vannes quoiqu'il possède entre autres bénéfices un canonicat et une prébende : « in sanctorum Donatiani et Rogatiani in suburbiis Nanneten... ecclesiis ». Bulle du 10 mai 1388; *Reg. Vat.* 301, f. 54 v°.

VI

Nicolas V charge l'évêque de Vannes de confirmer la fondation (2) de la Chartreuse de Nantes, substituée par Arthur de Richemont à la collégiale des saints Donatien et Rogatien. 29 septembre 1451. *Reg. Vat.* 397, f. 329 r°.

Nicolaus etc... venerabili fratri episcopo Venetensi, salutem. Ut sacer ordo fratrum Cartusiensium in agro dominico divina dispositione plantatus in orbem terrarum latius distendatur tanto promptiores merito invenimur quanto uberiores ex illis fructus proveniunt et ipsi sedulius insistunt profectibus animarum. Cum itaque, sicut accepimus, in tunc collegiata ecclesia sanctorum Donatiani et Rogatiani extra

(1) Sur Guillaume de Kaër, cfr. G. de Lesquen et G. Mollat, *Mesures fiscales exercées en Bretagne par les Papes d'Avignon*, Paris, 1903, p. 20, 141, 144, 183.

(2) Sur la fondation de la Chartreuse, voir Delanoue, *op. cit.*, chap. X, p. 134-151.

muros Nannetenses, suppressis in illa dignitate ac canonicatibus et prebendis ceterisque ecclesiasticis beneficiis ab olim inibi fundatis, predictus ordo Cartusiensis institutus ipsaque ecclesia in monasterium eorumdem fratrum erecta, ac in ea et juxta eam claustrum, refectorium, dormitorium et alia necessaria officinia pro usu et habitatione eorumdem fratrum accommoda incepta, necnon inibi dicti fratres qui a venerabili fratre nostro Guillermo episcopo Nannetensi ac aliis christifidelibus donationes receperunt, ac cum dilecto filio Johanne Guillopou [1], rectore parrochialis ecclesie sanctorum extra muros hujusmodi, in cujus parrochia dictum monasterium existit situatum, super nonnullis differentiis inter eos occasione nonnullorum possessionum, jurium et rerum aliarum existentibus, compositiones, concordata, pacta et conventiones inierunt et fecerunt, positi fuere, prout inibi conventualiter degunt ipsi fratres de presenti. Nos ad dictum ordinem specialis gerentes devotionis affectum et ad ea libenter intendentes per que ordo ipse ulterius valeat propagari, necnon suppressionem, erectionem, institutionem, donationes, pacta et conventiones hujusmodi et inde secuta omnia et singula rata et grata, et presentibus pro sufficienter expressis ac designatis habentes, dilecti filii nobilis viri Arturi, comitis Richemondie et conestabularii Francie, in hac parte supplicationibus inclinati, fraternitati tue per apostolica scripta mandamus quatinus suppressionem, erectionem, institutionem, operis inceptionem, donationes, compositiones et generaliter omnia alia et singula que pro felici directione ac utilitate monasterii et religiosorum in illo pro tempore degentium facta, acta, gesta, inita et tractata existunt et quecumque inde secuta auctoritate nostra confirmes, et approbes ac suppleas omnes et singulos defectus, si qui forsan intervenerunt in eisdem, et nichilominus priori per quem ipsum monasterium regi volumus et conventui monasterii prefati pro directione et utilitate predictis statuta, consuetudines, ordinationes in eodem monasterio edendi, compositiones, tractatus, conventiones, promissiones, obli-

(1) M. Delanoue écrit Guillepou (cfr. p. 189).

gationes, concordata, transactiones atque pacta cum quibusvis aliis personis ecclesiasticis vel secularibus de et super quibuscumque bonis et rebus mobilibus et immobilibus faciendi et iniendi, illaque canonica obligatione ac juramento et quacumque alia validatione firmandi, ab ipsisque personis donationes, oblationes et munera, ac quecumque alia que ipsis largitione fidelium concedi aut largiri canonice contigerit recipiendi et acquirendi, ac cetera que eis accommoda sive etiam necessaria fuerunt et que omnia, postquam peracta extiterunt, eadem auctoritate cum simili suppletione defectuum confirmare et approbare procures, condendi, ordinandi et etiam faciendi in ipso ordine, superioris aut cujusvis alterius licentia super hoc minime requisita, licentiam et facultatem eadem auctoritate nostra largiaris. Volumus autem et auctoritate apostolica decernimus quod monasterium prefatum et in eo pro tempore degentes fratres omnibus et singulis privilegiis, immunitatibus et libertatibus quibus majoris Cartusie et alia monasteria ac fratres ipsius ordinis gaudent et utuntur uti valeant et debeant pariter et gaudere, non obstantibus constitutionibus et ordinationibus apostolicis, necnon ordinis et monasterii predictorum statutis et consuetudinibus, etiam juramento, confirmatione apostolica vel quavis firmitate alia roboratis, ceterisque contrariis quibuscumque. Datum Rome apud Sanctum Petrum anno etc., millesimo quadringentesimo quinquagesimo primo, tertio Kalendas octobris, pontificatus nostri anno quinto.

VII

Jules II nomme Innocent Millard recteur de l'église paroissiale des saints Donatien et Rogatien près Nantes en remplacement de Jean de la Roche [1] mort *extra curiam* au mois de janvier passé. (Bulle du 27 janvier 1553; *Reg. Vat.* 1782, f. 200 r°.)

(1) M. Delanoue le fait vivre encore en 1555 (cfr. p. 237).

III

Le règlement de la succession de Jean II, duc de Bretagne, en faveur de la Terre Sainte

(1306-1328)

Depuis son expédition à Tunis et en Syrie en compagnie de son père (1270-1273)[1], le duc de Bretagne Jean II conserva sa vie durant la hantise de la croisade. Dès 1288, il se faisait attribuer, au profit de la Terre Sainte, les deux tiers des restitutions incluses dans le testament de Jean Ier, mais qui n'avaient pu être effectuées, soit que les personnes auxquelles elles étaient destinées ou leurs héritiers fussent décédés, soit que les ayants droit n'eussent pas été retrouvés[2]. Dans le même but, Nicolas IV lui laissait la disposition des biens que lui ou ses baillis acquerraient par injustice « minus juste » et qui ne seraient pas restitués pour les mêmes causes que précédemment[3]. Craignant de mourir sans avoir accompli le saint voyage outre-mer, le duc obtenait encore du Saint-Siège la faveur pour ses exécuteurs testamentaires de répartir suivant ses intentions les legs qu'il aurait institués sans désignation de personne ni de lieu[4]. Quatre ans plus tard, en septembre 1302, dans le long testament qui nous a été conservé « sa première disposition est un legs de

(1) Dom Morice, *Histoire de Bretagne*, t. I, p. 195, et Dom Lobineau, t. I, p. 251, 252, 259.
(2) E. Langlois, *Les registres de Nicolas IV*, p. 49, n. 274; Bulle du 1er septembre 1288.
(3) *Op. cit.*, n. 275.
(4) *Op. cit.*, n. 273.

30,000 livres tournois (environ 3,400,000 francs valeur actuelle) pour aider à la prochaine croisade; s'il ne peut y aller il veut que son fils aîné Arthur de Bretagne y aille, et à son défaut Jean, son second fils [1] ». « Et pour l'affection que je ay toujours eue e ay encores à la Sainte terre d'Outremer je laiz trente mil livres de tournois à convertir en laide de ladite Sainte terre, c'est assavoir pour y envoier gens d'armes, bannerez, bachelers, et autres, au premier passage général qui i sera; e s'il avient que je ni voise avant ma mort, je vueil e ordonne que Artur mon ainzné filz, se il veut faire le voyage de ladite terre audit premier passage, ait icelles XXX mil livres par les mains de mes Executeurs, à mener genz d'armes o luy pour moy tant comme il devra soffire par le gart de mes Executeurs segont la quantité d'icelle somme. E se ledit Artur ne fesoit ledit veage oudit premier passage, e Jehan de Bretaigne mon filz le fesoit, je vueil que lesdites XXX mil livres soient baillées à iceluy Jehan à i mener pour moy gens d'armes, bannerez, bachelers, e autres, par le regart et ordenance de mes Exécuteurs, segont la maniere dessusdite; e si ledit Jehan ne fait le veage audit premier passage, je vueil e ordonne que mesditz Executeurs elisent un banneret ou deux des plus souffisans que ils pourront trover, asquels lesdites XXX mil livres soient données par les mains de mesdiz Exécuteurs pour aller en ladite terre sainte pour moy au premier passage général qui i sera, e i mener genz d'armes o eux tant e tiex comme reson sera, segont la quantité desdites XXX mil livres par le regart e l'ordonnance de mes Executeurs [2] ».

Après avoir énuméré soigneusement chacune des nombreuses donations et restitutions dont il charge ses exécuteurs, le duc revient sur sa pensée première et termine par ces dernières recommandations : « Et pource que toujours

(1) Arthur de La Borderie, *Histoire de Bretagne*, Paris-Rennes, 1899, t. III, p. 379.

(2) Dom Morice, *Preuves*, t. I, col. 1186.

je ay eu e ay grande affection à la sainte terre d'Outremer, e grant desir de la visiter, et de profiter de tout mon povair, par que je ay toujours mis poine des biens muebles le plus que je ay pu, pour entens de les mettre e convertir touz au proffit e en l'aide de icelle sainte terre, se Dex me donna grace que je i pousse aller en ma personne; je vueil e ordonne, si les choses dessus divisées, entérinées, acomplies, e mises à exécution, il a remaignant en mes biens muebles que je auray au temps que je trespasseray de cest siècle en l'autre; que celui remaignant de mesdits biens... soit mis e converti ou proffit e en l'aide de ladite sainte Terre... E requier e pri mon cher Pere espirituel l'Apostole de Rome e touz autres prélaz de sainte Eglise... qui il pourforcent mes heirs e touz autres qui plait ou debat voudront mettre en ces choses, et les destraignent à ce que exécution en soit faite plenierement, et que mes exéculeurs en puissent user e exploitier en la maniere que il est devisé par avant[1] ».

Comment furent observées les volontés de Jean II relatives à la Terre Sainte ? En vain l'on chercherait quelques renseignements dans les comptes de liquidation de sa succession publiés par dom Morice[2] et par Arthur de La Borderie[3] : la seule mention qui est faite de la Terre Sainte a trait aux dettes que le duc contracta lors de la croisade de 1270[4]. Jean II avait prié son « cher Père espirituel l'Apostole de Rome » de veiller à l'exécution de ses legs, Clément V et Jean XXII ne manquèrent pas à leur devoir; c'est ce qui explique pourquoi dans les registres pontificaux on trouve des renseignements qui, ailleurs, font défaut.

Arthur II, semble-t-il, ne se mit guère en peine d'exécuter le testament de son père. Tout au plus, le 1er décembre 1307, se borna-t-il à obtenir de Clément V l'autorisation pour les clercs, que Jean II avait nommé ses exécuteurs testamen-

(1) *Ut s.*, col. 1190 et 1190.
(2) *Histoire de Bretagne*, Preuves, t. I, col. 1201-1206.
(3) *Nouveau recueil d'actes inédits des ducs et princes de Bretagne (XIII-XIVe siècle)*. Rennes, 1902, p. 105-210.
(4) La Borderie, *ut s.*, p. 171.

taires (1), de ne pas résider dans leurs bénéfices et malgré cela d'en toucher les revenus pendant tout le temps que durerait la liquidation de la succession (2). Quant à partir pour la Terre Sainte, il n'eut cure et invoqua des raisons de santé. D'autre part, Jean de Bretagne, comte de Richemont, s'était mis au service du roi d'Angleterre et était trop occupé à guerroyer vaillamment en Ecosse (3) pour songer à prendre la mer à défaut de son frère. Dans ces conjonctures, le fils aîné d'Arthur II, Jean, vicomte de Limoges, se prévalut du désir d'aller en Terre Sainte auprès de Clément V et supplia le pape de le subroger dans les droits de son père et de son oncle. La faveur qu'il sollicitait lui fut accordée, mais à deux conditions : Arthur II devait ne pas pouvoir partir pour la croisade; le consentement de Jean de Bretagne devait être obtenu (4) (6 mars 1312).

Les raisons de santé alléguées par Arthur n'étaient pas chimériques : il mourut le 27 août 1312. Dès lors, les 30,000 livres tournois qui lui avaient été versées par les exécuteurs du testament de son père (5) tombèrent au pouvoir de son fils, Jean III.

(1) Les exécuteurs testamentaires de Jean II furent l'abbé de Prières, les Gardiens des Mineurs de Nantes et de Vannes, le prieur des Carmes de Ploërmel; les chevaliers Jehan de Maurre, Etienne de la Grange, Robin Raguenel et Geoffroy de Guingamp, Alain de Châteaugiron, archidiacre de Rennes, Geoffroy et Thomas d'Anast, Jacques de Saint-Loup et Aubry de Baudement, ses clercs et chapelains (Dom Morice, *Histoire de Bretagne*, t. I, p. 223).

(2) *Regestum Clementis Papae V ex Vaticanis archetypis... nunc primum editum cura et studio monachorum ordinis sancti Benedicti.* Romae, 1884-1892, n. 2504.

(3) Dom Morice, *Histoire de Bretagne*, t. I, p. 229, et La Borderie, *Histoire de Bretagne*, t. III, p. 306.

(4) « *Idem tamen Arturus sic est* debilis et contractus, *ipseque patruus tuus carissimi in Christo filii nostri Eduardi regis Anglie illustris adeo dinoscitur negotiis, sicut est notorium, impeditus, quod assumere nequeant executionem negotii supradicti. Cum igitur tu circa negotium Terre Sancte affectione ferveas speciali, et in hujusmodi executione, tanquam predicto avo tuo proximior, sis merito preferendus; nos tuis supplicationibus inclinati, te in ipsius executione negotii, nisi prefatus genitor tuus possit in Terre Sancte subsidium proficisci, et si dictus Johannes de Britania suum prebeat in hac parte consensum, auctoritate apostolica deputamus. Datum Vienne, II nonas martii, anno septimo* ». *Regestum Clementis Papae V*, n. 7716.

(5) « *Cum bone memorie Arturus, dux Britannie, pater tuus, diceretur legatum ipsum a predictis executoribus recepisse* ». A. Coulon, *Lettres secrètes et curiales du pape Jean XXII*, Paris, 1906, t. I, n. 426, col. 336.

Celui-ci s'empara du legs avec l'intention, sans doute bien arrêtée, de ne point s'en dessaisir : quand le comte de Richemont, auquel il revenait après la mort d'Arthur, selon une clause formelle du testament de Jean II, le réclama, pour préparer une expédition outre-mer, il se le vit refuser. Après de vives discussions avec son neveu et les exécuteurs du testament paternel qui s'étaient ligués contre lui, le comte porta la cause devant le Saint-Siège : finalement, avant le 7 juillet 1317 (1), en présence de Jean XXII, l'accord suivant fut conclu à Avignon.

Jean III verserait 15,000 livres tournois au comte de Richemont un an avant le prochain départ pour la croisade afin de lui permettre d'organiser une expédition et les 15,000 autres livres dans les six mois qui suivraient le premier versement. Le duc promit de s'obliger, sous peine d'excommunication et d'interdit sur ses terres, à respecter le compromis qu'il avait accepté et à donner à son oncle des cautions en la personne de certains nobles bretons, présents en cour d'Avignon. Il fut encore convenu que si le duc allait en Terre Sainte, le comte de Richemont mettrait sous ses ordres les troupes équipées à l'aide du legs de Jean II. Quant à la solde des gens d'armes qu'il emmènerait à sa suite, en nombre convenable, il la payerait intégralement de ses propres deniers.

La paix qui avait paru se rétablir entre l'oncle et le neveu en présence de Jean XXII dura peu. Un procureur du comte de Richemont vint bientôt en curie se plaindre des agissements du duc de Bretagne qui, au mépris de ses engagements, avait refusé de se départir du legs des 30,000 livres tournois. Le pape écrivit à Jean III, le gourmanda sévèrement et lui rappela son attitude en Avignon (2). Au surplus,

(1) C'est ce qui ressort de la bulle du 7 juillet 1317; cfr. pièce justificative n. I : « *Dilectus filius nobilis vir Johannes, dux Britannie*, in nostra *proposuit* presentia constitutus... »

(2) Coulon, *op. cit.*, n. 425 et pièce justificative, n. II. — La bulle éditée par M. Coulon est datée seulement d'Avignon le IV des calendes de novembre. Il semble qu'il faille la dater du 29 octobre 1317, car elle est antérieure à une autre bulle du 13 avril 1318 (pièce justificative, n. II) qui s'y réfère et postérieure au 6 juillet 1317, date à laquelle Geoffroy du Plessis était chargé de mission en Bretagne.

Geoffroy du Plessis, envoyé en Bretagne peu avant les premiers jours de juillet 1317 [1], fut chargé de le ramener à de meilleurs sentiments et de l'obliger par serment à observer l'accord passé à la cour pontificale [2] (29 octobre 1317).

Occupé à d'autres affaires de grande importance, Geoffroy du Plessis n'eut pas le loisir de s'acquitter efficacement de sa mission près de Jean III. Comme il tardait à revenir en Avignon, le 22 novembre 1317 Jean XXII lui écrivit en ces termes : « Au reste si à cause des affaires concernant notre cher fils, noble homme Jean, duc de Bretagne, que nous vous avons confiées, il vous faut rester dans ces contrées quelque temps au delà du terme que nous vous avions fixé pour votre retour, nous attendrons patiemment. Cependant si l'expédition desdites affaires nécessitait un trop long délai, nous ne voudrions pas nous priver plus longtemps de votre présence; mais, dans ce cas, il nous plait et nous voulons qu'après vous avoir subrogé une ou deux personnes capables vous ne différiez pas de revenir près de nous [3] ».

Geoffroy se conforma aux instructions pontificales et se substitua Raoul Prey, scholastique d'Auxerre, et Jean Bruard, chanoine d'Orléans. En avril 1318, ces deux clercs recevaient les mêmes pouvoirs que lui. Les termes de la lettre du pape étaient peut-être plus énergiques : si le legs de Jean II n'était pas délivré dans les termes convenus à Avignon, l'excommu-

(1) Bulle du 6 juillet 1317 qui permet à Geoffroy de créer tabellions des personnes désignées par le duc de Bretagne (G. Mollat, *Lettres communes de Jean XXII*. Paris, 1904, t. 1, p. 393, n. 4392). — Pouvoirs de créer tabellions deux clercs mineurs qui lui seront personnellement nécessaires dans l'accomplissement de sa mission (Bulle du 28 juillet 1317; G. Mollat, *ut s.*, p. 414, n. 4516). — Pouvoirs de relever trente personnes du duché de Bretagne de l'excommunication encourue pour avoir frappé des clercs (Bulle du 28 juillet 1317; G. Mollat, *ut s.*, p. 415, n. 4523).

(2) « *Nos enim tibi eumdem ducem ad id, ut premittitur, inducendi ac obligationem ab ipso recipiendi predictam, necnon decernendi eum et terram suam ipso facto penas incurrisse predictas, si in terminis predistinctis vel eorum altero de legato non satisfecerit memorato, et alia faciendi que circa hi fuerint oportuna, non obstante si eidem duci a sede apostolica sit indultum quod excommunicari vel terra sua ecclesiastico interdicto supponi non possint... plenam et liberam, auctoritate presentium, concedimus facultatem. Datum Avenione, IV kalendas novembris* [1317] ». Coulon, *op. cit.*, n. 427, col. 337 (analyse).

(3) Coulon, *op. cit.*, n. 439, col. 357.

nication serait prononcée contre le duc de Bretagne et les fidéjusseurs choisis par lui, et les exécuteurs testamentaires seraient frappés des censures ecclésiastiques (1).

Le règlement de la succession de Jean II traîna cependant en longueur, et, en janvier 1319, le duc ne s'était point encore exécuté. Revenu à la santé après une longue maladie, Geoffroy du Plessis, de concert avec l'évêque d'Avranches, fut de nouveau chargé de s'entremettre près du duc (2). Il réussit, sans doute, dans sa mission, car les bulles de Jean XXII ne font plus mention, à partir de 1319, des discussions qui avaient éclaté entre Jean III et le comte de Richemont.

On se souvient qu'une des dernières clauses du testament de Jean II portait que « le remaignant » de ses biens meubles, après l'exécution complète de ses volontés, devait être « mis e converti ou proffit e en l'aide de ladite sainte Terre ». Jean III, s'étant croisé et ayant annoncé le projet de partir à la croisade prochaine à la tête d'un puissant corps de troupes, sollicita du pape la faveur d'entrer en jouissance du reliquat de l'héritage de son grand-père.

Jean XXII pria, en conséquence, l'évêque d'Avranches et Geoffroy du Plessis d'évoquer devant eux le duc, son oncle et les exécuteurs testamentaires de Jean II, de se faire remettre le testament même et d'examiner les comptes de liquidation. Avant de délivrer au duc le reliquat de la succession, si reliquat il y avait, ils exigeraient de lui des cautions et la promesse de dépenser intégralement la somme d'argent qui lui serait comptée au profit de la Terre Sainte, lors du premier départ proclamé par le Saint-Siège. Que si le duc n'allait pas, par hasard, à la croisade, il restituerait tout ce qu'il aurait reçu à ceux que désignerait le Saint-Siège. De l'engagement que prendrait Jean III deux actes notariés seraient dressés '

(1) Pièce justificative, n. I.

(2) « *Cum itaque, tam propter diutinam infirmitatem quam propter absentiam tuam, fili notarie, nequiveritis, sicut accepimus, super executione hujusmodi negotii convenire, nos volentes quod eadem executione ulterius in dicte terre dispendium retardetur, discretionem vestram monemus et hortamur attentius quatinus ad executionem prefati negotii, remota occasione qualibet, procedatis juxta predictarum vobis directarum continentiam litterarum. Datum Avenione, XVI kalendas februarii, anno tertio* [17 janvier 1319] ». G. Mollat, *op. cit.*, t. II, p. 322, n. 8842.

l'un serait destiné à Avignon par un messager fidèle; l'autre resterait aux mains des exécuteurs testamentaires. On y spécifierait soigneusement la quotité de la somme d'argent qui serait versée au duc [1].

L'évêque d'Avranches et Geoffroy du Plessis s'acquittèrent-ils de leur mission ? Il est difficile de le savoir. En tout cas, le reliquat de l'héritage de Jean II n'était pas encore remis au duc de Bretagne en 1324. A une nouvelle sollicitation de Jean III, le pape, rendu défiant à son égard par l'affaire du legs des 30,000 livres tournois, répondit par un refus très catégorique [2].

Jean XXII agit prudemment, car le duc ne partit pas pour la croisade. Il est même permis de croire qu'à l'exemple du roi de France [3] Jean III ne vit dans « le saint voyage outremer » qu'un expédient commode pour se procurer des subsides aux dépens du clergé. Le pape s'en doutait, peut-être, lorsqu'il lui refusait, en 1324, l'autorisation de lever l'annate et la décime au profit de la Terre-Sainte.

PIÈCES JUSTIFICATIVES

I

***L'évêque d'Avranches et Geoffroy du Plessis sont chargés de remettre au duc de Bretagne le reliquat de la succession de Jean II à certaines conditions.* — Avignon, 7 juillet 1317.**

(*Reg. Vat.* 66, ep. com. 3200; *Reg. Avin.* 6, f. 367 r°; G. Mollat, *Lettres communes de Jean XXII*, t. I, p. 395, n. 4295, analyse.)

Venerabili fratri.. episcopo Abrincensi, et dilecto filio magistro Gaufrido de Prexeyo, notario nostro, cancellario

(1) Bulle du 7 juillet 1317: voir pièce justificative, n. I. — Il semble bien, d'après cette bulle, qu'en dehors du legs des 30,000 livres tournois le règlement de la succession relativement aux autres clauses du testament était achevé en 1317.

(2) Bulle du 15 juin 1324; pièce justificative, n. III.

(3) Lehugeur, *Histoire de Philippe le Long, roi de France (1316-1322)*, Paris, 1897, p. 19[illegible]-1[illegible]0. — Le 6 juin 1313, alors que nombre de grands personnages se croisaient, le duc de Bretagne déclara qu'il attendrait, pour se croiser, « que le voyage fût plus avancé »; cfr. Lehugeur, p. 15.

ecclesie Turonensis, salutem, etc. Dilectus filius nobilis vir Johannes, dux Britannie, in nostra proposuit presentia constitutus quod quondam Johannes, dux Britannie, avus suus, de bonis mobilibus que sue mortis tempore possidebat, condito testamento, residuum bonorum ipsorum, siquidem debitis, legatis fideique commissis primitus omnino solutis et executione testamenti predicti penitus adimpleta, forsitan superesset, subsidio terre sancte pia devotione legavit. Cum autem dux ipse predicti avi et aliorum predecessorum suorum laudabilibus vestigiis et exemplis inherens, signo vivifice crucis assumpto, in dicte terre subsidium cum potenti manu intendat, ut asserit, personaliter proficisci et in subsidium hujusmodi totaliter exponere se, suos et sua, nobis humiliter supplicavit ut residuum hujusmodi sibi de speciali gratia auctoritate apostolica concedere dignaremur per ipsum in subsidium hujusmodi convertendum. Nos autem ad promotionem felicem prefacti negotii terre sancte summis desideriis aspirantes ac prefati ducis laudabile propositum et desiderium in hac parte dignis in Domino laudibus commendantes, sibique in tam pii executione propositi adesse favorabiliter intendentes, gerentes quoque de vestre circumspectionis industria et fidelitate fiduciam in Domino pleniorem, discretioni vestre per apostolica scripta committimus et mandamus quatinus, ad partes illas vos personaliter conferentes, executoribus testamenti predicti, ac duce prefato necnon dilecto filio nobili viro Johanne, comite Richemundie, filio testatoris prefati, et aliis quorum intererit, ad vestram presentiam evocatis, exhibitoque vobis et diligenter inspecto testamento predicto, executores predictos et alios ad quorum manus bona predicta pervenisse, vel quos ea habuisse vel administrasse, et alios quoscumque quos ad hoc teneri noveritis ad reddendum vobis, nostro, et Ecclesie Romane et terre sancte nomine, de ipsis plenam fidem et integram rationem, et ad prestandum reliqua summarie et de plano per censuram ecclesiasticam, appellatione postposita, compellatis, invocato ad hoc, si necesse fuerit, auxilio brachii secularis. Totam sententiam quam sub hujusmodi reliquorum et residui bonorum predictorum nomine terre predicto subsidio competente vel deberi constiterit memorato duci, recepta ab eo cautione ydonea, in qua ipsum etiam preceptum recipere volumus judicis competentis quod summam hujusmodi pecunie plene, fideliter et integre convertet et expendet in predictum subsidium terre sancte in primo generali passagio per Sedem Apostolicam indicendo, vel, si forsan ipsum non transfretare contingeret, summam ipsam plene et integre restituet nomine et ad opus ejusdem terre sancte cui vel quibus sedes ipsa duxerit ordinandum, nostro et Ecclesie Romane nomine tradere et assignare curetis. Contradictores... Super traditione vero, et assignatione ac obligatione hujusmodi confici faciatis duo publica instrumenta quid, quantum, quando et in qua pecunia eidem duci ex causa hujusmodi traditum et assignatum extiterit, continentia sigillatim, particulariter et distincte, quorum unum nobis per certum et fidum nuntium transmittatis, alio penes executores prefatos nichilominus remanente. Datum Avenione, nonis julii, anno primo.

II

Jean XXII confie à Raoul Prey et à Jean Bruard la mission de faire délivrer au comte de Richemont le legs des 30,000 livres tournois, laissé pour la Croisade par Jean II. — Avignon, 13 avril 1318.

(*Reg. Vat.* 68, ep. com. 128; *Reg. Avin.* 9, f. 276 r°; G. Mollat, *op. cit.*, t. II, p. 133, n. 6966, analyse.)

Dilectis filiis magistro Radulpho Prey, scolastico Autissiodorensi, et Johanni Bruardi, canonico Aurelianensi, etc. Orta dudum super solutione cujusdam legati triginta milium librarum turonensium per bone memorie Johannem, ducem Britanie, in subsidium Terre Sancte relicti, inter dilectos filios nobiles viros Johannem de Britania, comitem Richemundie, filium suum ex parte una, et Johannem ducem Britanie ac executores testamenti dicti quondam ducis, avi sui, ex altera, materie questionis, tandem post altercationes altrinsecus habitas, pro bono pacis et concordie tractatum extitit, presentibus partibus coram nobis, quod cum bone memorie Arturus, dux Britanie, pater ducis predicti, diceretur legatum ipsum a predictis executoribus recepisse, dux ipse medietatem prefati legati dicto comiti per unum annum, ante proximo futurum ultramarinum generale passagium, solveret, ut interim se posset idem comes necessariis ad ipsum passagium habiliter premunire et aliam infra sex menses ipsius termini solutionem immediate sequentes eidem comiti integraliter exhiberet, et ad hoc infallibiliter observandum se obligaret idem dux in nostra presentia sub excommunicationis in personam et interdicti penis in terram suam, quas ipse et dicta terra sua incurrerent ipso facto, si deficeret in legato ipso, ut premittitur, exsolvendo, quodque nichilominus pro solidiori cautela solutionis hujusmodi fidejussores daret super hoc eidem comiti certos nobiles Britanie, quos tunc in curia secum presentes habebat. Actum etiam extitit quod si dictum ducem in ipso passagio transfretare contingeret, idem comes, una cum gentibus armorum pro dicto legato ducendis, suam deberet comitivam et aciem prosequi, dummodo ipse dux pro decenti alterius gentis armigere numero in sua similiter societate ducende de convenientibus sibi stipendiis provideret. Porro, licet crederemus premissa omnia et singula inter dictos ducem et comitem, ante dicti ducis de curia predicta discessum, penitus concordata fuisse, nuper tamen ex relatione procuratoris dicti comitis miranter audivimus quod, etsi de stipendiis predictis per dictum ducem dandis eidem comiti, et de numero gentis armigere quam pro illis ducere teneretur, idem comes paratus fuerit et adhuc sit stare arbitrio cujuslibet boni viri (1) neutri parti suspecti, obligationem tamen de legato ipso in forma prescripta solvendo idem dux facere recusavit, non tam in ipsius quondam avi sui extreme dispositionis quoddam eludium quam in predicti comitis legatarii detrimentum. Cum itaque

(1) Le seigneur de Montjean d'après Coulon, *op. cit.*, col. 336, n. 425.

per alias nostras certi tenoris litteras[1] dictum ducem rogemus et hortemur attentius quatinus considerantes attente quod favendum est voluntatibus decedentium, progenitorum precipue, ubi presertim concernere dinoscuntur pia Dei negotia, que a quibuscunque Christi fidelibus sunt favorabiliter prosequenda, prescriptum de obligatione, ut premittitur, facienda tractatum quem, pensatis circumstantiis debitis, satis debet acceptabilem reputare, ad effectum adducere non omittat. Et si sibi eum, ut conderet, firmare placuerit obligationem eamdem sub penis predictis coram vobis vel vestrum altero auctoritate nostra recipientibus seu recipiente faciat atque prestet, discretioni vestre per apostolica scripta mandamus quatinus vos vel alter vestrum prefatum ducem, juxta datam vobis a Deo prudentiam, ad perfectionem tractatus ipsius et obligationem in forma prescripta prestandam efficacibus persuasionibus curetis inducere, sicut et sue decentie animeque sue saluti noscitur expedire, recepturi seu recepturus ab ipso nostro nomine obligationem premissam, si eam sub penis prestare prefactis eisque ipso facto subjacere voluerit deficiens in solvendo. Nos enim vobis et vestrum cuilibet eumdem ducem ad id, ut premittitur, inducendi, et obligationem ab ipso et fidejussoribus predictis recipiendi predictam, necnon decernendi eum, fidejussores et terram predictos ipso facto penas incurrisse predictas, si in terminis predistinctis vel eorum altero de legato non satisfecerint memorato, alioquin compellendi executores prefatos, auctoritate nostra, per censuram ecclesiasticam, ad observationem predicti voluntatis defuncti et omnia alia faciendi, que circa premissa et quodlibet premissorum necessaria fuerint seu etiam oportuna, invocato ad hoc, si opus fuerit, auxilio brachii secularis. Non obstantibus... Datum Avenione, idibus aprilis, anno secundo.

(1) *Cfr., Coulon, loc. cit.*

III

Jean XXII refuse au duc de Bretagne de lui concéder le reliquat de la succession de Jean II, la levée de décimes et d'annates, les revenus des biens de l'ordre du Temple sis en pays breton. — Avignon, 15 juin 1324.

(*Reg. Vat.* 112, secrètes, *parte secunda*, f. 29 r°.)

Nobili viro Johanni duci Britannie. Presens olim in curia et nunc absens in partibus, oblata petitione per nuncium quam solita benignitate suscepimus, supplicasti ut bona reliqua bone memorie avi tui ejus testamento executioni mandato, decimas insuper ecclesiarum, annalia quoque beneficiorum vacantium ac fructus bonorum olim Templi in ducatu Britanie, usque ad quinquennium, in subsidium expensarum pro ultramarino passagio, ad quod obligasse te asseris, tibi concedere dignaremur. Sane, fili, quanquam sit prudentis in melius mutare consilium, tamen, sicut premittitur, tibi presenti super hiis alias respondisse recolumus, per nos omnimode non fieri posse que postulas sic respondemus ad presens, cum nobis non occurrat presentialiter aliud respondendum, nichilominus parati existimus ex patris benignitate propitia exaudire in aliis, quantum bono modo cum Deo poterimus, vota tua. Datum Avinione XVII kalendas julii, anno octavo.

IV

Le testament d'Arthur II et son exécution

(1313-1327)

Si l'exécution du testament de Jean II souffrit des difficultés, celle du testament d'Arthur II, mort en août 1312, ne fut pas moins entravée par le mauvais vouloir ou l'intérêt de ceux qui en furent chargés. Dès le mois de novembre de 1312, le duc Jean III s'était plaint au Saint-Siége des agissements des exécuteurs testamentaires, désignés par son père, qui sous prétexte d'accomplir leur mandat le pressuraient injustement, et Jean, évêque de Vannes, Amaury de Craon, Thibaud de Rochefort, Geffroy et Thomas d'Anast, Aubry de Baudement, les gardiens des Mineurs de Nantes et de Vannes avaient constitué Olivier de Laré et Vincent de Châtillon leurs procureurs en cour pontificale pour répondre des accusations lancées contre eux [1]. Une enquête, ordonnée par Clément V, ne fut suivie d'aucun résultat, et force fut au duc de solliciter l'intervention de Jean XXII.

Par son testament et les codicilles qu'il y avait ajoutés, à l'exemple de son prédécesseur, Arthur II avait laissé de nombreux et importants legs pieux [2], à prélever tant sur ses biens mobiliers et immobiliers que sur ceux de son duché. Ses exécuteurs testamentaires, Jean le Parisi, évêque de Vannes, et le chevalier Thibaud de Rochefort, en particulier, se prévalant de leurs fonctions, se saisirent même de l'héritage qui devait revenir à Jean III, dépensèrent bien au delà de ce que requérait la liquidation et s'enrichirent ou enrichirent leurs amis aux dépens du duc. Quand ils furent priés de présenter leurs comptes de gestion, ils refusèrent complètement de les fournir. Pour remédier à ce fâcheux état de choses, Jean XXII chargea l'abbé de Saint-Florent de Saumur [3] d'instruire une enquête et d'obliger les exécuteurs testamentaires d'Arthur II à rendre raison de leur administration. S'il constatait que leur administration était réellement répréhensible, il les inviterait à indemniser le duc [1].

(1) Dom Morice, *Histoire de Bretagne, Preuves*, t. I, col. 1242 et 1247.

(2) Le testament ne nous a pas été conservé; l'on sait seulement qu'Arthur laissa 200 livres de monnaie courante pour fonder un hôpital à Rosel près Plessé (*Gallia Christiana*, t. XIV, *Instr.*, col 1[illegible]-188).

(3) Jean II Milet (1310-1324); *Gallia Christiana*, t. XIV, col. 637.

(4) G. Mollat, *Lettres communes de Jean XXII*, t. II, p. 350, n. 9236; bulle du 13 avril 1319. — L'évêque d'Avranches et Geoffroy du Plessix avaient été chargés (27 juin 1317) d'une mission peu différente de celle que reçut l'abbé de Saint-Florent; mais impliqués dans d'autres affaires, ils semblent n'être pas intervenus efficacement (G. Mollat, *op. cit.*, t. I, p. 335, n. 4198).

L'intervention de Jean XXII n'eut pas de succès. Bien loin de s'amender, l'évêque de Vannes, Thomas d'Anast, Aubry de Baudement et quelques autres laïques ne respectèrent pas les volontés d'Arthur II. Des biens confiés à leur soin ils s'adjugèrent une partie, aliénèrent le reste ou le dispensèrent au gré de leur fantaisie, se gardant, par contre, d'exécuter certains des legs pieux. Par suite, Jean III se trouva dépossédé de l'héritage qui lui revenait après le complet accomplissement du testament de son père. Le duc supplia donc le Saint-Siège de désigner des gens compétents qui, en vertu de l'autorité apostolique, évoqueraient devant eux les exécuteurs testamentaires d'Arthur II ou les héritiers de ceux qui, comme Thomas d'Anast, étaient morts, et les obligeraient à fournir les comptes de liquidation, à restituer ce qu'ils avaient retenu indûment et à offrir une compensation pour leur mauvaise administration.

Jean XXII, trouvant justes les revendications du duc, confia la direction de l'enquête, jugée nécessaire en l'occurrence, à l'évêque de Dol, au prieur du monastère de Noirmoutier au diocèse de Luçon, ainsi qu'au doyen du Mans, avec mission de faire justice à Jean III (6 mars 1327) [1].

PIÈCE JUSTIFICATIVE

Jean XXII charge l'évêque de Dol, le prieur du monastère de Noirmoutier au diocèse de Luçon et le doyen du Mans d'instruire une enquête au sujet de l'exécution du testament d'Arthur II. — Avignon, 6 mars 1327.

(*Reg. Vat.* 84, f. 122 r°, ep. 1290.)

Venerabili fratri.. episcopo Dolensi, et dilectis filiis.. priori Monasterii Nigri, per priorem soliti gubernari, Lucionensis diocesis, ac.. decano ecclesie Cenomanensis, salutem.

(1) Voir la pièce justificative.

Ex parte dilecti filii nobilis viri Johannis, ducis Britanie, petitio nobis exhibita continebat quod quondam Arturius dux Artusius, dux Britanie, pater ejus, olim zelo devotionis et fidei in suo testamento seu ultima voluntate ac in ipsius plurimis ab eo conditis codicillis multa et magna tam de bonis suis mobilibus quam immobilibus ac ducatus Britanie in pios et alios usus licitos et diversos convertenda legavit, et venerabilem fratrem nostrum Johannem, episcopum Venetensem, et quondam Thomam de Anast, tunc decanum Andegavensis, et dilectum filium Aubericum de Baudement, subdecanum Trecensis ecclesiarum, et nonnullos alios laicos executores reliquit hujus testamenti et sue ultime voluntatis, eisque sub certis forma et modis procedendi super executione hujusmodi et premissa etiam adimplendi concessit plenariam potestatem, sed executores ipsi, ad quorum manus bona hujusmodi pervenerunt, transgredientes formam mandati testatoris ejusdem et modis hujusmodi non servatis, multa de bonis eisdem eorum usibus et commodis applicarunt, et nonnulla ex eis alienarunt illicite et etiam distraxerunt pro libito voluntatis, quedam vero in pios usus et licitos juxta dispositionem testatoris ejusdem ipsius convertere non curantes, illa prophanis usibus deputarunt, propterque pia ipsius est testatoris intentio defraudata et idem Johannes dux prefatus, qui ut heres dicti Artusii in bonis reliquis succedere debuisset, ob factum et culpam executorum ipsorum succedere, ut deberet, non potest in illis, sed gravem jacturam exinde noscitur incurrisse. Quare nobis humiliter supplicavit ut, cum aliqui de dictis executoribus rebus sint humanis exempti, aliquibus discretis daremus nostris litteris in mandatis ut ipsi, vocatis dictis executoribus qui nunc vivunt et etiam heredibus illorum ex eis qui, ut prefertur, de hac luce migrarunt, eos simpliciter, et de plano, sine strepitu et figura judicii, ad reddendum de administratione prefata legitimam rationem et ad restituendum Johanni duci prefato ea que sibi, ut premittitur, de dictis bonis retinuisse noscuntur et que restant etiam de bonis eisdem in quibus idem Johannes debet succedere, ut prefertur, et nichilominus ad satisfaciendum de male administratis hujusmodi competenter ratione previa per censuram apostolicam, appellatione remota, compellere procurarent. Nos vero, quia nec pati volumus nec debemus quod dispositiones seu ultime ac pie, fidelium voluntates in aliquo defraudentur, ipsius Johannis ducis supplicationibus inclinati, discretioni vestre per apostolica scripta committimus et mandamus quatinus, vocatis qui fuerint evocandi, faciatis auctoritate nostra eidem Johanni duci super premissis et eorum singulis contra predictos Johannem episcopum et alias personas, duntaxat ecclesiasticas, simpliciter, et de plano, sine strepitu et figura judicii, justitie complementum, contradictores eadem auctoritate, appellatione postposita, compescendo. Non obstante... Testes autem qui fuerint nominati, si se gratia vel odio vel timore subtraxerint, per censuram ecclesiasticam, appellatione cessante, compellatis veritati testimonium perhibere; quod si non omnes hiis exequendis potueritis interesse tu, frater episcope, cum eorum altero ea nichilominus exequaris. Datum Avenione, II nonas martii, anno undecimo.

V

Mariages à la cour de Bretagne

(1329-1331)

On sait comment successivement Jean III perdit ses deux premières femmes, Isabelle de Valois et Isabelle de Castille, dont il n'eut pas d'enfants (1). Dans la crainte de mourir sans postérité et d'être contraint de laisser le duché de Bretagne aux enfants de sa belle-mère, Iolande de Dreux, pour laquelle il professait une profonde aversion, peu après la mort d'Isabelle de Castille, advenue le 24 juillet 1328, il songea à se

(1) La Borderie, *Histoire de Bretagne*, t. III, p. 400.

remarier et jeta son dévolu sur Jeanne, fille du comte Edouard de Savoie. A cette union s'opposaient des empêchements de consanguinité et d'affinité; il fallut recourir à Jean XXII qui, cédant aux prières du roi de France, accorda la dispense le 10 août 1329 (1).

Pas plus que les autres duchesses, Jeanne de Savoie ne donna le jour à un héritier. Par une coïncidence fâcheuse, Guy de Bretagne, frère de Jean, n'avait eu de Jeanne d'Avaugour, épousée en 1318, qu'une fille, Jeanne la Boiteuse. Aussi, lorsque sa femme mourut en 1327 (2), pour seconder, sans doute, les désirs du duc, chercha-t-il à convoler en secondes noces.

Ces projets de mariage furent un moment traversés par les intrigues, ignorées jusqu'ici, de la célèbre Jeanne de Belleville, veuve depuis 1328 de Geoffroy de Châteaubriant (3), qui répandit le bruit qu'il y avait eu entre elle et Guy de Bretagne épousaille « per verba ». Si coquetterie il y eut entre eux deux, une telle union ne sourit pas à Guy, qui adressa une curieuse requête au Saint-Siège. Le pape était prié de nommer des juges experts qui citeraient Jeanne de Belleville à produire, en leur présence, les preuves de son union avec Guy. Si Jeanne n'établissait pas la véracité de ses dires, silence perpétuel lui serait imposé; parviendrait-elle à ses fins, la partie adverse serait admise à plaider la nullité de mariage. Dans les deux hypothèses, Guy recevrait l'autorisation de se remarier (4).

L'enquête, confiée le 10 février 1330 aux évêques de Vannes et de Rennes, ressortit contraire à la dame de Belleville qui prit vite son parti, puisqu'elle obtint dispense de mariage avec Olivier de Clisson le 30 avril suivant (5). Quant à Guy de

(1) Pièce justificative, n. I. — Les historiens font donc erreur quand ils reportent le mariage du duc avec Jeanne de Savoie au 21 mars 1329 (Dom Morice, *Histoire de Bretagne*, t. I, p. 240; La Borderie, *loc. cit.*).

(2) Dom Morice, *ut s.*, p. 242.

(3) Beauchet-Filleau et Chergé, *Dictionnaire historique et généalogique des familles du Poitou*, Poitiers, 1891-189[illegible], t. I, p. 423.

(4) Pièce justificative, n. II.

(5) *Reg. Vat.* 95, ep. com. 81.

Bretagne, un indult du 12 février 1331 lui permit de se marier en temps prohibé avec Marie de Blois [1]. Mais le carême n'était pas encore achevé que Guy mourait [2].

PIÈCES JUSTIFICATIVES

I

Dispense de mariage entre Jean III et Jeanne de Savoie. — Avignon, 10 août 1329.

(*Reg. Vat.* 91, ep. com. 2191; *Reg. Avin.* 33, f. 351 v°).

Dilecto filio nobili viro Johanni duci Britanie et dilecte in Christo filie nobili domicelle Johanne, nate dilecti filii nobilis viri Eduardi, comitis Sabaudie, salutem... Etsi... Sane oblate nobis pro parte vestra petitionis series continebat quod per communes utriusque vestrum amicos habitus est tractatus, quod vos invicem debeatis matrimonialiter copulari. Verum, ex eo quod ex parte matrum vestrarum in tertio, et ex parte patris tui, fili dux, in quarto consanguinitatis, necnon in tertio et quarto affinitatis gradibus ratione quondam Agnetis [3], uxoris tue premortue, prefate dux, invicem vos contingitis, hujusmodi matrimonium contrahere non potestis dispensatione super hoc apostolica non obtenta; quare pro parte vestra fuit nobis humiliter supplicatum ut providere vobis super hoc de oportune dispensationis gratia dignaremur. Cum igitur, ut asseritur, ex hujusmodi matrimonio, si fiat, favores et amicitie non mediocriter utiles regno Francie et ejus incolis proventuri sperentur, nos, carissimi in Christo

(1) Pièce justificative, n. III. — Marie de Blois épousa dans la suite, en 1334, le duc Raoul de Lorraine (André du Chesne, *Histoire de la maison de Chastillon-sur-Marne*... Paris, 1621, p. 212, 145 et Pr. 101).

(2) Dom Morice, *Histoire de Bretagne*, t. I, p. 242.

(3) Il y a certainement erreur de la part du copiste, car aucun historien n'a fait d'allusion à ce premier mariage. Le pape vise ici Isabelle de Valois.

filii nostri Phylippi, regis Franchorum illustris, desiderantis inter vos hujusmodi matrimonium contrahi nobisque super hoc humiliter supplicantis, vestrisque supplicationibus inclinati, vobiscum quod predictis necnon publice honestatis justitie impedimentis nequaquam obstantibus libere possitis invicem matrimonialiter copulari et in hujusmodi matrimonio, postquam inter vos contractum fuerit, licite remanere, auctoritate apostolica de speciali gratia dispensamus, prolem suscipiendam ex hujusmodi matrimonio legitimam nuntiantes. Nulli ergo... Datum Avenione, IV idus augusti, anno tertiodecimo.

II

Jean XXII charge les évêques de Rennes et de Vannes de faire enquête sur le prétendu mariage qui aurait été contracté par Jeanne de Belleville et Guy de Bretagne. — Avignon, 10 février 1330.

(*Reg. Vat.* 115, secrètes, *parte secunda*, f. 101 r°).

.. *Venetensi et.. Redonensi episcopis.* Oblata nobis dilecti filii nobilis viri Guidonis de Britannia, Penthevrie domini, Briocensis diocesis, petitio continebat quod, licet ipse et dilecta in Christo filia nobilis mulier, Johanna de Belleville, Nannetensis diocesis, consanguinitatis seu affinitatis gradu invicem se contingant, qui matrimonium inter eos contrahendum impedit et dirimere jam contractum, ipseque Guido numquam matrimonium contraxit cum eadem, tamen ipsa falso asserens prefatum Guidonem secum per verba de presenti matrimonium contraxisse, ipsum super hoc diffamare et quominus alii mulieri possit matrimonialiter copulari nititur impedire. Cumque idem Guido, dubitans propterea imposterum sibi prejudicium generari, cupiat ab infamia hujusmodi liberari, nobis humiliter supplicavit ut aliquibus discretis in illis partibus per nostras daremus litteras in mandatis quod, si dicta Johanna infra certum sibi prefixum peremptorium terminum competentem matrimonium hujusmodi inter eos legitime contractum fuisse non possit legitime probavisse, sibi perpetuum silentium imponerent super diffamatione et assertione predictis, eidemque Guidoni darent licentiam cum alia libere contrahendi, quodque etiam hujusmodi matrimonio per eamdem mulierem probato idem Guid admitteretur ad probandum consanguinitatis vel affinitatis, etiam ex illegittima provenientis copula, gradum predictum quo per eum probato fuisse et esse nullum nec potuisse seu posse contrahendo matrimonio per ipsum Guidonem cum muliere alia prestare impedimentum aliquod nuntiarent, data dicto Guidoni insuper obtentione quod, si ipse in gradu predicto prohibito invicem attingere vellet et posset probare, eo ad hoc etiam antequam dicta Johanna admittatur ad probandum matrimonium predictum admisso matrimonium inter eos non posse contrahi et, si de facto contractum existeret, illud nullum, ut premittitur, nuntiarent sibique licentiam concederent prelibatam. Nos igitur, nolentes in libertate que in contrahendis matrimoniis esse debet eumdem Guidonem indebite impediri, fraternitati vestre per apostolica scripta committimus et mandamus quatinus vos vel alter vestrum, vocatis eisdem partibus, eisque simul vel successive ad probandum premissa, prout videritis expedire, admissis, faciatis ipsis summarie, et de plano, ac sine strepitu et figura judicii super predictis justitie complementum, contradictores, etc., non obstantibus tam de duabus dictis in concilio generali quam felicis recordationis Bonifacii pape VIII, predecessoris nostri, qua cavetur ne aliqui extra suas civitatem seu diocesim nisi certis exceptis casibus nec in illis ultra unam dietam a fine sue diocesis ad judicium evocetur presumant et aliis quibuscumque constitutionibus super hoc editis per que jurisdictionis vestre explicatio posset quomodolibet impediri aut si eis vel quibusvis aliis communiter vel divisim a Sede Apostolica sit indultum quod interdici, suspendi vel excommunicari non possint per litteras apostolicas non facientes plenam et expressam ac de verbo ad verbum de indulto hujusmodi mentionem. Datum IV idus februarii, anno quartodecimo.

III

Dispense de mariage entre Guy de Bretagne et Marie de Blois.
Avignon, 12 février 1331.

(*Reg. Vat.* 116, secrètes, f. 6 r°).

Guidoni de Britannia. Sedis apostolice graliosa benignitas personis sanguinis claritate sublimibus quas sibi devotas conspicit ea consuevit interdum rigorem canonum temperando mansuetudine concedere que aliis merito denegantur. Cum itaque, sicut accepimus, tu ad bona nuptiarum in brevi transire proponens cum dilecta in Christo filia nobili muliere Maria, nata dilecti filii nobilis viri comitis Blesensis, matrimonium intendas contrahere cujus bonum impedire posset longa dilatio, sicut fertur, nos carissimi in Christo filii nostri Philippi, regis Francie illustris, supplicationi super hiis benignius inclinati ut tu et eadem Maria matrimonium in facie ecclesie solemnisare ac benedictionem nuptialem recipere, etiam tempore quo id sacri canones interdicunt, quibuscumque constitutionibus contrariis nequaquam obstantibus, alias tamen licite valeatis tibi et eidem Marie hac vice de speciali gratia tenore presentium indulgemus. Nulli ergo etc... Datum Avenione, II idus februarii, anno quintodecimo.

VI

Le mausolée d'Isabelle de Castille, duchesse de Bretagne, à l'abbaye de Prières

---

Isabelle de Castille, que Jean III avait épousée en secondes noces en 1310, mourut le 24 juillet 1328[1]. Son corps fut inhumé dans le chœur de l'église abbatiale de Prières (diocèse de Vannes), au-dessous du tombeau de Jean Ier, et sur

(1) A. de La Borderie, *Histoire de Bretagne*, t. III, p. 400.

son mausolée furent gravés ces mots pleins d'enseignements « sainte, douce, paisible, prudente, affable, modeste, féconde [1] ». Sa sœur Béatrice, mariée au roi de Portugal, Alphonse IV [2], fut prise du désir de ramener ses ossements en Portugal : en conséquence, elle pria Jean XXII de l'autoriser à accomplir son pieux désir. Le pape ne refusa pas, mais chargea les évêques d'Avranches, de Limoges et de Maguelonne de pressentir le duc de Bretagne ; si celui-ci y consentait et quand bien même de son vivant la duchesse eût choisi sa sépulture à l'abbaye de Prières, les mandataires pontificaux autoriseraient l'exhumation (21 août 1332) [3].

Jean III dut être défavorable à ce projet, car le mausolée d'Isabelle de Castille subsista à Prières jusqu'en 1715, époque à laquelle l'ancienne église de l'abbaye fut jetée à bas pour faire place à une autre de plus grandes dimensions [4].

PIÈCE JUSTIFICATIVE

Jean XXII permet de transférer en Portugal le corps d'Isabelle de Castille si le duc de Bretagne y consent. — Avignon, 21 août 1332.

(*Reg. Vat.* 116, secrètes, f. 250 r°.)

.. *Abricensi.., Lemoricensi et.. Magalonensi episcopis.* Exhibita nobis pro parte carissimorum in Christo filiorum nostrorum Alfonsi, regis, et Beatricis, regine Portugalie illus-

(1) Piéderrière, *Etude sur l'ancienne abbaye de Prières au diocèse de Vannes*, dans *Bulletin de la Société polymathique du Morbihan* (1953), p. 32. — Ferdinand III, roi de Castille et de Léon (1230-1252), fonda à Prières un anniversaire pour lui et sa femme (Piéderrière, *même recueil*, année 1961, p. 18).

(2) Alphonse IV (1325-1357), cfr. A. Cappelli, *Cronologia e calendario perpetuo*. Milan, 1906, p. 401.

(3) Voir pièce justificative.

(4) Piéderrière, *recueil cité*, année 1953, p. 32.

trium, petitio continebat quod quondam Elizabeth[1] ducissa, uxor dilecti filii nobilis viri Johannis ducis Britannie, soror ejusdem regine, olim in partibus illis, sicut Domino placuit, diem clausit extremum corpusque ipsius in monasterio de Prieres, ordinis Cisterciensis, Venetensis diocesis, extitit honorabiliter tumulatum. Cum attamen Rex et Regina prefati ossa dicte ducisse ad regnum Portugalie transferri desiderent ibidem, sicut de beneplacito dicte regine processerit tumulanda, nobis humiliter supplicarunt ut transferendi de ipso monasterio ad prefatum regnum Portugalie dicta ossa concedere licentiam dignaremur, nos itaque dicte supplicationi benignius inclinati licentiam hujusmodi, dummodo dicte translationi assensus dicti ducis accedat, tenore presentium concedentes, fraternitati vestre per apostolica scripta committimus et mandamus quatinus vos, vel duo, aut unus vestrum per vos vel alium seu alios, auctoritate nostra translationem hujusmodi fieri si, ut prefertur, de voluntate dicti ducis processerit etiam si prefata ducissa dum viveret apud dictum monasterium suam sepulturam elegerit faciatis contradictores, etc., non obstantibus quibusvis constitutionibus et privilegiis apostolicis aut statutis seu consuetudinibus monasterii et ordinis predictorum contrariis per que ipsa translatio possel quomodolibet impediri seu si aliquibus communiter vel divisim a sede apostolica sit indultum quod interdici, suspendi vel excommunicari non possint per litteras apostolicas non facientes plenam et expressam ac de verbo ad verbum de indulto hujusmodi mentionem. Datum XII kalendas septembris anno XVI°.

(1) C'est une erreur du scribe, car tous les auteurs l'appellent Isabelle.

VII

Le chancelier de Bretagne Mathieu Le Bart

(1317-1352)

Il suffit de parcourir les différentes listes des chanceliers de Bretagne, insérées dans les nobiliaires bretons, pour se convaincre de leur imperfection. Entre Pierre de Fougères, évêque de Rennes (1218 et 1222), et Henri du Bois, évêque de Dol (1344), Pol de Courcy, qui en cela reproduit ses devanciers, ne peut citer aucun nom [1].

D'une bulle inédite de la troisième année du pontificat de Jean XXII, il résulte que le 28 avril 1319 le pape confère le canonicat de Saint-Martin de Tours, avec l'expectative d'une prébende, à maître Mathieu Le Bart [2], en considération du duc de Bretagne, dont il est chancelier [3]. D'autre part, le 6 juillet 1317, Mathieu, qui reçoit le canonicat de Dol avec l'expectative d'une prébende, d'une dignité, d'un personat ou d'un office, n'est que clerc conseiller de Jean III, recteur de Gaël au diocèse de Saint-Malo et chapelain du Thil au diocèse de Séez [4]. Le 23 décembre 1321 la bulle qui le nomme

(1) Pol de Courcy, *Nobiliaire et Armorial de Bretagne*, 3e éd. Rennes, 1890, t. II, p. 318.

(2) Les textes l'appellent tantôt Mathias Leopardi, tantôt Matheus Lebardi ou Lebarti.

(3) « *Dilecto filio magistro Matheo Lebardi, canonico ecclesie sancti Martini Turonensis.* Solis apostolice graciosa benignitas ad illos libenter dexteram sue liberalitatis extendit, quibus ad hoc suffragantur propria merita et nobilium personarum intercessionibus adjuvantur. Volentes itaque tibi, qui de litterarum sciencia, honestate morum et aliis virtutum tuarum meritis apud nos fidedigno testimonio commendaris, tum ob hoc cum consideratione dilecti filii nobilis viri Johannis, ducis Britannie, pro te cancellario suo nobis super hoc humiliter supplicantis gratiam facere specialem, canonicatum ecclesie sancti Martini Turonensis... Datum Avenione, IV kalendas maii anno tertio. » *Reg. Avin.* 11, f. 387 r°; *Reg. Vat.* 69, cap. 707; G. Mollat, *Lettres communes de Jean XXII*, t. II, p. 372, n. 9354.

(4) G. Mollat, *op. cit.*, t. I, p. 394, n. 4353.

chanoine prébendé et écolâtre de la cathédrale de Nantes, ne mentionne plus son titre de chancelier, quoiqu'elle ajoute à ses fonctions ecclésiastiques celle de chanoine prébendé de Rennes [1]. En 1323, après être entré en possession de ses bénéfices nantais, il est obligé de se démettre du rectorat de la paroisse de Gaël [2]. Dom Morice le cite, en 1340, comme ayant donné lecture d'une lettre de l'archevêque de Tours au chapitre de la cathédrale de Dol, dont il est chantre [3]. Enfin, le 14 juillet 1352, Guillaume de Beaufort, vicomte de Turenne, supplie Clément VI de conférer à son familier Henri Humare, clerc du diocèse de Liège, le canonicat et la prébende de la cathédrale de Nantes qui vaquent par la mort de Mathieu le Bart [4].

A quelle époque précise la charge de chancelier fut-elle confiée au personnage dont le *cursus honorum* a été retracé ? Quand lui fut-elle retirée ? Dans l'état actuel de nos connaissances, il est impossible de le savoir. Si Mathieu le Bart fut gratifié de nombreux bénéfices, il y a tout lieu de croire qu'il possédait des titres aux faveurs du Saint-Siège ou qu'il comptait de puissants protecteurs. Toutefois, puisqu'à partir de 1321 Jean III ne sollicite plus pour lui aucune dignité ecclésiastique et puisque les bulles ne mentionnent plus sa charge de chancelier, il faut supposer qu'il avait déjà résilié celle-ci [5].

(1) *Ul s.*, t. IV, p. 11, n. 15558.
(2) *Ul s.*, t. IV, p. 218, n. 17061.
(3) Dom Morice, *Histoire de Bretagne*, *Preuves*, t. I, col. 1406, et Guillotin de Corson, *Pouillé...*, t. I, p. 491.
(4) Dom U. Berlière, *Suppliques de Clément VI*. Paris-Rome, 1906, p. 633, n. 2131.
(5) Mathieu le Bart était de race noble. En 1281 vivait Geffroy le Bart, dont le sceau était d'azur au léopard d'argent et qui devint dans la suite sénéchal de Dinan. Un chevalier, Guillaume le Bart, figure dans l'enquête instruite en 1371 pour le procès de canonisation de Charles de Blois, et un abbé de Redon. Mathieu ou Macé le Bart, fut chancelier de Bretagne à la fin du XIVe siècle (Pol de Courcy, *op. cit.*, t. I, p. 46; Couffon de Kerdellec, *Recherches sur la chevalerie du duché de Bretagne*. Nantes-Paris, 1877-1878, t. I, p. 377).

VIII

Une tragique visite pastorale de l'évêque de Nantes au prieuré de Saint-Nicolas-de-Redon

(1317-1318)

En 1317-1318, la rumeur publique incriminait la conduite et les mœurs de Jean *de Viis*, prieur du prieuré de Saint-Nicolas, sis aux portes de Redon et dépendant immédiatement de l'abbaye de Saint-Sauveur. L'évêque de Nantes, Daniel Vigier, s'émut et, s'appuyant sur le droit de visite que de tout temps les évêques de Nantes avaient exercé à Saint-Nicolas de Redon, il se transporta sur les lieux et évoqua devant son tribunal Jean *de Viis*. Celui-ci n'ayant pas comparu, il le déclara contumace et se mit en devoir de visiter le prieuré. La visite n'était pas encore achevée quand, du consentement et de l'aveu de l'abbé de Redon, après avoir posté au dehors des hommes armés d'épées, le prieur entra seul sous le préau où dînaient Daniel Vigier et ses familiers; puis, sans saluer son ordinaire et sans lui témoigner les marques de respect qui lui étaient dues, d'un coup brusque il tire à lui la nappe posée sur la table et renverse à terre les mets et tout ce qui se trouve sur ladite table. Appelant à son aide les sicaires qu'il a amenés à sa suite, il leur intime l'ordre, à grands cris, de se précipiter sur l'évêque et les siens et de les tuer. A cette menace, les familiers de Daniel Vigier s'élancent au devant des hommes armés pour défendre l'entrée du préau et se battent courageusement au péril de leur vie, car les coups ne leur sont pas ménagés.

Pendant que le conflit s'engage, des complices sortent de l'écurie, où ils étaient enfermés, les chevaux de l'évêque ; ils en tuent les cinq meilleurs, blessent et mettent en fuite les autres, s'emparent de l'un d'eux, font main basse sur les vêtements, le bréviaire et les bagages de l'évêque et de sa suite. D'autres assaillants montent sur le toit du préau, le découvrent et de là lancent une grêle de pierres sur Daniel et les siens, tandis qu'un certain nombre mettent le feu à un tas de paille. Pour échapper au péril qui le menace, l'évêque de Nantes s'enfuit dans une chambre; il y est poursuivi par ses adversaires qui osent le frapper et s'efforcent de le chasser du prieuré. Enfin, à la nuit, confus de n'avoir pas eu raison de Daniel, qui malgré les menaces de mort était resté à son poste, Jean *de Viis* se retire dans les murs du monastère de Saint-Sauveur.

Sur les plaintes du prélat outragé, Jean XXII chargea le cardinal Bertrand de Montfavès d'instruire une enquête suivant la procédure canonique. Le cardinal n'eut pas de peine à établir la culpabilité du prieur et de l'abbé de Redon : en conséquence, le pape, par l'entremise de l'abbé du monastère de l'Ile-Chauvet au diocèse de Luçon, de l'archidiacre et du scholastique de Vannes, cita les incriminés à comparaître en cour d'Avignon dans les quarante jours qui suivraient la notification de la citation (Bulle du 23 février 1318) (1).

Par la même occasion, les mandataires pontificaux avaient pouvoir de présenter une seconde citation à l'abbé de Redon, Olivier de Berno, contre lequel pesaient des accusations d'inceste et d'adultère, accusations jugées malheureusement exactes par le cardinal de Montfavès (2).

L'affaire s'arrangea, sans doute, à l'amiable, car Olivier gouverna encore longtemps l'abbaye de Redon (3).

(1) Pièce justificative, n. I.
(2) Pièce justificative, n. II.
(3) Il vivait encore en 1332 (A. de Courson, *Cartulaire de l'abbaye de Redon en Bretagne*, Paris, 1863, p. cccxciii). On trouve sa trace en 1335 (*Id.*, p. 333); mais il était mort avant le 4 décembre 1339 (J.-M. Vidal, *Lettres communes de Benoît XII*, t. II, p. 213, n. 7506.)

PIÈCES JUSTIFICATIVES

I

Le prieur de Saint-Nicolas de Redon est cité à comparaître en cour d'Avignon au sujet des méfaits qui lui sont reprochés par l'évêque de Nantes. — Avignon, 23 février 1318.

(*Reg. Vat.* 67, ep. com. 511; *Reg. Avin.* 115, f. 124 r°; G. Mollat, *Lettres communes de Jean XXII*, t. II, p. 79, n. 6356, analyse.)

Dilectis filiis.. abbati de Insula Calceti Lucionensis diocesis, et.. archidiacono ac.. scolastico ecclesie Venetensis, salutem, etc. Presumptuosa temeritas subditorum qui ausu dampnabili contra eorum prelatos, quos tenentur et debent tanquam patres et pastores animarum ipsorum reverenter suscipere et debita honorificentia prosequi, ac etiam pertractare tamquam iniquitatis filii insurgere temere moliuntur taliter debet per nos qui, disponente Domino, universalis ecclesie regimini presidemus pena refrenari condigna et severitate canonica castigari, ut ipsi doleant merito se in tantam temeritatis audaciam prorupisse et aliis in futurum talia presumendi materia subtrahatur. Ex parte siquidem venerabilis fratris nostri.. episcopi Nannetensis fuit, in nostra et fratrum nostrorum presentia, conquerendo monstratum, quod dudum dictus episcopus, fidedignis relatibus intellecto quod frater Johannes de Viis, prior prioratus sancti Nicolai prope Rothonum, Ordinis Sancti Benedicti, sue diocesis, graves et enormes excessus commiserat, super quibus contra dictum priorem fama publica laborabat, volens juxta sui officii debitum in eodem prioratu visitationis officium exercere et contra eumdem priorem supra premissis inquirere, ad prioratum predictum accesserit dictumque priorem ad instantiam plurimorum de ipso querelantium fecit auctoritate ordinaria ad suam presentiam evocari, sed eodem priore ad hujusmodi mandatum dicti episcopi comparere contumaciter contempnente, dictus episcopus in contumacia ipsius in eodem prioratu et in personis degentibus in eodem exercuit visitationis officium, prout de jure suo competebat, et alias tam ipse quam predecessores sui Nannetenses episcopi, qui fuerunt pro tempore, ab antiquo hactenus consueverant visitare. Verum, dictus prior spiritu nequitie concitatus, una cum quibusdam suis in hoc parte complicibus, de consensu, tractatu et voluntate.. abbatis monasterii Rothonensis, dicti ordinis, Venetensis diocesis, cui dictus prioratus immediate subesse dinoscitur, armata manu ad prioratum predictum accedens, cum idem episcopus in aula dicti prioratus cum familia sua cenaret, dimissis foris complicibus supradictis cum ensibus evaginatis, solus aulam predictam intravit, ac eodem episcopo minime salutato et debita reverentia pretermissa, mappam super mensam coram episcopo predicto appositam ad se trahens, omnia cibaria et alia que posita fuerant in dicta mensa violenter et irreverenter projecit ad terram, et illico predictos armatos ad se vocans, alta voce protulit atque dixit ut in eumdem episcopum et suos familiares irruerent, et eos morti tradere procurarent, sicque dicti armati nonnullos familiares ejusdem episcopi qui eis, ne aulam intrarent predictam, restiterunt pro posse, graviter vulnerarunt et, dum conflictus hujusmodi perduraret, quidam ex complicibus supradictis, equos ipsius episcopi de stabulo, ubi equi existebant, extrahentes, quinque meliores ex dictis equis gladiis occiderunt, alios vero equos vulnerare et extra dictum prioratum effugare et unum ex ipsis equis secum violenter ducere, ac unum breviarium, vestes et nonnulla bona alia ipsius episcopi suorumque familiarium secum exinde asportare nequiter presumpserunt. Nonnulli vero ex eisdem complicibus, supradictam aulam temere ascendentes et ipsam discooperientes, multos lapides contra dictum episcopum ejusque familiares projicere ausu nephario attemptarunt, et cum quidam ex eis coadunatis paleis ignem ibidem apponere presumpsissent, ut episcopum ipsum comburerent, idem episcopus ad quamdam cameram altam confugit ut mortis periculum evitaret; sed dictus prior, premissis omnibus non contentus, sed accumulans mala malis, cum quibusdam suis complicibus armatis eandem cameram violenter intravit et, episcopali dignitate vilipensa, in eumdem episcopum ausu sacrilego manus injecit, Dei timore postposito, temere violentas, ipsum expellere de dicto prioratu conando pro viribus et temere satagendo, et, cum non posset perficere quod optabat, cum suis complicibus, verecundie rubore perfusus, ad dictum monasterium nocturno tempore remeavit; nosque volentes more apostolice gravitatis procedere in predictis, dilecto filio nostro Bertrando Beate Marie in Aquiro diacono cardinali mandavimus, oraculo vive vocis, ut se de infamia hujusmodi excessuum qua predicti abbas et Johannes de Viis dicebantur respersi existere se plenius informaret, dictusque cardinalis forma hujus mandati nostri exacta diligentia observata diligentius inquisivit et nobis fideliter retulit se super premissis infamatos repperisse abbatem et priorem predictos; quare pro parte dicti episcopi nobis extitit humiliter supplicatum ut, ne abbas et prior supradicti de hujusmodi temerariis ausibus et nephandis excessibus valeant gloriari, faceremus sibi super premissis apud Sedem Apostolicam justitie plenitudinem exhiberi. Nos itaque, licet ex debito pastoralis officii sumus omnibus in justitia debitores, tamen magis adesse nos convenit venerabilibus fratribus nostris episcopis, qui in personis suis ac bonis diversas patiuntur injurias et jacturas, ac in rebus propriis graves sustinent lesiones, volentes eidem episcopo Nannetensi in jure suo favorabiliter assistere in hac parte, discretioni vestre, per apostolica scripta mandamus, quatinus vos, vel duo, aut unus vestrum, per vos, vel per alium, seu alios predictos, abbatem et priorem ex parte nostra peremptorie citare curetis ut infra quadraginta dierum spatium post citationem hujusmodi personaliter compareant, coram nobis dicto episcopo super premissis de justitia responsuri ac facturi et recepturi super premissis quod ordo exegerit rationis, diem vero citationis, et formam, et quicquid inde feceritis, nobis per vestras litteras vel instrumentum publicum harum seriem continentia fideliter intimare curetis. Datum Avenione, VII kalendas martii, pontificatus nostri anno secundo.

II

Bulle de Jean XXII par laquelle l'abbé de Redon est cité à comparaître en cour d'Avignon pour répondre des accusations d'inceste et d'adultère portées contre lui. **— Avignon, 23 février 1318.**

(*Reg. Vat.* 67, ep. com. 512; *Reg. Avin.* 8, f. 273 r°; G. Mollat, *op. cit.*, t. II, p. 79, n. 6357, analyse.)

Dilectis filiis.. abbati monasterii de Insula Calceti Lucionensis diocesis, et.. archidiacono ac.. scolastico ecclesie Venetensis, salutem. Grave nimis nec immerito redditur votis nostris, cum de personis divinis mancipatis obsequiis illa nostris auribus inferuntur, per que divina majestas offenditur, fame derogatur ipsorum eorumque saluti detrahitur, mentesque fidelium gravi scandalo perturbantur. Sane, nuper, ex parte venerabilium fratrum nostrorum episcoporum Venetensis et Nannetensis fuit in consistorio publico expositum coram nobis, quod frater Oliverius, qui pro abbate monasterii Rothonensis, ad Romanam ecclesiam nullo medio pertinentis, ordinis Sancti Benedicti, Venetensis diocesis, se gerit, abjurato amore virtutum ad vitia firmans affectum ac candorem honestatis nigredine peccatorum obscurans, cum quadam cognata germana sua commisit incestum et, quod nephandius est, cum sorore propria se carnaliter immiscuit impudenter, et tamquam adulterum cum quadam muliere conjugata se impudenter commiscendo plures liberos dicitur procreasse. Cum autem hec et alia que de predicto abbate coram nobis et fratribus nostris in predicto consistorio fuerunt relata, si veritate nitantur, limam apostolice correctionis exposcant, nos volentes ea, prout etiam nec debemus sub dissimulatione transire, dilecto filio nostro Bertrando Sancte Marie in Aquiro diacono cardinali oraculo vive vocis commisimus ut super premissis omnibus et singulis se plenius informaret, utrum contra dictum abbatem super hiis infamia laboret idemque cardinal, forma hujusmodi mandati nostri exacta, diligentia observata diligentius inquisivit et nobis fideliter retulit se dictum abbatem repperisse super premissis criminibus infamatum. Nos itaque volentes, sicut nec debemus talia que Deum offendunt et homines scandalizant conniventibus oculis pertransire, discretioni vestre per apostolica scripta mandamus quatinus vos, vel duo, aut unus vestrum per vos vel per alium seu alios predictum abbatem ex parte nostra peremptorie citare curetis ut infra quadraginta dierum spatium post citationem hujusmodi personaliter compareat coram nobis mandatis nostris ac Sedi Apostolice in hac parte super premissis plenarie pariturus, facturus et recepturus prout justitia suadebit, diem vero hujusmodi citationis et formam et quicquid inde feceritis nobis per vestras litteras vel instrumentum publicum harum seriem continentia fideliter intimare curetis. Datum Avenione, VII kalendas martii, pontificatus nostri anno secundo.

IX

La Fondation des Carmes à Nantes

(1318-1347)

Au cours de l'année 1318, sous la conduite d'un prieur, Jean de Paris, six carmes partaient du couvent de Ploërmel dans la direction de Nantes (1). Ils allaient s'établir dans « l'hôtel de Rochefort », sis en la paroisse Saint-Vincent de Nantes, que leur protecteur Thibaud de Rochefort, vicomte

(1) L. Maître et P. de Berthou, *Itinéraire de Bretagne en 1636* (*Archives de Bretagne*, t. X). Nantes, 1902, cfr. l'extrait du registre des Carmes, p. 230-237; — A. de La Borderie et L. de Villers, *Histoire des Carmes en Bretagne*. Rennes, 1896, p. 31-33; — Travers, *Histoire de la ville et du comté de Nantes*, t. I, p. 400.

de Donges, avait mis à leur disposition et où plus tard, en 1457, se fixèrent les Clarisses, dites Clairettes (1).

Humbles furent les débuts de la nouvelle communauté qui n'avait pour tout lieu de prières qu'un petit oratoire ; on lui chercha noise cependant. Bientôt, en effet, les Frères Mineurs (2) crièrent bien haut que les Carmes, en venant habiter l'hôtel de Rochefort, avaient contrevenu à la constitution de Clément IV (3) qui interdisait à tout ordre mendiant de s'installer dans le voisinage d'un couvent de Mineurs, à moins que ce fût à plus de 140 cannes, c'est-à-dire d'après le chroniqueur à plus de 210 mètres environ. Les dires des Mineurs n'étaient que trop exacts ; aussi, ennuyés des tracasseries qu'on exerçait contre eux, les Carmes songèrent à s'en retourner à Ploërmel (1325). Mais Thibaud de Rochefort, qui avait grande dévotion en leur ordre, les empêcha de réaliser leurs projets et leur acheta au coin de la rue actuelle des Carmes et de la petite rue des Carmes un corps de logis appartenant aux seigneurs de Rougé (4). La grande salle de l'hôtel de Rougé fut aussitôt convertie en chapelle (5) et, dès le samedi dans l'octave des saints Apôtres Pierre et Paul (le 6 juillet), l'on y chanta l'office canonial après lequel Jean de Paris prêcha. A cette nouvelle, aux environs de la fête de la Madeleine, l'évêque de Nantes, Daniel Vigier, profita d'une procession solennelle pour déclamer un discours violent contre les Carmes; il alla même jusqu'à les déclarer excommuniés pour avoir changé de résidence sans la permission du pape.

(1) Maître et de Berthou, *op. cit.*, p. 66 et 67. — L'hôtel de Rochefort était situé dans la rue Fénelon.

(2) L'emplacement du couvent des Mineurs est aujourd'hui occupé par les établissements religieux dirigés par les Dames de la Retraite et les Sœurs de Saint-Vincent-de-Paul (Maître et de Berthou, *op. cit.*, p. 67, n. 9).

(3) Potthast, *Regesta Pontificum Romanorum*. Berlin, 1875, t. II, n. 20372.

(4) Quoique les Carmes se soient installés dans l'hôtel de Rougé en 1325, l'acte de fondation est du 3 février 1327 (Dom Morice, *Histoire de Bretagne, Preuves*, t. I, col. 1315).

(5) La Borderie, *op. cit.*, p. 33; l'extrait du registre porte au contraire que, faute de chapelle, la messe fut célébrée dans la cour du couvent (Maître et de Berthou, *op. cit.*, p. 232).

Alarmé, Thibaud de Rochefort adressa une requête à Jean XXII, qui chargea l'évêque d'Angers de prendre information, de confirmer la fondation pieuse du vicomte et de proclamer que les Carmes n'avaient point encouru l'excommunication [1]. Le pape fut obéi; cependant, pour mettre fin aux dissensions survenues à l'occasion de l'arrivée de ses protégés à Nantes, Thibaud de Rochefort passa accord avec leurs adversaires : à l'évêque Daniel Vigier il reconnut une rente annuelle et perpétuelle de 6 livres ; au chapitre de la cathédrale il versa une indemnité de 100 francs et au curé de Saint-Vincent une somme de 50 livres (1330).

Restait à conclure la paix avec les Mineurs, qui prétendaient que l'hôtel de Rougé était situé à moins de 140 cannes de leur couvent. Force fut de mesurer, par-dessus le toit des maisons, la distance qui séparait les deux édifices : cette fois, les prétentions des Mineurs ne se trouvèrent pas justifiées.

Bien loin de s'apaiser, la querelle s'envenima encore plus. Aux Mineurs se joignirent les Prêcheurs et le nouvel évêque de Nantes, Olivier Salahadin, qui avait été circonvenu au détriment des Carmes : ce que voyant, ceux-ci portèrent la cause en cour d'Avignon.

Ignorant la conduite qu'avait tenue Olivier Salahadin dans l'affaire en litige, Benoît XII lui confia la direction d'une enquête avec mission, quand bien même l'hôtel de Rougé serait situé en deçà des 140 cannes exigées par Clément IV, de confirmer aux Carmes la possession de cet hôtel et de leur permettre le libre exercice du culte [2].

Olivier Salahadin ne se pressa pas de s'acquitter de son mandat; au bout de cinq ans seulement, son official, Olivier Morin, publia ses conclusions. Pour tout accommoder, Guillaume de Rochefort, fils de Thibaud, décédé avant 1335 [3], donna 80 livres aux Mineurs et autant aux Frères Prêcheurs, comme dédommagement des frais du procès dont ils avaient

(1) Pièce justificative, n. I; bulle du 6 novembre 1328.
(2) Pièce justificative, n. II; bulle du 31 mars 1337.
(3) Maître et de Berthou, *op. cit.*, p. 67, n. 6.

été les instigateurs (1315); puis, en 1317, il augmenta de 35 petits sous tournois la rente de six livres, servie à l'évêque de Nantes depuis 1330. A ce prix les Carmes purent jouir tranquillement de leur couvent.

PIÈCES JUSTIFICATIVES

I

Jean XXII enjoint à l'évêque d'Angers de confirmer la fondation instituée à Nantes par Thibaud de Rochefort en faveur des Carmes et de déclarer que ceux-ci n'ont pas encouru l'excommunication prononcée contre eux par l'évêque de Nantes. — Avignon, 6 novembre 1328.

(*Reg. Vat. 89, ep. com. 308.*)

Venerabili fratri.. episcopo Andegavensi, salutem. Petitio dilecti filii nobilis viri Theobaldi de Rupeforti, vicecomitis Dongiarum, Nannetensis diocesis, nobis exhibita continebat quod olim ipse dilectis filiis.. priori generali et fratribus ordinis Beate Marie de Monte Carmeli habentibus recipiendi unum locum de novo in Provincia Turonensi, qualibet constitutione in contrarium edita non obstante, a sede apostolica licentiam specialem, propter magnam devotionem quam ad eosdem fratres gerebat et gerit, quemdam locum suum proprium, quem in civitate Nannetensi provincie supradicte habebat, contulit pro oratorio, officinis et aliis eis necessariis inibi construendis, in quo quidem loco a predictis fratribus ignorantibus tamen dictum locum esse infra cannarum spatium contentum in privilegiis fratribus ordinis Minorum a sede apostolica concessis, de licentia predicta recepto, ipsi fratres aliquamdiu divina officia celebrarunt. Postmodum vero dilectis filiis fratribus ordinis Minorum Nannetensibus asserentibus quod dictus locus juxta locum ipsorum fratrum Minorum infra hujusmodi cannarum spatium situatus existebat predicti fratres de Monte Carmeli, cum de hoc certi essent effecti, locum ipsum taliter receptum ab ipsis totaliter dimiserunt, ac deinde prefatus Theobaldus quemdam alium locum suum in eadem civitate extra spatium cannarum hujusmodi et aliorum quorumcumque religiosorum mendicantium positum predictis fratribus de Monte Carmeli illum recipientibus noscitur tradidisse, in quo predicti fratres extunc divina officia celebrarunt. Verum, quia loci diocesanus asserit prefatos fratres de Monte Carmeli predictum secundum locum non potuisse recipere pro eo quod de predicto primo loco ad eumdem secundum locum eos translatos esse pretendit nec posse in eo divina hujusmodi celebrare et propterea ipsos excommunicatos existere, prefatus vicecomes nobis humiliter supplicavit ut hujusmodi traditionem per ipsum eisdem fratribus de Monte Carmeli ac receptionem ab eis factam de predicto secundo loco dignaremur auctoritate apostolica ex certa scientia confirmare, ac declarare ipsos fratres de Monte Carmeli propter hoc excommunicationem aliquam minime incurrisse. Quia vero nobis non constitit de premissis, fraternitati tue presentium tenore committimus et mandamus quatinus, si aliud canonicum non obsistat, hujusmodi traditionem per dictum vicecomitem eisdem fratribus de Monte Carmeli ac receptionem ab eis factam de predicto secundo loco apostolica auctoritate confirmes ac declares ipsos fratres de Monte Carmeli propter hujusmodi receptionem dicti secundi loci ac celebrationem divinorum ab eis factam in eo excommunicationem aliquam minime incurrisse. Datum Avenione, VIII idus novembris, anno tertiodecimo.

II

L'évêque de Nantes reçoit pouvoir de confirmer la fondation de Thibaud de Rochefort et de permettre aux Carmes le libre exercice du culte. — Avignon, 31 mars 1337.

(*Reg. Vat.* 124, ep. 130; *Reg. Avin.* 51, f. 85 v°; J.-M. Vidal, *Lettres communes de Benoît XII*, t. I, p. 458, n. 4890, analyse.)

Venerabili fratri episcopo.. Nannetensi, salutem, etc. Pro parte dilectorum filiorum.. prioris generalis et fratrum ordinis Beate Marie de Monte Carmeli fuit nuper nobis expositum quod, licet olim quondam Theobaldus, vicecomes Dongiarum, dum viveret, fervore pie devotionis accensus, pro divini cultus augmento et pro sue ac parentum suorum animarum salute, in civitate Nannetensi pro dictis fratribus, ad quos dictus Theobaldus devotam affectionem gerebat, quendam locum cum oratorio ubi plures fratres ejusdem ordinis collocavit, inibi Domino Jesu Christo ac Beate Marie genitrici sue laudabiliter servientes, construere inchoarit, quem dilectus filius nobilis vir Guillelmus, vicecomes Dongiarum, dicti Theobaldi filius, ad opus ipsorum fratrum proponit effectualiter consumare; tamen dilecti filii Predicatorum et Minorum ordinum fratres minus veraciter asserentes quod dictus locus, qui a locis eorum sitis in civitate predicta per spatium in privilegio felicis recordationis Clementis Pape IV, predecessoris nostri, eis super distantia locorum fratrum mendicantium construendorum de novo concesso limitatum nequaquam distat, de jure construi et edificari non potest, dictique fratres ejusdem ordinis Beate Marie de Monte Carmeli in dicto loco licite morari non debent privilegio hujusmodi obsistente, fratres ipsos quominus in dicto loco remanere valeant impediunt et perturbant. Quare pro parte dictorum fratrum Carmelitarum fuit nobis humiliter supplicatum ut, cum dictus locus amortizatus fuerit annis duodecim jam elapsis et viginti quatuor fratres dicti ordinis Beate Marie de Monte Carmeli inibi commorentur, ipseque Guillelmus alium locum non habeat, ad quem locum et oratorium supradicta transferre valeat absque suo vituperio dictorumque fratrum Carmelitarum scandalo dampnoque multiplici et jactura, eisdem fratribus quod in dicto loco licite remanere valeant, etiamsi infra dictum spatium fundatus existat, preserlim cum ex hoc nullum impedimentum officio divino, quod in predictis eorumdem Predicatorum et Minorum ordinum fratrum locis agitur, afferatur, gratiose concedere dignaremur. Nos igitur, qui dictum ordinem Beate Marie de Monte Carmeli gerimus in visceribus caritatis, ampliationem divini cultus ab intimis affectantes, fraternitati tue, de qua fiduciam gerimus in Domino specialem, per apostolica scripta committimus et mandamus quatinus super premissis auctoritate nostra plenarie te informans, si per informationem hujusmodi tibi constiterit quod predicti Predicatorum et Minorum ordinum fratres circa divinum officium per concessionem hujusmodi, si eis fierit, nequeant impediri, prefatis ejusdem Beate Marie de Monte Carmeli fratribus ut in dicto loco, etiamsi infra dictum spatium fundatus existat, hujusmodi privilegio nequaquam obstante, licite remanere valeant auctoritate nostra concedas. Datum Avenione, II kalendas aprilis, anno tertio.

X

L'Evêque de Nantes et le droit de procuration à la fin du XIVe siècle.

A l'origine simple subside en nature, levé sur les bénéfices ecclésiastiques à l'occasion des visites pastorales que les évêques étaient tenus d'accomplir dans leurs diocèses, la procuration devint au XIVe siècle une redevance pécuniaire, un véritable impôt dont le taux fut fixé par Benoît XII dans sa constitution *Vas electionis* (1).

Le 1er juin 1369, afin de remédier à sa détresse financière, Urbain V se réserva, pour deux ans et dans toute la France, la moitié des procurations dues à l'évêque ou à l'archevêque, c'est-à-dire de celles qui dans le langage du temps étaient connues sous le nom de majeures par opposition aux procurations dites mineures qui étaient payées aux prélats inférieurs, archidiacres, archiprêtres ou doyens. De ces dernières, au mois de novembre suivant, le pape réclama la totalité.

(1) *Corpus juris canonici*. Extravag. comm., lib. III, tit. X, cap. unicum.

L'impôt frappait indistinctement séculiers et réguliers, exempts et non exempts. Défense était signifiée aux prélats de rien exiger des bénéficiers, s'ils exerçaient leur droit de visite dans le courant des années 1369 et 1370. Au contraire, les collecteurs pontificaux se contentèrent de tenir bureau dans les villes et les bourgades et de prier les bénéficiers de se présenter à jour fixé devant eux (1).

En Bretagne, comme d'ailleurs dans la plupart des diocèses de France, l'innovation tentée par Urbain V suscita de vifs mécontentements. Malgré la défense qui leur avait été signifiée, les évêques de Rennes, Vannes, Léon et Saint-Malo perçurent des subsides sur leur clergé (2). Jean de Montrelais, alors évêque de Nantes, se soumit plus aisément à la mesure fiscale prise par le pape et n'entrava en aucune manière le collecteur de la province de Tours, Guy de la Roche, dans l'exercice de son mandat.

Pour faciliter sa tâche, l'agent pontifical fit un relevé des procurations dues tant à l'évêque de Nantes qu'aux archidiacres de Nantes et de la Mée, puis dressa une liste des arrérages à recouvrer. Ces deux sortes de comptes sont intéressants à plusieurs titres. Ils nous apprennent que l'évêque de Nantes percevait, dans l'étendue de son diocèse, 129 procurations, dont 7 acquittées par les abbayes s'élevaient à 2,240 gros sous tournois, à raison de 160 gros par abbaye, tandis que les 122 autres, à raison de 140 gros chacune, produisaient un revenu de 17,080 gros. A ce total, il convient de joindre 25 livres tournois, produit des pensions levées à la place de la procuration. A l'archidiacre de Nantes revenaient 210 gros fournis par six bénéfices, à raison de 35 gros chacun, plus une pension de 10 sols. La recette de l'archidiacre de la Mée, établie comme précédemment à raison de 35 gros par bénéfice, était évaluée à 315 gros.

Etant donné que, d'après la constitution *Vas electionis*, 12 gros sous tournois équivalaient à un florin d'or pur au

(1) Ch. Samaran et G. Mollat, *La fiscalité pontificale en France au XIVe siècle*. Paris. 1905, p. 39-40, et pièce justificative n. XVII, p. 229.
(2) Archives du Vatican, *Collectoriæ* 257, f. 444-445 et 457 v°.

coin de Florence et que d'autre part la valeur intrinsèque du florin en 1350-1370 oscillait entre 10 et 12 francs, il s'ensuit qu'en calculant le florin à 10 francs, le revenu de l'évêque de Nantes, augmenté de certaines pensions, s'élevait à 1,944 fr. 50; celui de l'archidiacre de Nantes à plus de 180 francs; celui de l'archidiacre de la Mée à plus de 200 francs [1].

Si, ensuite, l'on combine les listes d'arrérages dressées par Guy de la Roche avec celles que je publiai naguère ici-même [2], l'on obtient le tableau suivant et à peu près complet [3] des bénéfices soumis, dans le diocèse de Nantes, à la procuration tant majeure que mineure, vers la fin du XIVe siècle.

Procurations dues à l'évêque de Nantes.	A. Doyenné de Nantes.	Prieurés.	Saint-Herblon-de-la-Roussière.
			Saint-Philbert-du-Cellier.
			Beaulieu, près Candé.
			Saint-Géréon.
			Montrelais.
			Oudon.
		Eglises paroissiales.	Petit-Mars.
			Joué-sur-Erdre.
			Les Touches.
			Ancenis.
			Oudon.
			Teillé.
			La Bourdinière.
			Cornouaille.
			Couffé.
			Freigné.

(1) Cfr. *Note sur la valeur des monnaies*, dans E. Lavisse, *Histoire de France*, t. IV, p. 143-144. — D'après Müntz (*L'argent et le luxe à la cour pontificale d'Avignon*, dans la *Revue des Questions historiques*, t. LXVI (1899), p. 5), en valeur relative, le florin équivaudrait de 60 à 75 francs de notre monnaie actuelle.

(2) *Mesures fiscales exercées en Bretagne par les Papes d'Avignon à l'époque du Grand Schisme d'Occident.* Paris, 1903, p. 131-211.

(3) Il manque, en effet, dans l'énumération qui va suivre 26 des bénéfices tributaires de l'évêque de Nantes; un seul de ceux qui relevaient de l'archidiacre de Nantes; 5 de ceux qui dépendaient de l'archidiacre de la Mée.

Procurations dues à l'évêque de Nantes (*suite*).

- **B. Doyenné de Clisson.**
  - Prieurés.
    - Pirmil.
    - Le Loroux-Bottereau.
    - Saint-Julien-de-Concelles.
  - Eglises paroissiales.
    - Le Pellerin.
    - Mouzillon.
    - Vue.
    - Bouguenais.
    - Passay.
    - La Chevrolière.
    - Le Pallet.
    - Moisdon.
    - Basse-Coulaine.
    - La Chapelle-Basse-Mer.
    - Barbechat.
    - Tilliers.
    - Cugand.
    - Gorges.
    - Vallet.
    - Saint-Julien-de-Concelles.
    - Le Loroux-Bottereau.
    - Saint-Crespin.
    - Pont-Saint-Martin.
- **C. Doyenné de Retz.**
  - Prieurés.
    - Bourg-des-Moûtiers (hommes).
    - Prigny.
    - Chéméré.
    - Sainte-Opportune.
    - Saint-Brevin.
    - Bourg-des-Moûtiers (femmes).
    - Saint-Viaud.
  - Eglises paroissiales.
    - Saint-Mars-de-Coulais.
    - Sainte-Pazanne.
    - Frossay.
    - Bourg-des-Moûtiers.
    - Port-Saint-Père.
    - La Limousinière.
    - Saint-Brevin.
    - Touvois.
    - La Bénâte.
    - Bouin.
    - Corsept.
    - La Trinité-de-Machecoul.
    - Saint-Colombin.
    - Fresnay.
  - Abbayes.
    - Geneston.
    - Pornic.

Procurations dues à l'évêque de Nantes (*suite*).	Doyenné	Catégorie	Établissement
	D. Doyenné de la Roche-Bernard.	Prieurés.	Missillac.
			Batz.
		Eglises paroissiales.	Malville.
			Saint-Nazaire.
			Saint-Dolay.
			Campbon.
			Saint-Lyphard.
			Missillac.
			Plessé.
			Couëron.
			Fégréac.
			Lavau.
			Saint-André-des-Eaux.
			Assérac.
			Piriac.
			Savenay.
			Saint-Etienne-de-Montluc.
		La chapellenie de St-Thomas-de-Montluc.	
		Abbayes.	Saint-Gildas-des-Bois.
			Blanche-Couronne.
	E. Doyenné de Châteaubriant.	Prieurés.	Marsac.
			Le Pin.
			Saint-Jean-de-Béré.
		Eglises paroissiales.	Derval.
			Fougeray.
			Jans.
			Nozay.
			Vay.
			Abbaretz.
			Saint-Aubin-des-Châteaux.
			Saint-Vincent-des-Landes.
			Pierric.
			Rougé.
			Saffré.
			Soudan.
			Riaillé.
			Grandchamp.
			Auverné.
			Vritz.
			La Chapelle-Glain.

Pensions dues à l'évêque de Nantes.	A. Doyenné de Nantes. Prieurés.	Varades. Notre-Dame-de-Nantes.
	B. Doyenné de Clisson. Prieurés.	Boussay. Liré. Les Couëts.
	C. Doyenné de la Roche-Bernard.	Prieuré de Donges.
	D. Doyenné de Châteaubriant.	Prieuré de Saint-Sauveur-de-Béré.
Procurations dues à l'archidiacre de Nantes.	Eglises paroissiales.	Carquefou. Mauves. Saint-Mars-du-Désert. Montbert. Orvault.
	Une pension sur l'église paroissiale de Brains.	
Procurations dues à l'archidiacre de la Mée.	Eglises paroissiales.	Issé. Casson. La Chapelle-sur-Erdre. Sion.

APPENDICE

Procurationes Nannetenses.

[f° 302 r°] Sequitur compotus brevis procurationum in civitate et diocesi Nannetensi tam episcopo quam archidiaconis debitarum pro annis [MCCC] LXIX et LXX, per felicis recordationis dominum Urbanum papam V camere apostolice reservatarum.

Et primo sciendum est quod in dictis civitate et diocesi debentur episcopo VI^{xx}IX procurationes quarum numero sunt septem abbatie que tenentur pro media procuratione unius anni quelibet in IIII^{xx} grossis. Valent et ascendunt pro uno anno in universo.................... V^{c}LX grossorum. et pro dictis duobus annis ascendunt et resultant.............. .... mille C. XX gr.

Item de dictis VI^xx IX procurationibus, demptis VII abbatiis, remanent VI^xx II procurationes. Quare due sunt inutiles, videlicet Palatium (1) et Banasta (2); et sic remanent VI^xx procurationes que tenentur pro media procuratione quelibet in LXX gr. Valent et ascendunt pro uno anno in universo...... .... VIII^m IIIJ^c gr.

Et pro dictis duobus annis ascendunt in universo........... .... XVI^m VIIJ^c gr.

Et sic est valor universalis dictarum procurationum pro media parte episcopo Nannetensi debitarum pro dictis duobus annis .... XVII^m IX^c XX gr.

De quibus fuerunt recepti.. .... XV^m III^c XIIIJ gr. cum VI^a parte I grossi.

Et sic restant in arreragiis requirendis debitis a personis infrascriptis pro dictis duobus annis................................. .... II^m VI^c V gr. cum dimidio et tertia parte unius gr.

[f° 302 v°] Item sciendum est quod eidem episcopo Nannetensi debentur certe pensiones loco procurationis, pro quibus recepi pro media parte dictarum pensionum dictorum duorum annorum debite XXV libras; valent.......................... XXV fr.

Restant ad solvendum de dictis pensionibus pro dictis duobus annis, videlicet a priore de Bereyo (3).................... C solidos monete currentis, videlicet franco pro XX solidis.

Item sequitur compotus brevis procurationum archidiacono magno Nannetensi debitarum pro dictis duobus annis.

Et primo sciendum est quod eidem archidiacono debentur in dictis civitate et diocesi Nannetensi VI procurationes integre que tenentur quelibet in XXXV gr. Valent et ascendunt pro uno anno in universo......................... II^c X gr.

Et pro dictis duobus annis ascendunt et resultant in universo .... III^c XX gr.

De quibus fuerunt recepti.. .... II^c IIIJ^xx gr. cum dimidio et tertia parte unius grossi.

(1) Le Pallet, commune du canton de Vallet, arr. de Nantes.
(2) La Bénâte, commune du canton de Legé, arr. de Nantes.
(3) Prieuré de Saint-Sauveur de Béré, sis en Saint-Jean-de-Béré, arr. et canton de Châteaubriant, membre de l'abbaye de Marmoutier, O. S. B., au diocèse de Tours.

Et sic restant in arreragiis requirendis debitis a personis infrascriptis..... VI^{xx}XIIJ gr. cum sexta parte unius grossi.

Item recepi pro una pensione debita eidem archidiacono pro uno anno.. X sol.

Restant ad solvendum de dicta pensione pro alio termino .... X sol.

[f° 303 r°] Item sciendum est quod archidiacono Medie [1] in dicta ecclesia Nannetensi debentur in dictis civitate et diocesi IX procurationes integre, que tenentur quelibet in XXXV gr.; valent et ascendunt pro uno anno in universo... III^{c}XV gr.

Et pro dictis duobus annis ascendunt et resultant........... .... VI^{c}XXX gr.

De quibus fuerunt recepti... V^{c}I gr. cum II tertiis I grossi.

Et sic restant in arreragiis requirendis pro dictis duobus annis debitis a personis infrascriptis................................ .... VI^{xx}VIII gr. cum tertia parte I grossi.

Summa summarum omnium et singularum receptarum procurationum predictarum tam episcopi quam archidiaconorum pro dictis duobus annis in grossis XVI^{m}CI gr. cum duobus tertiis unius grossi; qui grossi valent et resultant ad florenos, videlicet XII grossis pro uno floreno Florentie computatis.......................... M. III^{c}XLI flor., VIIIJ gr., II tur.

[f° 303 v°] Summa summarum omnium et singularum receptarum pensionum predictarum tam episcopi quam archidiaconorum pro dictis duobus annis.. .... XXVI libr. monete currentis; valent XXVI fr.

Summa summarum omnium et singularum restantium dictarum procurationum tam episcopi quam archidiaconorum pro dictis duobus annis in grossis.............................. .... II^{m}VIII^{c}LXVIII gr. et tertia parte I grossi.

Summa totalis reste pensionum predictarum pro dictis duobus annis est.. CX sol.

[En marge, d'une autre main] Attende si in tota civitate et diocesi non sunt alie procurationes [2].

(1) Archidiacre de la Mée.
(2) Note du clerc de la Chambre chargé de reviser les comptes du collecteur.

[f° 301 r°] Sequuntur reste procurationum in civitate et diocesi Nannetensi Camere Apostolice debitarum pro annis LXIX et LXX°.

Et primo pro Episcopo.

IN DECANATU NANNETENSI

debet VII^{xx} gr.	rector de Cornubia (1).
debent LXX gr.	rector de Coufeyo (2) et prior de Odonio (3).
debet XLVI gr. cum duabus partibus	dictus prior pro 2 partibus medie procurationis ecclesie de Odonio (4).
debet XVII gr. cum dimidio.	rector de Frigneio (5) pro quarta parte medie procurationis.

IN DECANATU CLICII

debet VII^{xx} gr.	rector de capella Basse Maris (6).
debet LXX gr.	prior S. Juliani de Concellis (7).
debet XLVI gr. cum duabus partibus	rector S. Crispini (8).

(1) Cornouaille, commune du canton du Loroux-Béconnais, arr. d'Angers, Maine-et-Loire.

(2) Coufté, commune du canton de Ligné, arr. d'Ancenis.

(3) Prieuré d'Oudon, sis en la commune dudit, arr. et canton d'Ancenis, membre de l'abbaye de Saint-Aubin d'Angers, O. S. B.

(4) Oudon, *ut s.*

(5) Freigné, commune dudit, arr. et canton de Segré, Maine-et-Loire.

(6) La Chapelle-Basse-Mer, commune du canton du Loroux-Bottereau, arr. de Nantes.

(7) Saint-Julien-de-Concelles, commune du canton du Loroux-Bottereau, arr. de Nantes, prieuré dépendant de Saint-Florent de Saumur, O. S. B.

(8) Saint-Crespin, commune du canton de Montfaucon-sur-Moine, arr. de Cholet, Maine-et-Loire.

debet XLVI gr. cum duabus
partibus........................... rector de Peregrino (1).
debet IIII^{xx}I gr. cum duabus
partibus........................... rector de Veuz (2).
debet VII^{xx} gr.................... rector de Teilleres (3).
debet VII^{xx} gr.................... rector de Ponte S. Martini (4).
debet XLVI gr. cum duabus
partibus........................... rector de Oratorio Boterelli (5).

IN DECANATU CASTRIBRIENCII

debet VII^{xx} gr.................... rector de Fougereyo (6).
[f° 391 v°] debet LXX gr.................... rector de Pierric (7).
debet XXXV gr.................... prior de Pinu (8).
debet LXX gr.................... rector de Saffreyo (9).
debet LXX gr.................... rector de Derval (10).
debet LXX gr.................... rector de Veriz (11).
debet XXXV gr.................... rector de Capella Gleen (12).

IN DECANATU ROCHEBERNARDI

debet LX gr........................ rector d'Acerac (13).
debet XXIII gr. cum tertia
parte.............................. rector de Pehereac (14).

(1) Le Pellerin, chef-lieu de canton, arr. de Paimbœuf.
(2) Vue, commune du canton du Pellerin, arr. de Paimbœuf.
(3) Tilliers, commune du canton de Montfaucon-sur-Moine, arr. de Cholet, Maine-et-Loire.
(4) Pont-Saint-Martin, commune du canton de Bouaye, arr. de Nantes.
(5) Le Loroux-Bottereau, commune et canton de l'arrondissement de Nantes.
(6) Fougeray, chef-lieu de canton, arr. de Redon, Ille-et-Vilaine.
(7) Pierric, commune du canton de Guémené-Penfao, arr. de St-Nazaire.
(8) Prieuré du Pin, sis en la commune et le canton de Saint-Mars-la-Jaille, arr. d'Ancenis, membre de l'abbaye de Toussaint d'Angers, O. S. A.
(9) Saffré, commune du canton de Nozay, arr. de Châteaubriant.
(10) Derval, chef-lieu de canton, arr. de Châteaubriant.
(11) Vritz, commune du canton de Saint-Mars-la-Jaille, arr. de Châteaubriant.
(12) La Chapelle-Glain, commune du canton de Saint-Julien-de-Vouvantes, arr. de Châteaubriant.
(13) Assérac, commune du canton d'Herbignac, arr. de Saint-Nazaire.
(14) Piriac, commune du canton de Guérande, arr. de Saint-Nazaire.

debet XXXV gr.................. prior de Mussillac[1].
debet VII^{XX} gr.................... rector de Savenayo[2].
debet IIII^{XX}XIII gr. cum tertia parte grossi.............. rector S. Liphardi[3].
debet LXX gr...................... prior de Baaz[4].
debet LXX gr...................... rector S. Stephani de Monte Lucii[5].
debet LXX gr...................... rector S. Elvodii[6].
debet LXX gr...................... rector de Cambon[7].
debet IIIJ^{XX} gr.................... abbas de Alba corona[8].
debet XLVI gr. cum duabus partibus grossi.............. capellanus S. Thome de Monte Lucii[9].

IN DECANATU RADESIARUM

debet LXX gr......................... prior S. Breveni[10] et de S. Oportuna[11].
[f° 36 r°] debet LXX gr...................... prior de Chemereyo[12].

(1) Missillac, commune dudit, canton de Saint-Gildas-des-Bois, arr. de Saint-Nazaire, prieuré dépendant de l'abbaye de Saint-Gildas-des-Bois, O. S. B.

(2) Savenay, chef-lieu de canton, arr. de Saint-Nazaire.

(3) Saint-Lyphard, commune du canton d'Herbignac, arr. de St-Nazaire.

(4) Prieuré de Batz, dépendant de l'abbaye de Landévennec, O. S. B., commune de Batz, canton du Croisic, arr. de Saint-Nazaire.

(5) Saint-Etienne-de-Montluc, chef-lieu de canton, arr. de Saint-Nazaire.

(6) Saint-Dolay, commune du canton de La Roche-Bernard, arr. de Vannes, Morbihan.

(7) Campbon, commune du canton de Savenay, arr. de Saint-Nazaire.

(8) Blanche-Couronne, dans la commune de La Chapelle-Launay, canton de Savenay, arr. de Saint-Nazaire.

(9) La chapelle de Saint-Thomas de Montluc était située dans la paroisse de Saint-Etienne de Montluc.

(10) Prieuré de Saint-Brevin, commune dudit, arr. et canton de Paimbœuf, membre de l'abbaye de Saint-Aubin d'Angers, O. S. B.

(11) Prieuré de Sainte-Opportune, membre de St-Aubin d'Angers, O. S. B., sis dans le canton et la commune de Saint-Père-en-Retz, arr. de Paimbœuf.

(12) Prieuré de Chéméré, membre de l'abbaye de Saint-Serge-d'Angers, O. S. B., commune de Chéméré, canton de Bourgneuf, arr. de Paimbœuf.

debet XXIII gr. cum tertia parte grossi...................... priorissa de Burgo monasteriorum (1).

debet XI gr. cum duabus partibus............................... rector S. Trinitatis de Machecolio (2).

debet LXX gr...................... rector S. Columbani (3).

debet XLVI gr. cum duabus partibus.......................... prior S. Vitalis (4).

debet LXX gr...................... rector de Fresneyo (5).

Summa $II^{m}VI^{c}V$ gr. cum dimidio et tertia parte unius grossi vera est, computando partes singulas pro tertia parte unius grossi.

Item sequuntur reste procurationum camere apostolice debitarum pro dictis duobus annis.

IN ARCHIDIACONATU MAGNO NANNETENSI

debet XXXV gr.................. rector de Querquefolio (6).

debet XLVI gr. cum duabus partibus.......................... rector de Malva (7).

debet XXXV gr.................. rector de S. Medardo (8).

debet XVII gr. cum dimidio. rector de Montebert (9).

Summa $VI^{xx}XIIIJ$ gr. cum VIe parte unius grossi.

(1) Prieuré de femmes de Bourg-des-Moûtiers, commune des Moustiers, arr. de Paimbœuf, membre de l'abbaye du Ronceray, O. S. B., au diocèse d'Angers.

(2) Eglise de la Trinité de Machecoul, chef-lieu de canton de l'arr. de Nantes.

(3) Saint-Colombin, commune du canton de Saint-Philbert de Grandlieu, arr. de Nantes.

(4) Prieuré de Saint-Viaud, commune de Saint-Viaud, canton de Saint-Père-en-Retz, arr. de Paimbœuf, membre de l'abbaye de Tournus, O. S. B., au diocèse de Châlons.

(5) Fresnay, commune du canton de Bourgneuf, arr. de Paimbœuf.

(6) Carquefou, chef-lieu de canton, arr. de Nantes.

(7) Mauves, commune du canton de Carquefou, arr. de Nantes.

(8) Saint-Mars-du-Désert, commune du canton de Nort, arr. de Châteaubriant.

(9) Monlbert, commune du canton d'Aigrefeuille, arr. de Nantes.

ITEM DEBENTUR IN ARCHIDIACONATU MEDIE

debet XXXV gr.................. rector de Casson [1].
debet XXXV gr.................. rector de Capella super herdram [2].
debet XI gr. cum duabus partibus.............................. rector de Yceyo [3].
debet XLVI gr. cum duabus partibus.......................... rector de Syon [4].

Summa VI^xxVIII gr. cum tertia parte unius grossi.

Summa totalis reste dictarum procurationum tam episcopi quam archidiaconorum pro dictis duobus annis in grossis... .... II^m VIII^c LXVIII gr. et I tertium grossi.

[f° 305 v°] Sequuntur reste pensionum tam episcopi Nannetensis quam archidiaconi pro dictis duabus annis.

Prior de Bereyo [5]...... C sol.
Rector de Braint [6]..... X sol.

Summa CX sol.

[D'une autre main.]

Summa universalis omnium restarum restantium ad solvendum in civitate et diocesi Nannetensi pro mediis procurationibus anno LXVIIIJ° et LXX°, prout superius particulariter apparet in proxime precedenti folio et presenti et etiam in quatuor generalibus summis, est

II^m VIII^c LXVIII gr. I tur. V libr., X sol., franco pro XX solidis computato.

(*Archives du Vatican*, Collectoria 257).

(1) Casson, commune du canton de Nort, arr. de Châteaubriant.
(2) La Chapelle-sur-Erdre, chef-lieu de canton, arr. de Nantes.
(3) Issé, commune du canton de Moisdon, arr. de Châteaubriant.
(4) Sion, commune du canton de Derval, arr. de Châteaubriant.
(5) Voyez *supra*, p. 74.
(6) Brains, commune du canton de Bouaye, arr. de Nantes.

XI

Institution d'un pénitencier breton dans la basilique de Saint-Pierre-de-Rome

(22 novembre 1421)

Interrompus par les guerres de partisans qui troublèrent la paix de l'Italie à l'époque du grand Schisme d'Occident, les pèlerinages aux tombeaux des apôtres Pierre et Paul reprirent leur cours après le retour de la Papauté à Rome. De même, par suite de la mainmise du Saint-Siège sur les bénéfices ecclésiastiques, réalisée par les papes français du XIVe siècle et maintenue par Martin V malgré les décisions des pères de Constance, une foule de solliciteurs de toutes sortes, clercs et laïques, procureurs surtout, afflua à la cour romaine ou vint se fixer à sa proximité. Les Bretons se laissèrent entraîner par l'attrait qu'exerçait la Ville éternelle, dans laquelle ils avaient déjà un hôpital; aussi, Martin V se décida à créer dans la basilique vaticane un pénitencier [1] de langue bretonne. Quelque trente ans plus tard, la colonie bretonne sera assez importante pour obtenir de Calixte III (1455) la cession d'une église qu'elle consacrera à la mémoire de saint Yves [2].

(1) Cf. sur la pénitencerie H. Haskins, *The sources for the Papal Penitentiary*, dans l'*American Journal of theology*, vol. IX, n. 3 (july 1905), p. 421-450.

(2) Voir J. de Laurière, *L'Eglise Saint-Yves-des-Bretons à Rome, ses dalles funéraires, ses inscriptions*. Caen, 1888; La Croix, *Mémoire historique sur les institutions de la France à Rome*. Paris, 1868, p. 55-58.

XII

Tentative d'échange entre l'abbaye de Sainte-Croix de Quimperlé et le duc Jean III au sujet de Belle-Isle-en-Mer

(1328-1329)

En 1172, après de longs démêlés avec les abbés de Redon, les moines de l'abbaye de Sainte-Croix-de-Quimperlé obtinrent définitivement gain de cause et purent jouir en toute sûreté des droits de propriété qu'ils n'avaient cessé de revendiquer sur Belle-Isle-en-Mer [1].

Admirablement située sur le passage des navires de commerce, auxquels elle servait de port de relâche, d'une fertilité incomparable, abondante en blé, en vin et en récoltes de toutes sortes, l'île exerça la convoitise de Jean III qui semble avoir toujours été en quête d'argent. Le duc prétexta près de Jean XXII qu'elle était devenue un repaire de pirates, de brigands et de malfaiteurs qui s'adonnaient à la course et tuaient les marchands tombés entre leurs mains. Sans égards pour les habitants du lieu, ils commettaient impunément le viol et l'adultère, incendiaient les maisons, massacraient les hommes, pillaient les biens de leurs victimes : en un mot, Belle-Isle n'était plus que « la fournaise et la caverne de tous les voleurs et de tous les malfaiteurs ». Ces gens sans aveu ne se contentaient pas de la dévaster ; ils portaient encore leurs ravages dans le diocèse voisin et dans tout le duché de Bretagne. A ce déplorable état de choses, les abbés de Quimperlé étaient incapables de remédier ; bien plus, jaloux de leur pouvoir de juridiction temporelle, ils empêchaient qui

(1) Cfr. L. Maître et P. de Berthou, *Cartulaire de l'abbaye de Quimperlé*, 2e éd., dans *Annales de Bretagne*, t. XVIII, 1903, p. 8 et 9.

que ce fût d'intervenir. Ne valait-il pas mieux que l'île appartînt au duc de Bretagne qui serait vraisemblablement plus à même de réprimer les forfaits dont elle était le théâtre ?

Jean III pria donc le pape de s'entremettre entre lui et les moines de Quimperlé et de persuader ceux-ci, pour le bien du duché et du royaume de France, de consentir à un échange. Des prélats, que le Saint-Siège aurait l'obligeance de choisir, engageraient les pourparlers et mèneraient l'affaire à bonne fin.

Jean XXII se défia-t-il des intentions du duc ? Cela semble vraisemblable, car au lieu de confier l'enquête à des prélats bretons, comme on l'en avait sollicité, il en chargea les évêques du Mans, de Chartres et d'Angers.

Ces évêques devaient se transporter sur les lieux et entendre les témoins qu'ils jugeraient utile d'évoquer devant eux. Si les motifs allégués par le duc étaient conformes à la réalité, ils proposeraient une transaction aux moines et à l'abbé de Quimperlé dont avant tout ils s'efforceraient de favoriser les intérêts. D'une part, ils estimeraient séparément les biens que possédaient les moines dans l'île et les revenus qui leur provenaient de l'exercice de la juridiction temporelle; de l'autre, ils établiraient le bilan des avantages qu'offrait le duc en retour de ceux-ci et de ceux-là. De l'enquête ainsi conduite, ils destineraient, sous pli scellé de leurs sceaux, le compte-rendu au Saint-Siège, qui se réservait la faculté de décider de l'opportunité de l'échange [1].

Les moines de Quimperlé représentèrent bientôt au pape combien l'échange proposé par Jean III leur était préjudiciable. Ne tiraient-ils pas de Belle-Isle la presque totalité de leurs revenus? Cinq prieurés dont un conventuel et plusieurs églises paroissiales dépendaient d'eux. Ils ne reconnaissaient d'autre autorité au-dessus d'eux que celle du Saint-Siège, auquel ils payaient chaque année un cens annuel de deux marabotins d'or. De ces avantages précieux à tous égards, ils se

(1) Pièce justificative.

refusaient à se départir : aussi suppliaient-ils Jean XXII de suspendre l'enquête déjà commencée [1].

Le pape se laissa persuader facilement, d'autant qu'il paraît avoir suspecté les désirs du duc de Bretagne : en même temps donc qu'il signifia ses volontés aux évêques du Mans, de Chartres et d'Angers [2], il écrivit une longue lettre à Jean III au terme de laquelle il l'avertit de n'avoir pas à s'étonner de sa nouvelle décision [3].

PIÈCE JUSTIFICATIVE

Les évêques de Chartres, du Mans et d'Angers sont priés d'informer le pape au sujet d'un projet d'échange de Belle-Isle-en-Mer entre le duc de Bretagne et les moines de Sainte-Croix de Quimperlé. — Avignon, 24 septembre 1328.

(*Reg. Vat.* 89, ep. comm. 322.)

Venerabilibus fratribus.. Carnoten.. et.. Cenomanen. ac.. Andegaven. episcopis, salutem. Oblate nobis nuper dilecti filii

(1) « Quare prefati abbas et conventus asserentes hujusmodi permutationem, si fieret, prejudicialem nimis et dampnosam fore monasterio memorato, cum totalis quodam modo ejus hereditas, ac patrimonium et dos, ac redditus ipsius monasterii pro maxima parte consistant in insula memorata, ac in ea quinque prioratus qui per monachos dicti monasterii gubernantur, quorum unus est conventualis, et quamplures ecclesie parochiales eis subjecte existant, et quod ipsi in dicta insula ad eos, ut premittitur, pleno jure spectante, nullum alium superiorem preter Romanum pontificem in spiritualibus secundum privilegia apostolica recognoscunt, in cujus exemptionis signum iidem abbas et conventus duorum morabotinorum auri Romane ecclesie annuum censum solvunt, prout in privilegiis apostolicis super hiis confectis plenius asserunt contineri, et propterea dicte permutationi nequeant consentire, quinymo permutationi predicte contradixerint et contradicant, nobis instanter et humiliter supplicarunt ut eisdem episcopis, ne ulterius in dicto negotio procedant, inhibere per nostras litteras dignaremur. Nos igitur, eorumdem abbatis et conventus supplicationibus inclinati, prefatis episcopis tenore dictarum litterarum inhibuimus ne in predicto negotio pretextu predictarum litterarum, eis super hoc directarum, ulterius procedant, nisi super hiis a nobis aliud receperint in mandatis. Hec igitur nobilitati tue significanda providimus ut, de premissis pro parte dictorum abbatis et conventus nobis expositis obtenta notitia, de mandato quod prefatis episcopis nuper fecimus tua sinceritas non miretur. Datum Avinione, II idus aprilis anno tertiodecimo. » Bulle du 12 avril 1329 adressée au duc de Bretagne (*Reg. Vat.* 90, ep. comm. 1556).

(2) *Reg. Vat.* 90, ep. comm. 1557.

(3) Voir *supra*, note 1.

nobilis viri Johannis, ducis Britanie, petitionis series continebat quod in partibus maritimis Britanie quedam insula nuncupata Bella Insula consistit, gentibus inibi commorantibus et incolis multum inhabitata, bladis quoque, vineis et bonis aliis in immensum fertilis et habundans, que ad jus et proprietatem monasterii sancte Crucis de Kemperele, ordinis Sancti Benedicti, Corisopitensis diocesis, pertinet pleno jure, et quod pirate, latrones et alii malefactores innumeri ad eamdem insulam, que in communi seu publico navium et mercatorum transitu situata dinoscitur, undique confluunt, ut quecumque bona inde pretereuntia rapiant et mercatores quoscumque interficiant transeuntes (est enim eadem insula ob ipsius fertilitatem bonorumque habundantiam et situationem loci predictorum malignantium abhorrende ferocitati et perpetrandorum criminum facilitati diverticulum oportunum), ipsi namque de ea sibi statum et refugium facientes sub ipsius pretextu et umbra deflorant virgines, mulieres violant, committunt adulteria, domos exponunt incendiis, mutilationes et homicidia perpetrant, hominibus per eos indistincte peremptis, bona quoque innumera rapiunt, et nonnulla alia mala et delicta adeo enormia committere non verentur, quod dicta insula hodie fornax et spelunca latronum et malefactorum omnium dici potest, et quod, rebus sic se habentibus, non solum ipsa insula et propinqua diocesis, sed etiam tota terra Britanie potest et merito inutilis reputari, ex eo maxime cum non solum bona et naves portubus Britanie applicantia, sed prohdolor et illa et homines inibi pariter amittantur, ex quibus non solum ducatui Britanie, sed et per consequens toti regno Francie, grave dampnum infligitur et inextimabile detrimentum, quodque propterea, quod gravius est censendum, licet dilecti filii.. abbas et conventus monasterii antedicti, prout ad eos pertinet, per se super hiis apponere remedia nequeant oportuna, ipsi tamen hujusmodi per alios apponi remedia minime patiuntur, asserentes se ex hoc jurisdictionis, quam ibidem obtinent, exercitium ammissuros, sicque quod ipsi super hoc aliis denegant sibi ipsis etiam non reservant; quare prefatus dux precipue ad commune bonum intendens ac attente considerans quod, si predicta insula esset sua, crederet et posset verisimiliter, sicut asserit, tot et tantis continuis dampnis occurrere et periculis obviare, totique suo ducatui et regno predictis consulere oportune, nobis humiliter supplicavit ut aliquibus prelatis illarum partium quod abbatem et conventum predictos, si premissa reperirent ita esse, ad recipiendum ab eodem duce pro predicta insula equivalentem permutationem seu cambium, juxta eorumdem commissariorum judicium, compellerent, committere dignaremur. Nos igitur... fraternitati vestre per apostolica scripta committimus et mandamus quatinus, ad partes predictas vos personaliter conferentes, vocatis ad vestram presentiam omnibus, quos pro consideratione negocii videritis evocandos, ibidem simpliciter, et de plano, ac sine strepitu et figura judicii, de predictis vos plenarie informetis, et per informationem hujusmodi ea repereritis vera esse, eosdem abbatem et conventum, ex parte nostra, inducatis attente ad recipiendum ab eodem duce pro dicta insula sufficiens excambium, ex quo melior efficiatur conditio monasterii antedicti, et nichilominus de valore temporalium ipsius insule ad eosdem abbatem et conventum pertinentium, necnon de hiis que dux prefatus vellet pro dictis temporalibus dictis abbati et conventui assignare, ac etiam in casu in quo abbas et conventus predicti sibi vellent potius bona eorum temporalia ejusdem insule retinere, et de jurisdictione temporali dumtaxat, quam in eadem insula, ut premittitur, obtinent, cambium recipere a duce predicto, vos de valore jurisdictionis hujusmodi, necnon et eorum bonorum que idem dux pro jurisdictione hujusmodi predictis abbati et conventui intenderet assignare, et nichilominus in quocumque casuum predictorum de omnibus circumstantiis que, attenta qualitate negocii, sunt in talibus attendende, vos informare plenius et diligentius studeatis, informationem hujusmodi particulariter et distincte in scriptis redactam sub vestrorum sigillorum testimonio quantocitius fideliter transmisuri, ut, per informationem vestram hujusmodi super premissis ad plenum instructi, quod super illis expediens fuerit possimus, auctore

Domino, securius et certius ordinare. Datum Avenione, VIII Kalendas octobris, anno tertiodecimo.

XIII

Les fondations pieuses d'Olivier de Montauban et de Julienne de Tournemine à La Gacilly [1]

(1317-1320)

La sinueuse petite rivière de l'Aph, affluent de la Vilaine, n'était franchissable à La Gacilly, avant 1317, que par un gué dangereux. Olivier III, seigneur de Montauban, de qui relevaient la seigneurie et le château de la Gacilly, ainsi que sa femme [2], Julienne de Tournemine, se résolurent à construire un pont et à bâtir dans son voisinage un hôpital et une chapelle desservie par deux chapelains. Jean XXII accorda volontiers la permission que les pieux donateurs sollicitèrent de sa bienveillance et leur réserva, à eux et à leurs descendants, le droit de présentation aux chapellenies. D'après M. de Bellevue [3] le pont fut établi en 1320 près des moulins Saint-Jean, de même que la chapelle qu'il ne faut pas confondre avec celle du château [4].

(1) Cfr. A. de La Borderie, *Essais d'histoire féodale. La Seigneurie de Montauban et ses premiers seigneurs*, dans *Bulletin et Mémoires de la Société archéologique du département d'Ille-et-Vilaine*, 1895, p. 267-297, et X. Comte de Bellevue, *Maison de Montauban. Origine, seigneurie, généalogie*, dans recueil cité, 1898, p. 129-177.

(2) Le pape ignorait que l'union contractée par Olivier et Julienne de Tournemine en 1301 était nulle. La dispense d'empêchement de consanguinité aux 3e et 4e degrés ne fut demandée au Saint-Siège qu'en 1320 (G. Mollat, *Lettres communes de Jean XXII*, t. III, p. 204, n. 12542).

(3) Art. cité, p. 117.

(4) Une bulle du 6 juillet 1317 concède vingt jours d'indulgence à ceux qui visiteront cette chapelle lors des fêtes de l'Invention et de l'Exaltation de la Sainte-Croix, et le Vendredi Saint (G. Mollat, *op. cit.*, t. I, p. 391, n. 4200).

PIÈCE JUSTIFICATIVE

Bulle du 7 juillet 1317.

(*Reg. Avin.* 7, f. 393 r°; *Reg. Vat.* 66, ep. 3917; G. Mollat, *op. cit.*, t. I, p. 396, n. 4312.)

Dilecto filio nobili viro Oliverio domino de Montealbano et dilecte in Christo filie nobili mulieri Juliane, uxori ejus, Venetensis diocesis, salutem. Vestris piis desideriis favorem apostolicum libenter impendimus, ut que Deo sint placita vestreque salutis respiciant incrementa liberius exequi valeatis. Cum itaque, sicut exhibita nobis vestra petitio continebat, vos in castello seu villa de Lagacille, Venetensis diocesis, ad vos spectante, ubi occasione cujusdam passus periculosi, qui ibidem existit, multi hactenus grandia personarum et rerum pericula subierunt, quemdam pontem ut predictis periculis obvietur quoddamque hospitale ad opus infirmorum et pauperum, necnon et quamdam capellam cui quinquaginta librarum turonensium parvorum annui et perpetui redditus pro substentatione duorum capellanorum qui singulis diebus celebrent et divina officia peragant in capella predicta de bonis propriis assignaturos asseritis construere proponatis, nobis humiliter supplicastis ut vobis faciendi predicta licentiam concedere dignaremur. Nos, itaque, vestris supplicationibus inclinati, vobis facientibus quod offertis licentiam concedimus postulatam, jure presentandi dictos duos perpetuos capellanos ad predictam capellam vobis et successoribus vestris imperpetuum reservato. Nulli ergo nostre concessionis infringere etc. Datum Avinione, nonis julii, anno primo.

XIV

A la demande de Jean d'Avaugour et du chapitre de Dol, Jean XXII confirme la charte de fondation d'une prébende instituée le 2 janvier 1293 (1) dans la cathédrale de Dol, sur les revenus de l'église paroissiale de Meillac, par l'évêque Thibaud de Pouancé. — Avignon, 2 septembre 1330.

(*Reg. Vat.* 93, ep. comm. 652.)

Ad perpetuam rei memoriam. Hiis que interdum in ecclesiis et aliis piis locis ad laudem Dei et divini cultus augmentum tam provide quam salubriter ordinantur, ut illa perpetuis futuris temporibus illibata consistant, libenter adicimus apostolici muniminis firmitatem. Sane petitio venerabilis fratris nostri Joannis, episcopi, et dilectorum filiorum capituli Dolensium nobis exhibita continebat quod bone memorie Theobaldus de Poenceyo, episcopus Dolensis, ipsius Johannis predecessor, cupiens in sua Dolensi ecclesia cultum divinum et canonicorum numerum augmentare, de consensu dictorum capituli, fundavit et adjecit in eadem ecclesia canonicatum unum cum prebenda super certis decimis, ad ipsius episcopi dispositionem spectantibus, statuens quod canonicus qui prebendam obtineret eamdem et successores ipsius super dictis decimis prebende sue perciperent grossos fructus, attendensque parochialem ecclesiam de Meillac sue diocesis adeo redditibus abundare quod quadraginta libre pensionis annue pro cotidianis distributionibus adjuncti canonici predicto capitulo super ea poterant assignari, residuumque sufficiebat perpetuo vicario pro sustentatione sui et aliis

(1) Et non en 1292, comme le porte le *Gallia* (t. XIV, col. 1065), car le 2 janvier de cette année tomba un mercredi. Il s'agit donc ici de l'année 1293 (nouveau style), dans laquelle le 2 janvier coïncide effectivement avec un vendredi.

oneribus ipsius ecclesie supportandis, dictas quadraginta libras annue pensionis certis terminis persolvendas Dolensi capitulo, rectoris tunc ecclesie ipsius interveniente consensu, concessit et etiam assignavit, prout in patentibus litteris inde confectis Theobaldi episcopi, capituli et rectoris predictorum sigillis munitis plenius continetur, a cujus fundationis tempore triginta septem anni et amplius sunt elapsi. Quare prefati Johannes episcopus et capitulum nobis humiliter supplicarunt ut premissis omnibus et singulis robur apostolice confirmationis adicere dignaremur. Nos igitur, eorum piis supplicationibus inclinati, premissa omnia et singula rata et grata habentes, illa auctoritate apostolica ex certa scientia confirmamus et presentis scripti patrocinio communimus.

Tenorem vero dictarum litterarum de verbo ad verbum presentibus inseri fecimus, qui talis est : *Universis presentes litteras inspecturis et audituris Theobaldus, permissione divina Dolensis episcopus, salutem in Domino sempiternam.* Divini cultus augmentum in nostra Dolensi ecclesia toto cordis desiderio cupientes, ad honorem Dei et beati Sampsonis, ob cultum divinum ipsius ecclesie ampliandum, de capituli nostri Dolensis consensu unanimi, ex redditibus superexcrescentibus favente Domino nostris temporibus acquisitis, videlicet super decimis cujuscumque generis bladi consistentibus infra fines parochie de Ros Landrieux, salvo jure dicti capituli in decimis dicte parochie in territoriis, in quibus alias percipere consuevit, et salvis centum solidis annui redditus quos prior Dolensis in eisdem decimis annuatim percipiet et habebit conferendo, constituimus, fundamus et creamus, et constituendo, fundando et creando conferimus viro venerabili et discreto magistro Alano de Castro Gironis, clerico, legum professori, canonicatum ecclesie Dolensis, et unam de novo prebendam cum plenitudine juris canonici in ecclesia memorata, volentes quod canonicus qui dictam prebendam habebit de novo creatam et ejus successores pro tempore in dictis decimis percipiant grossos fructus, investientes eumdem magistrum Alanum per traditionem anuli nostri corporaliter de predictis canonicatu et prebenda. Verum, quia dictam creationem dicto capitulo Dolensi esse nolumus captiosam cum redditus communes dicti capituli sint tenues et exiles, nec possent competenter sufficere pluribus quam sint in antiquo numero constituti, attendentes etiam ecclesiam de Meillac nostre Dolensis diocesis tantis redditibus abundare quod possunt ex eis quadraginta libre annue pensionis dicto capitulo pro cotidianis distributionibus assignari et residuum sufficere vicario, qui pro tempore fuerit, honeste ad sustentationem sui et suorum, ad onera supportanda, jura episcopalia persolvenda et hospitalitatem tenendam, dicto capitulo Dolensi damus, concedimus et assignamus quadraginta libras annui redditus pro distributionibus cotidianis eidem canonico de novo creato distribuendis super dicta ecclesia de Meillac magistri Johannis de Lannalayo, nunc ipsius ecclesie rectoris, ad hoc requisito et interveniente consensu. Quas quidem quadraginta libras annue pensionis vicarius seu rector dicte ecclesie de Meillac, qui pro tempore fuerit, tenebitur et in sua receptione jurabit solvere et reddere dicto capitulo Dolensi terminis infrascriptis, videlicet in quolibet festo Nativitatis Domini viginti libras et in quolibet festo Nativitatis beati Johannis Baptiste alias viginti libras monete currentis annuatim, dictum capitulum in pensione vel quasi juris percipiendi et habendi dictas quadraginta libras annue pensionis super dicta ecclesia de Meillac exnunc per traditionem presentium inducentes. Nos vero, capitulum Dolense et magister Johannes de Lannalayo, rector ecclesie de Meillac, predicti, omnibus et singulis premissis expresse consentimus, et ut hec rata et firma in perpetuum habeantur nos, episcopus et capitulum Dolenses et magister Joannes de Lannalayo prefati ad eternam rei geste memoriam presentes litteras sigillis nostris fecimus communiri, habitis super premissis tractatu et deliberatione diligenti in capitulo ecclesie Dolensis generali ad hoc specialiter convocato. Actum die veneris in crastino Circumcisionis Domini, anno ipsius millesimo ducentesimo nonagesimo secundo.

Nulli ergo omnino hominum liceat hanc paginam nostre

confirmationis infringere vel ei ausu temerario contraire. Si quis autem hoc attemptare presumpserit indignationem omnipotentis Dei et beatorum Petri et Pauli apostolorum ejus se noverit incursurum. Datum Avenione, IV nonas septembris, pontificatus nostri anno quarto decimo.

XV

Union à la mense épiscopale de Rennes des paroisses de Parigné, Noyal-sur-Seiche, Argentré et Saint-Georges-de-Reintembault.

(21 mai 1329)

Dans la première moitié du XIVe siècle, par suite de la dépréciation du numéraire, de la fluctuation du cours des monnaies et surtout des malheurs des temps, les ressources de nombre d'évêques de France se trouvèrent très réduites. Aussi, à cette époque plus qu'à aucune autre, les demandes d'union de bénéfices aux menses épiscopales affluèrent à la cour d'Avignon. Ce fut le cas de Guillaume Ouvrouin qui sollicita l'autorisation d'unir à la mense de Rennes les paroisses de Parigné, Noyal-sur-Seiche, Argentré et Saint-Georges-de-Reintembault [1], dont la collation lui appartenait de plein droit et dont les revenus s'élevaient à 200 livres tournois. Jean XXII ne refusa pas son consentement, mais il le subordonna au résultat de l'enquête qui fut confiée aux évêques du Mans et d'Angers, ainsi qu'à l'abbé de Saint-Vincent du Mans. Si la situation de l'évêché de Rennes était véritablement précaire, Guillaume Ouvrouin entrerait en possession des paroisses désignées dans l'acte pontifical, après toutefois la cession ou le décès des recteurs en charge.

(1) M. de Corson ne fait aucune allusion, dans son *Pouillé*, à l'union des paroisses précitées à la mense de Rennes.

De plus, ainsi qu'il est spécifié dans toutes les faveurs du même genre accordées par le Saint-Siège, le soin des âmes incomberait à des vicaires perpétuels qui acquitteraient toutes les obligations dont les églises paroissiales en question seraient grevées et auxquels, en compensation, serait assurée une honnête subsistance.

PIÈCE JUSTIFICATIVE

Les évêques du Mans et d'Angers et l'abbé de Saint-Vincent du Mans sont chargés d'unir certaines paroisses à la mense épiscopale de Rennes. — Avignon, 21 mai 1329.

(*Reg. Avin.* 33, f. 420 v°; *Reg. Vat.* 91, ep. com. 2179.)

Venerabilibus fratribus Cenomanensi et Andegavensi episcopis, ac abbati monasterii sancti Vincenti Cenomanensis, salutem, etc. Etsi ex injuncto nobis apostolatus officio solicitudo ecclesiarum omnium nobis immineat generalis, circa illas tamen diligentius vigilare nos convenit que dignitate pastorali predite ad suorum sustentationem presulum sufficientes non habent juxta eorum decentiam facultates. Sane petitio venerabilis fratris nostri Guillelmi, episcopi Redonensis, nobis nuper exhibita continebat quod ecclesia sua Redonensis multum est oneribus pregravata et alias in redditibus secundum [h]onorificentiam ecclesie supradicte valde tenuis et exilis; quare dictus episcopus nobis humiliter supplicavit ut parochiales ecclesias de Noyallo super siccam, de Perrigneyo, de Argentreyo et de Sancto Georgio de Restembaut, Redonensis diocesis, ad collationem episcopi Redonensis, qui est pro tempore, pleno jure spectantes, quarum omnium fructus, redditus et proventus ducentarum librarum turonensium parvorum secundum taxationem decime valorem annuum, ut ipse asserit, non excedunt, propter hoc mense episcopali Redonensi cum omnibus juribus et pertinentiis suis incorporare, annectere et unire perpetuo de benignitate apostolica dignaremur. Nos igitur, quantum cum Deo possumus, ipsius episcopi supplicationibus volentes annuere in hac parte, discretioni vestre, de qua in hiis et aliis plenam in Domino fiduciam obtinemus, per apostolica scripta mandamus quatinus vos, vel duo aut unus vestrum de fructibus, redditibus et proventibus dictarum ecclesiarum diligentius vos informetis, et, si per informationem eamdem inveneritis quod fructus, redditus et proventus predictarum ecclesiarum summam non excedant predictam, easdem parochiales ecclesias mense ejusdem episcopi auctoritate nostra in perpetuum uniatis et etiam annectatis, ita quod post annexionem et unionem hujusmodi, cedentibus vel decedentibus dictarum ecclesiarum rectoribus, liceat dicto episcopo et successoribus suis episcopis Redonensibus, qui erunt pro tempore, corporalem possessionem ipsarum ecclesiarum per se, vel alium seu alios apprehendere et habere, ipsasque ecclesias et fructus earum in usus proprios perpetuo retinere, cujusquam licentia minime requisita; reservatis de cujuslibet ipsarum ecclesiarum proventibus perpetuis vicariis, per ipsum episcopum vel eosdem successores constituendis ibidem, congruis portionibus, de quibus ipsi vicarii congruas sustentationes habere, jura episcopalia solvere et alia possint eis incumbentia onera supportare, contradictores per censuram ecclesiasticam appellatione postposita compescendo; non obstantibus si aliqui super provisionibus sibi faciendis de hujusmodi ecclesiis vel aliis beneficiis ecclesiasticis in illis partibus speciales vel generales nostras, vel predecessorum nostrorum Romanorum pontificum, aut legatorum sedis apostolice litteras impetrarint, etiam si per eas ad inhibitionem, reservationem et decretum, vel alias quomodolibet sit processum, quas litteras et processus quoscumque habitos per easdem ad easdem parochiales ecclesias volumus non extendi, sed nullum per hoc eis quoad assecutionem ecclesiarum et beneficiorum aliorum prejudicium generari et qualibet alia dicte sedis indulgentia generali vel speciali cujuscumque tenoris existat, per quam presentibus non expressam vel totaliter non insertam effectus earum impediri valeat quomodolibet vel differri, et de qua cujusque toto tenore habenda sit in nostris litteris mentio specialis. Nos enim exnunc irritam decernimus et inane si secus super hiis a quoquam, quavis auctoritate, scienter vel ignoranter, contigerit attemptari. Datum Avenione, XII kalendas junii, anno tertiodecimo.

XVI

Compétition de Guillaume de Trébiguet et de Guillaume le Roux au siège abbatial de Saint-Sauveur-de-Redon

(1393-1397)

En quelle année mourut l'abbé de Redon Mathieu ou Macé le Bart ? Quand Guillaume de Trébiguet lui succéda-t-il ? Ces deux questions n'ont pas encore reçu jusqu'ici de réponses satisfaisantes.

Trompés par le fait que Mathieu le Bart résigna ses fonctions de chancelier de Bretagne en 1380, cette année même Dom Taillandier [1], Dom le Duc [2], Pol de Courcy [3], Jausions [4], Aurélien de Courson [5] et le compilateur du catalogue des abbés de Redon inséré dans le manuscrit latin 12695 [6] de la Bibliothèque nationale s'accordent pour placer sa mort et

(1) *Histoire ecclésiastique et civile de Bretagne*, t. II, p. CIV.
(2) *Histoire de l'abbaye de Quimperlé*, éd. Le Men, 1863, p. 304 et 305.
(3) *Nobiliaire et armorial de Bretagne*. Rennes, 1890. t. I, p. 46, et t. II, p. 173 et 318.
(4) *Histoire de la ville et de l'abbaye de Redon*. Redon, 1864, Appendice, p. XII.
(5) *Cartulaire de l'abbaye de Redon en Bretagne*. Paris, 1863, p. CCCXCIII et 433.
(6) F. 27 r°.

pour faire entrer dans le parti du roi de France Guillaume de Trébiguel, en tant qu'abbé de Redon. Seul, peut-être, l'auteur des additions à la vie de saint Convoyon dans le recueil d'Albert le Grand (1) relate que le décès de Mathieu eut lieu en 1381. D'autre part, inconséquent avec lui-même, Dom Taillandier admet que Guillaume de Trébiguel fut nommé abbé de Sainte-Croix de Quimperlé après la mort d'Yves le Quillihouch qui survint le 10 juillet 1381 (2).

Sans autrement préciser la date du décès de Mathieu le Bart, il faut la reporter avec certitude après le 14 juin 1381 (3), puisque ce jour-là et non le 23, comme le répète avec le Gallia (4) le chanoine de Corson (5), il ratifie le traité de Guérande.

On peut encore la reculer de plus d'une année. En effet, par un acte passé à Rennes le 22 octobre 1382, le duc de Bretagne « confesse avoir reçu de l'abbé de Redon la somme de 500 francs d'or, scavoir par la main de feu Guillaume Ruffier 200 francs d'or et de son escuyer Guillaume du Brosc 300 pour l'accord fait avec ledit abbé pour un foüage (6) ». De même, en 1382, Jean V accorde des lettres d'abolition à l'abbé de Redon (7).

Cet abbé dont les textes ne révèlent pas le nom n'est autre que Mathieu le Bart, car il est invraisemblable que Guillaume de Trébiguel, qui mérita les faveurs de Jean V, fut son garde-robier et lui emprunta 500 livres tournois (8), se soit rattaché au parti du roi de France et ait obtenu ensuite les lettres de pardon de 1382. Au surplus, à cette date Guillaume n'était pas

(1) *Les Vies des Saints de la Bretagne Armorique par Albert le Grand*, éd. Thomas, Abgrall et Peyron. Quimper, 1901, p. 9.
(2) *Op. cit.*, p. CIX.
(3) Dom Morice, *Histoire de Bretagne*, *Preuves*, t. II, col. 280.
(4) T. XIV, col. 955.
(5) *Pouillé...*, t. II, p. 173.
(6) Bibliothèque nationale, mss. français 22330, f. 536 v°.
(7) De Courson, *op. cit.*, p. 404 et 433.
(8) R. Blanchard, *Lettres et Mandements de Jean V* (VI). Nantes, 1890, t. II, p. 64.

abbé de Redon, puisque le 9 mai 1384[1], seulement, les religieux et le chapitre de l'abbaye adressent au duc de Bretagne une lettre dans laquelle ils déclarent avoir pour agréable la nomination faite par lui « de Guillaume, abbé de Kimperlé, pour estre pourvu de l'abbaye de Redon ». Le 26 mai, le pape ratifie ce choix[2] et un fragment de livre de comptes de Clément VII, relié fortuitement dans le registre 279[3] de la série d'Avignon aux Archives vaticanes, renferme à la date du 26 août le serment par lequel Guillaume de Trébiguet s'oblige à payer 500 florins d'or pour son service commun et cinq menus services.

Il est à peine besoin de mentionner l'hypothèse qui consisterait à placer un abbé entre Mathieu le Bart et Guillaume de Trébiguet. Les bulles de Clément VII qui ont trait à la nomination de celui-ci s'opposent à cette supposition tout gratuite, et un témoin, au cours d'une enquête instruite en juillet 1408 au sujet des droits et devoirs des moines de Redon sur la Vilaine, affirme que « depuis le décès dudit abbé Macé il vit l'abbé appellé l'abbé de Trébiguet[4] ».

Ainsi donc, du rapprochement des textes il ressort que Mathieu le Bart dut mourir peu avant la nomination de Guillaume de Trébiguet et qu'en tout cas ce dernier ne lui succéda qu'en 1384.

Guillaume de Trébiguet eut une vie quelque peu agitée : profès du monastère cistercien de Lanvaux au diocèse de Vannes, il sortit du cloître avec la permission de l'abbé Jean et, entraîné par la vogue qui portait les gens d'église à entrer dans un ordre qui permettait de briguer les hautes dignités et les riches bénéfices, il entra comme moine à l'abbaye bénédictine de Saint-Gildas-des-Bois, au diocèse de Nantes, sans

(1) Dom Morice, *Histoire de Bretagne*, *Preuves*, t. II, col. 449, analyse, et Archives de la Loire-Inférieure E, 77.
(2) *Gallia Christiana*, t. XIV, col. 955.
(3) F. 158 v°.
(4) Bibliothèque nationale, mss. français 22330, f. 558 v°.

toutefois se prémunir de l'autorisation du Saint-Siège [1]. Devenu abbé de Sainte-Croix-de-Quimperlé en 1381, avant le 26 mai 1384 [2] il avait pour successeur Robert Pépin, précédemment abbé du Tronchet. On suit sa trace en 1385, 1386, 1387 et 1389 [3]; avant le 9 juin 1393 [4], à une date que les documents ne précisent pas davantage, sur l'offre d'une pension viagère de 500 livres tournois et moyennant certaines autres conditions, Guillaume de Trébiguet consentit à se démettre de sa charge d'abbé de Redon en faveur de Guillaume le Roux ou Ruffier, abbé du Tronchet, au diocèse de Dol, depuis le 1er septembre 1384 [5]. Avec l'autorisation du Saint-Siège, son procureur, Mathieu de la Ville-Arnould, clerc du diocèse de Saint-Malo, effectua d'une façon régulière la cession de l'abbaye entre les mains d'Hardouin de Bueil, évêque d'Angers. Mais, redevenu simple moine dans le monastère où il avait tenu le premier rang, il regretta bientôt son ancienne dignité et prétendit la recouvrer.

Guillaume le Roux, qui avait été pourvu de l'abbaye de Redon par l'évêque d'Angers et qui déjà avait été remplacé à celle du Tronchet, porta plainte à la cour d'Avignon. Malgré cela, Guillaume de Trébiguet protesta qu'il n'avait jamais eu l'intention de démissionner aux conditions indiquées par son adversaire. Il affirma hautement que s'il venait à céder ses dignités, ce serait par la voie canonique. Après avoir fait

(1) *Reg. Avin.* 258, f. 473 v°; bulle du 13 septembre 1389, expédiée le 6 octobre et délivrée le 8 octobre 1389, par laquelle on le relève des irrégularités qu'il a encourues et lui laisse la jouissance des revenus de l'abbaye de Redon indûment perçus.

(2) A cette date Clément VII recommandait au duc de Bretagne le nouvel élu de Quimperlé (*Gallia Christiana*, t. XIV, *Instrum.*, col. 206, doc. XIII).

(3) Voir *infra*, p. 108.

(4) Référence égarée; bulle du 9 juin 1393, expédiée le 2 janvier et délivrée le 3 janvier 1394. — Le 13 juin 1393 l'évêque d'Angers reçoit la faculté de pourvoir Raoul Tournevache de l'abbaye du Tronchet, bien que Guillaume le Roux ne soit pas entré en possession de celle de Redon (*Reg. Vat.* 306, f. 161 r°).

(5) Cfr. la bulle de nomination (*Reg. Avin.* 235, f. 189 v°). — MM. A. de Blois et Fr. Audran (*Notice historique sur la ville de Quimperlé*. Quimperlé, 1881, p. 142) font donc erreur quand ils écrivent « on ne doit pas compter au nombre des nôtres Guillaume, abbé claustral de Kemperlé, qui fut élu abbé de Redon en 1384 ».

attendre sa réponse, le Saint-Siège releva Guillaume le Roux des irrégularités qu'il avait encourues et, sans lui donner raison, lui permit d'accepter les fonctions d'abbé si elles lui étaient offertes régulièrement [1].

La cause introduite par Guillaume le Roux fut confiée au cardinal Guillaume d'Aigrefeuille, puis elle passa au cardinal Martin de Salva. En plein consistoire celui-ci exposa le résultat de son information. A l'aide des preuves produites par les deux parties il établit facilement que la nomination du demandeur et la résignation du défendeur étaient entachées de simonie et qu'elles avaient été obtenues au moyen de pactes illicites, garantis par des serments solennels. Après délibération des cardinaux et de Benoit XIII, en présence des procureurs des deux adversaires, une sentence définitive fut prononcée : Guillaume le Roux était débouté de sa demande et silence perpétuel lui était imposé. « Nous déclarons, ajoutait le pape, que ni l'une ni l'autre des parties en litige n'a de droit sur l'abbaye et, s'il convient d'y pourvoir, nous voulons que toutes deux en soient privées; nous considérons le monastère même comme vacant, réservant au Saint-Siège le soin d'y nommer » [2].

(1) Voyez p. 100, note 4.

(2) Aux pieds de Benoit XIII un référendaire libelle ainsi la sentence: « Benedictus... in causa que pendet in curia inter fratrem Gulielmum Ruffier, agentem, ex una parte, et fratrem Guilelmum de Trebiguel, defendentem, ex altera, super abbatia monasterii Sancti Salvatoris de Rolono, ordinis sancti Benedicti, Venetensis diocesis, ad Romanam Ecclesiam nullo medio pertinente, que commissa fuerat dilecto filio Martino, Sancti Laurentii in Lucina presbytero cardinali, auditaque plene una cum venerabilibus fratribus nostris existentibus in consistorio relatione processus ac informationum receptarum, prout idem cardinal habuerat in mandatis, ac habita cum eisdem fratribus nostris deliberatione matura, procuratoribus utriusque partis in nostra presentia constitutis et ad hoc specialiter et peremptorie vocatis, per hanc nostram deffinitivam sententiam prefatum fratrem Guilermum de Trebiguel ab impetitione prefati actoris super abbatia et petitis per eum absolvimus, eidem Guilelmo Ruffier agenti super abbatia dicti monasterii et petitis occasione provisionis ejusdem perpetuum silentium imponentes: et cum per producta per procuratores ambarum partium et alia acta cause et alias liquide constet neutrum eorum in dicta abbatia, de qua litigabant, jus habere, eo quia constat eos inter se tractasse, pacta inisse, juramento firmasse, que simoniacam manifeste continent pravitatem, nos hujusmodi morbum cancerosum, ut debemus,

Cette sentence, prononcée le 17 novembre 1395, ne fut signifiée aux intéressés que le 5 janvier 1396 (1). Aux mêmes dates, Raoul de Pontbriant fut transféré de l'abbaye de Saint-Méen à celle de Redon devenue vacante (2); pour s'éviter les frais d'un voyage en Avignon, il obtint de prêter le serment habituel de fidélité au Saint-Siège entre les mains des évêques de Saint-Brieuc et de Rennes (3).

Cependant, lorsque le nouvel abbé voulut s'installer dans son monastère, Guillaume Trébiguel lui opposa de la résistance (4) si bien qu'il n'était pas encore entré en possession en avril 1396 et qu'il dut recourir à Benoît XIII. Le pape chargea les évêques de Nantes, Angers et Vannes de s'interposer et d'obliger Guillaume à quitter l'abbaye et les moines à jurer obéissance à Raoul de Pontbriant, sous peine d'excommunication (5). Les choses s'arrangèrent, sans doute, à l'amiable, car Guillaume devint prieur du prieuré de Massérac (6), au diocèse de Nantes, qui dépendait de Redon, et son successeur solda les arriérés de son service commun non encore complètement acquitté à la Chambre Apostolique (7).

Quant à Guillaume le Roux, après avoir été réhabilité, il fut promu à l'abbaye de Saint-Méen en 1397 et le souvenir de ses fautes semble si bien perdu que la bulle de nomination vante les mérites de ses vertus (8).

erradicare et exterminare ab Ecclesia cupientes... declaramus neutri dictorum litigantium in dicta abbatia jus competere seu, ad eam etiam si expediat providendum, ad cauthelam volumus utrumque eadem manere privatum, ac monasterium ipsum vacare censsemus, intendentes de illo per providentiam Sedis Apostolice ordinari. » *Collectoria* 304, f. 37 r°.

(1) Voir pièce justificative.

(2) *Reg. Val.* 321, f. 45 v°.

(3) *Reg. Avinion.* 299, f. 222 r°.

(4) « Verum, sicut ejusdem Radulphi abbatis conquestione percepimus, dilectus filius Guillelmus de Trebiguel, qui se gerit pro monacho dicti monasterii, in dicto monasterio se intrusit ipsumque occupavit et detinuit, prout detinet indebite occupatum. » Bulle du 23 mars 1396, expédiée le 7 avril et délivrée le 11 avril 1396 (*Reg. Avinion.* 300, f. 74 r°).

(5) *Ut supra.*

(6) G. de Lesquen et G. Mollat, *Mesures fiscales...*, p. 189.

(7) *Reg. Avinion.* 308, f. 108 r°.

(8) Bulle du 19 novembre 1397, expédiée le 22 janvier et délivrée le 23 janvier 1398 (*Reg. Avinion.* 303, f. 112 r°). — Raoul Tournevache, qui n'avait pu prendre possession de l'abbaye du Tronchet par suite de l'opposition des moines de Tyron, en fut pourvu à nouveau le 19 novembre 1397 (*Reg. Avinion.* 304, f. 157 r°).

PIÈCE JUSTIFICATIVE

Benoît XIII notifie la sentence prononcée au sujet de la compétition de Guillaume de Trébiguet et de Guillaume le Roux au siège abbatial de Redon. — Donné à Avignon le 17 novembre 1395, expédié le 4 janvier, délivré le 5 janvier 1396.

(Reg. Avinion. 299, f. 221 r°.)

Ad perpetuam rei memoriam. Dudum per felicis recordationis Clementem papam VII, predecessorem nostrum, accepto quod dilectus filius Guillelmus, monachus, tunc abbas monasterii Sancti Salvatoris de Rotono, ordinis Sancti Benedicti, Venetensis diocesis, ex certis rationabilibus causis desiderabat regimini dicti monasterii cedere, et quod Guillelmus, abbas monasterii Beate Marie de Tronchelo, dicti ordinis, Dolensis diocesis, prefatum monasterium Sancti Salvatoris utiliter et salubriter regeret et etiam gubernaret, idem predecessor episcopo Andegavensi, ejus proprio nomine non expresso, suis dedit litteris in mandatis ut, si dictus Guillelmus, monachus, tunc abbas ejusdem monasterii, regimini cedere vellet, cessionem ipsam ab eo vel procuratore suo, ad hoc ab ipso speciale mandatum habente, auctoritate apostolica reciperet et admitteret, ac de persona dicti Guillelmi, abbatis dicti monasterii Beate Marie, si ipsum ad regimen ipsius monasterii sancti Salvatoris predictum utilem et ydoneum esse repperiret, eidem monasterio, cum per hujusmodi cessionem vacaret, eadem auctoritate provideret, ipsumque illi preficeret in abbatem, prout in dictis litteris plenius continetur; et deinde prefatus Guillelmus, monachus, tunc abbas, regimini ipsius monasterii, cui tunc preerat, per dilectum filium Matheum de Villa Arnulphi, clericum Macloviensis diocesis, procuratorem suum ad hoc specialiter constitutum, in manibus venerabilis fratris nostri Hardoyni, episcopi Andegavensis, extra Romanam curiam libere cessit; idemque Hardoynus episcopus, per eum hujusmodi cessione admissa, de persona dicti Guillelmi abbatis dicti monasterii Beate Marie eidem monasterio sancti Salvatoris sic vacanti earumdem litterarum vigore providit; et subsequenter, orta inter eosdem Guillelmum monachum et Guillelmum abbatem super abbatia dicti monasterii Sancti Salvatoris, quam quilibet ipsorum ad se de jure spectare asserebat, materia questionis, prefatus predecessor causam hujusmodi dilecto filio nostro Guillelmo, tituli Sancti Stephani in Celiomonte presbitero cardinali, ad instantiam dicti Guillelmi abbatis audiendam commisit et fine debito terminandam, non obstante quod causa ipsa de sui natura ad Romanam curiam legitime devoluta, et in ea tractanda et finienda non esset; et tandem postquam per dictum Guillelmum cardinalem ad nonnullos actus in causa hujusmodi inter dictas partes processum fuerat, prefatus predecessor causam ipsam dilecto filio nostro Martino, tituli Sancti Laurentii in Lucina presbitero cardinali, ex certis causis audiendam commisit et fine debito terminandam; et deinde, postquam idem Martinus cardinalis ad nonnullos alios actus in causa ipsa inter easdem partes processerat, dicto predecessore, sicut Dño placuit, vita functo, Nos, divina favente clementia, ad apicem summi apostolatus assumpti, eidem Martino cardinali commisimus ut de meritis cause hujusmodi se legitime informaret et quicquid per informationem hujusmodi reperiret nobis referre curaret; idemque Martinus cardinalis nobis postmodum in consistorio retulit quod de meritis cause hujusmodi se informaverat legitime et quod per informationem hujusmodi repererat quod inter easdem partes, ut cessio predicta fieret, simoniaca pravitas et nonnulla alia pacta illicita, etiam juramento vallata, intervenerant. Nos igitur, hujusmodi relatione audita, et fidem plenariam adhibentes, ac habita super hiis cum fratribus nostris deliberatione matura, dilectis filiis magistris Alberto de Mediolano, Guillelmi abbatis, et Arimino Savardi, Guillelmi monachi predictorum procuratoribus, ad hoc legitime vocatis, et in nostra presentia in eodem consistorio constitutis, per nostram diffinitivam sententiam declaramus neutri dictarum partium in dicta abbatia seu ad eam jus competere; et, si expediat, utramque partem hujusmodi eadem abbatia volumus remanere privatam, ac monasterium sancti Salvatoris predictum vacare censemus. Nulli ergo, etc. Datum Avenione XV kalendas decembris anno secundo; expeditum II nonas januarii anno secundo; traditum parti nonis januarii anno secundo.

XVII

Chronologie des abbés de Redon au XIVe siècle.

Les diverses listes chronologiques des abbés de Saint-Sauveur de Redon publiées jusqu'ici pour le XIVe siècle offrent de nombreuses lacunes et sont pleines d'incertitudes. Sans prétendre combler tous les desiderata, il est possible cependant de les parfaire, en combinant les résultats acquis avec ceux qu'apportent les documents puisés aux Archives Vaticanes et à la Bibliothèque Nationale.

I. — Jean de Guipry.

1. — On trouve son nom en 1285 (*Gallia Christiana*, t. XIV, col. 954).
2. — Il meurt le 12 février 1307 (De Corson, *Pouillé...*, t. II, p. 173; — *Gallia Christiana, loco citato;* — Bibliothèque Nationale, mss. latin 12795, f. 25 v° et 125 v°).

II. — Olivier de Berno.

1. — Nommé abbé le 6 mai 1308 (*Reg. Vat.* 55, cap. 421, f. 79 v° et pièce justificative, n. I).
2. — Le 31 mai 1308, à Poitiers, il promet de payer 500 florins d'or pour son service commun et cinq menus services

(*Regesti Clementis Papae V appendices*, t. I, Romae, 1892, p. 219, n. 79).

3. — Le 12 mars 1309 lui est délivrée une quittance de 250 florins d'or pour son service commun et de 47 florins, 8 sous, 3 petits tournois pour ses menus services (Archives du Vatican, *Collectoria*, 314, f. 89 v°).

4. — 8 décembre 1310, payement du cens dû à l'Eglise romaine et s'élevant chaque année à 3 besants d'or [1] (*Collectoria*, 314, f. 112 v°).

5. — 3 juin 1312, *idem* (*Collectoria*, 314, f. 124 v°).

6. — 23 février 1318, citation à comparaître en cour d'Avignon pour répondre de diverses accusations portées contre lui (voyez *supra*, p. 61).

7. — 21 janvier 1321, payement du cens (*Reg. Avinion.* 47, f. 379 v°).

8. — 15 décembre 1321, *idem* (*Ut s.*, f. 491 v°).

9. — 29 mai 1329, *idem* (*Reg. Avinion.* 34, f. 402 v°).

10. — Olivier meurt le 15 septembre d'une année que ne désignent ni le *Gallia* (t. XIV, col. 954) ni De Corson (*Pouillé*, t. II, p. 173) et qui doit être 1339.

III. — Jean de Tréal.

1. — L'élection de Jean de Tréal [2], abbé de la Chaume, au diocèse de Nantes, est contestée (Bulle du 4 décembre 1339). — (Pièce justificative, n. II).

2. — L'élection est confirmée, 17 mars 1340 (Pièce justificative, n. III).

3. — Jean de Tréal s'oblige à payer 500 florins d'or pour son service commun, 27 mars 1340 (J.-M. Vidal, *Lettres communes de Benoît XII*, t. II, p. 432).

4. — Le doyen et le scholastique de Nantes ainsi qu'Alain

(1) De 1310 à 1329 le besant d'or est calculé à raison de 9 gros sous tournois.

(2) Auparavant prieur de Ruffiac, au diocèse de Vannes, il fut nommé à la Chaume le 13 mars 1331, par suite du transfert de l'abbé Nicolas de Tréal à l'abbaye de Saint-Melaine, au diocèse de Rennes (*Reg. Vat.* 97, ep. 28).

Gontier, chanoine de Nantes, interviennent pour faire servir à Guy Ferzial, pauvre clerc du diocèse de Léon, tombé aveugle, une pension que Jean de Tréal a refusé de lui continuer malgré qu'il y soit tenu; bulle du 23 mai 1341 (J.-M. Vidal, *op. cit.*, t. II, p. 383, n. 9080).

5. — Ordre à l'évêque de Nantes et à deux chanoines d'Angers de mettre Arnaud (1), ancien abbé de Saint-Laurent de Liège, en possession de l'abbaye de la Chaume dont le pape l'a pourvu et dont Gérard de Machecoul, seigneur de Retz, et Jean de Tréal l'empêchent de jouir; bulle du 4 janvier 1342 (J.-M. Vidal, *op. cit.*, t. II, p. 391, n. 9132).

6. — 4 août 1355, prière à l'archevêque de Tours, à l'évêque de Luçon et à l'abbé de Saint-Aubin d'Angers d'unir leurs efforts pour procurer la liberté de Jean de Tréal fait prisonnier (*Reg. Avinion.* 129, f. 482 v°; pièce justificative, n. IV).

7. — La chronique de Michel le Bouteillier (Bibliothèque Nationale, mss. latin 12695, f. 125 v°) et De Courson (*Cartulaire de l'abbaye de Redon en Bretagne*, p. CCCXCIII) reportent la mort de Jean de Tréal à l'année 1370; Hauréau (*Gallia Christiana*, t. XIV, col. 955) indique le 5 mars sans préciser l'année; De Corson (*Pouillé...*, t. II, p. 173) admet qu'elle eut lieu en mars 1370.

IV. — Mathieu ou Macé le Bart.

1. — Nommé abbé le 9 avril 1371 (Pièce justificative, n. V).

2. — Autorisation d'être béni par un évêque de son choix; bulle du 2 mai 1371 (*Reg. Avinion.* 173, f. 325 v°).

3. — Le privilège de l'autel portatif et l'indulgence plénière à l'article de la mort lui sont accordés; bulles du 27 mai 1371 (*Reg. Avinion.* 174, f. 251 v° et 232 r°).

(1) Arnaud avait été nommé abbé le 4 novembre 1340 (J.-M. Vidal, *op. cit.*, t. II, p. 237, n. 7673).

4. — Mathieu est mentionné dans une bulle du 19 avril 1380 (*Reg. Avinion.* 224, f. 328 r°).

5. — Il ratifie le traité de Guérande le 14 juin 1381 (Dom Morice, *Histoire de Bretagne, Preuves*, t. II, col. 280).

6. — Il (?) reçoit quittance du duc de Bretagne, le 22 octobre 1382 (Bibliothèque Nationale, mss. français 22330, f. 536 v° et voyez *supra*, p. 98).

V. — Guillaume de Trébiguet.

1. — Les religieux et le chapitre de l'abbaye acceptent le choix qui a été fait de Guillaume par le duc de Bretagne (Dom Morice, *Histoire de Bretagne, Preuves*, t. II, col. 449 et Archives de la Loire-Inférieure, E, 77); lettre du 9 mai 1384.

2. — Nomination de Guillaume par Clément VII le 26 mai 1384 (*Gallia Christiana*, t. XIV, col. 955). Le même jour, le pape le recommande à la sollicitude du duc de Bretagne (Archives de la Loire-Inférieure, E, 49).

3. — Le procureur de Guillaume promet en son lieu et place de payer pour son service commun 500 francs d'or et cinq menus services; 26 août 1384 (*Reg. Avinion.* 239, f. 158 v°).

4. — « Comptes de Révérend Père en Dieu et sieur, frère Guillaume de Trebiguet, humble abbé du moustier de Saint-Sauveur de Redon, commencé au manoir de Brain en la présence de mondit sieur le vendredy après la saint Pierre et saint Paul l'an 1385 » (Bibliothèque Nationale, mss. français, 22330, f. 560 v°).

5. — Quittance de 20 florins d'or délivrée à Guillaume de Trébiguet pour le payement d'une partie de ses menus services; 19 avril 1386 (*Collectoria* 363, f. 19 v°).

6. — Délai de payement de son service commun; 3 janvier 1389 (*Collectoria* 363, f. 164 r°).

7. — Il résigne sa charge d'abbé en faveur de Guillaume le Roux, refuse d'abandonner l'abbaye et à la suite d'un procès est destitué de tous ses droits; 1393-17 novembre 1395 (Voyez *supra* l'étude XVI).

VI. — Raoul de Pontbriant.

1. — Nommé abbé le 17 novembre 1395, mais les bulles ne sont expédiées que le 4 janvier et délivrées le 5 janvier 1396 (*Reg. Vat.* 321, f. 45 v°).
2. — Permission aux évêques de Saint-Brieuc et de Rennes de recevoir son serment de fidélité à l'Eglise Romaine; bulles du 3 janvier, expédiées le 4 et délivrées le 5 janvier 1396 (*Reg. Avinion.* 299, f. 222 r°).
3. — Les évêques de Nantes, Angers et Vannes sont chargés de le mettre en possession du monastère de Redon que détient l'intrus Guillaume de Trébiguel; bulles du 23 mars 1396, expédiées le 7 et délivrées le 11 avril 1396 (*Reg. Avinion.* 300, f. 74 r°).
4. — Lettres de sauvegarde « données à Révérend Père en Dieu Raoul, humble abbé de Saint-Sauveur de Redon, à Paris, le VIIe jour de septembre 1396 » (Bibliothèque Nationale, mss. français 22330, f. 536 v°).
5. — Privilège de l'autel portatif; 11 décembre 1403 (*Reg. Avinion.* 316, f. 490 v°).
6. — Quittance du payement d'une partie de son service commun et des arriérés de celui que devait son prédécesseur, Guillaume de Trébiguel; Avignon, le 25 janvier 1404 (*Reg. Avinion.* 308, f. 108 v°).

PIÈCES JUSTIFICATIVES

I

Bulle de nomination d'Olivier de Berno, prieur de Lohéac, au diocèse de Saint-Malo, désigné par Jean de Castro, prieur de Masérac, au diocèse de Nantes, qui par voie de compromis avait été chargé par le prieur et le couvent de Redon de choisir le successeur de Jean de Guipri décédé, à l'exclu-

sion toutefois de Nicolas de Tréal, moine du monastère. — Poitiers, 6 mai 1308.

(*Reg. Vat.* 55, f. 79 v°, cap. 421; *Regestum Clementis Papae V*, n. 2756, analyse.)

Dilecto filio Oliverio abbati monasterii Rothonensis, ad Romanam Ecclesiam nullo medio pertinentis, ordinis sancti Benedicti, Venetensis diocesis. Debitum officii nostri requirit ut inter sollicitudines alias, quibus assidue premimur, specialiter circa ecclesias et monasteria solertiam adhibentes, eorum utilitatibus intendamus in eo maxime ut viduatis, ne longe vacationis dispendia patiantur, de illorum celeriter nostre diligentie studio provideatur susbtitutione pastorum, per quos spiritualiter et temporaliter, auctore Domino, continuum suscipiant incrementum. Olim siquidem monasterio Rothonensi, ad Romanam Ecclesiam nullo medio pertinente, ordinis sancti Benedicti, Venetensis diocesis, per obitum quondam Johannis de Guipri, abbatis ejusdem monasterii, regimine destituto pastoris, .. prior et conventus ejusdem monasterii, vocatis omnibus qui voluerunt, debuerunt et potuerunt commode interesse, die ad eligendum prefixa, ut moris est, convenientes in unum ac Spiritus Sancti gratia invocata deliberantes, in ipsius electionis negotio per viam procedere compromissi, dilecto filio Johanni de Castro, monacho dicti monasterii, priori prioratus de Maceraco, ad dictum monasterium immediate spectantis, dicti ordinis, providi ea vice de abbate ipsi monasterio de persona ex eodem monasterio assumenda, fratre Nicolao de Treal, monacho dicti monasterii, consanguineo predicti Johannis, dumtaxat excepto, potestatem plenam et liberam unanimiter concesserunt; dictus vero Johannes, hujusmodi potestate recepta, secedens in partem, diligenti intra se deliberatione prehabita, in te, tunc monachum ejusdem monasterii, in sacerdotio constitutum, priorem prioratus de Loheaco, Macloviensis diocesis, ad dictum monasterium immediate spectantis, votum suum direxit, ac ex potestate sibi a dictis priore et conventu tradita, vice sua et eorumdem prioris et conventus, de ipsorum mandato, in abbatem dicti monasterii te elegit, electionem hujusmodi coram eis solenniter publicando, tuque infra tempus legitimum, ad instantiam dictorum prioris et conventus hujusmodi electioni consentiens, propter hoc ad sedem apostolicam personaliter accessisti et demum tam tu, per te ipsum, quam iidem prior et conventus, per eorum certos procuratores et nuntios ad nos propter hoc specialiter destinatos, presentato nobis dicte electionis decreto, a nobis servatis in hiis statutis a jure temporibus, suppliciter postulastis ut confirmare electionem hujusmodi dignaremur. Nos igitur electionem eamdem tuamque personam per venerabilem fratrem Leonardum, episcopum Albanensem, et dilectos filios nostros Berengarium, tituli sanctorum Nerei et Achillei presbiterum, ac Jacobum, sancti Georgii ad Velum aureum diaconum cardinales, examinari fecimus diligenter et, facta nobis ab eisdem cardinalibus super hoc relatione fideli, quia eamdem electionem invenimus de te persona ydonea, cui de religionis zelo, observantia dicti ordinis, litterarum scientia, vite munditia et aliis virtutum meritis laudabile testimonium perhibent fidedigni, canonice celebratam ipsam de dictorum episcopi, et cardinalium et aliorum fratrum nostrorum consilio, auctoritate apostolica, confirmantes, te dicto monasterio in abbatem preficimus et pastorem, curam et administrationem ipsius monasterii tibi in spiritualibus et temporalibus committendo et subsequenter tibi fecimus per eumdem episcopum munus benedictionis impendi, firma de te a nobis concepta fiducia quod dictum monasterium per tue industriam providentie, Deo propitio, a noxiis preservabitur et adversis, regularibus quoque institutis proficiet et alias spiritualiter et temporaliter augmenta suscipiet commodi et honoris. Quocirca discretioni tue per apostolica scripta mandamus quatinus impositum tibi onus a Domino devote supportans, sic curam et administrationem predictas diligenter geras et sollicite prosequaris quod exnunc apud remotos et proximos tua fama clareat per effectum et in delectationem nobis veniat te oportuno tempore gratiose prosequi ac tuis desideriis favorem benivolum impertiri. Datum Pictavis, II nonas maii, anno tertio. — *In eodem modo dilectis filiis.. priori et conventui monasterii Rothonensis, ad Romanam Ecclesiam nullo medio pertinentis, ordinis sancti Benedicti, Venetensis diocesis, etc.* Debitum officii etc. ut in alia superiori usque et honoris. Quocirca universitatem vestram rogamus, monemus et hortamur attente, per apostolica vobis scripta mandantes quatinus dictum abbatem cum ad vos pervenerit, pro nostra et apostolice sedis reverentia benigne recipientes et honorifice pertractantes, exhibeatis ei obedientiam et reverentiam debitam et devotam, ejus salubria monita et mandata suscipiendo, humiliter ac efficaciter adimplendo, ita quod mutuo inter vos et ipsum et spirituale possit habundare gaudium et prosperitatis optate consurgere incrementum; alioquin sententiam quam idem abbas rite tulerit in rebelles ratam habebimus et faciemus actore Domino usque ad satisfactionem condignam inviolabiliter observari. Datum ut supra.

II

Le prieur claustral de Redon, le couvent et les onze prieurs des prieurés dépendant du monastère ayant prêté le serment de n'infirmer en aucune manière l'élection faite par eux par inspiration de Jean de Tréal, le Saint-Siège casse ce serment, déclare suspecte l'élection et ordonne à l'archidiacre, au chantre et à l'official de Rennes de publier sa décision et d'inviter à comparaître en cour d'Avignon dans les 40 jours tous ceux qui auraient quelque chose à révéler au sujet de ladite élection. — Avignon, le 4 décembre 1339.

(*Reg. Vat.* 127, n. 726; *Reg. Avin.* 53, f. 229 r°; J.-M. Vidal, *Lettres communes de Benoît XII*, t. II, p. 223, n. 7506; analyse.)

Dilectis filiis.. archidiacono et.. cantori ecclesie Redonen. ac.. officiali Redonensi, salutem etc. Consuevit apostolice sedis circumspecta maturitas in suis actibus uti cautela provida, que canonicis congruat institutis. Sane pro parte dilectorum filiorum.. prioris claustralis et conventus monasterii sancti Salvatoris Rothonensis ad Romanam Ecclesiam nullo medio pertinentis, ordinis Sancti Benedicti, Venetensis diocesis, et quorumdam aliorum, de quibus habetur infra mentio specialis, in nostra et fratrum nostrorum presentia pridem in consistorio propositum extitit quod olim dicto monasterio, per obitum quondam Oliverii, abbatis ejusdem, pastoris regimine destituto, prefati prior et conventus ac dilecti filii Johannes, abbas monasterii de Calma, dicti ordinis, Nannetensis diocesis, subjecti monasterio antedicto, necnon priores quorumdam prioratuum undecim numero, ejusdem ordinis, ipsi Rothonensi monasterio similiter subjectorum, qui siquidem abbas et priores monachi existunt prelibati monasterii Rothonensis et in electione abbatis prefati monasterii Rothonensis, cum imminet pro tempore facienda, vocem habere noscuntur tam de consuetudine quam de jure, die ad eligendum prefixa et vocatis omnibus qui debuerunt, voluerunt et potuerunt commode interesse, ut moris est, convenientes in unum apud dictum monasterium Rothonense ac spiritus Dei gratia primitus invocata, dictum Johannem in sacris ordinibus constitutum, licentiatum in jure canonico, quem ad regimen ipsius monasterii Rothonensis ydoneum iidem prior claustralis, conventus et priores alii fore asserunt in abbatem prefati monasterii Rothonensis, quem per inspirationem divinam concorditer duxerant eligendum, et quod electio hujusmodi de ipso Johanne facta fuerat ab omnibus ipsis eligentibus omnibusque aliis qui vocem in eadem habuerunt unanimiter approbata et solenniter publicata, et quod idem Johannes electioni prefate sibi pro parte dictorum eligentium presentate suum consensum prestaverat, et tam ipse Johannes personaliter quam certi procuratores ydonei, a predictis eligentibus propterea destinati, ad sedem accesserant supradictam et a nobis ex parte ipsorum eligentium suppliciter postulato ut electionem ipsam confirmare, illius nobis presentato decreto, de benignitate apostolica dignaremur in hiis omnibus statutis a jure temporibus observatis. Nos venerabili fratri.. episcopo Penestrino et dilectis filiis nostris Imberto, basilice duodecim apostolorum presbytero, ac Neapoleoni, Sancti Adriani diacono cardinalibus, commisimus oraculo vive vocis ut electionem predictam aliaque ad ejus negotium facientia examinare et quod exinde invenirent nobis refferre curarent, dictique episcopus et cardinales, receptis et diligenter examinatis actis, juribus et munimentis pro parte ipsorum eligentium et Johannis electi coram eis productis, nobis plene ac fideliter postea retulerunt quod negotium hujusmodi electionis jamdicte processerat quemadmodum superius est expressum, quodque ipsi episcopus et cardinales inter acta, jura et munimenta prefata repererant quoddam publicum instrumentum continens qualiter jamdicti eligentes post presentationem ejusdem electionis dicto Johanni factam sponte ac voluntarie, nominatim et singulariter, tactis sacrosanctis evangeliis, ju[illegible]rant quod contra Johannis electi et eligentium eorumd[illegible] personas, ratione ipsius electionis, et electionem eamdem perpetuo non venirent, imo eam inviolabiliter observarent, necnon gratam et acceptam habebant eamdem, et quod alii qui dictam electionem cum ipsis eligentibus, ut supra dicitur, approbarant subsequenter simile prestiterant juramentum, prout apparebat per alia publica instrumenta. Nos igitur, hujusmodi juramenta que suspicione non carent temeraria reputantes, ea duximus auctoritate publica penitus relaxanda et ob ipsa juramenta factum ejusdem electionis suspectum habentes, attendentes quoque quod ad dignitates, aliosque gradus et status ecclesiasticos habendus est assensus vel accessus canonicus juxta canonicas et alias legitimas sanctiones, ac propterea in eodem electionis negotio cautius procedere intendentes, discretioni vestre per apostolica scripta committimus et mandamus quatinus vos vel duo, aut unus vestrum, per vos, vel alium, seu alios, ad supradictum monasterium Rothonense accedentes, hujusmodi relaxationem juramentorum per nos factam in eodem monasterio Rothonensi et alibi, ubi et quando expedire videritis, auctoritate nostra solenniter publicare curetis et nichilominus in ipso monasterio Rothonensi auctoritate jamdicta edictum publice proponatis quod quicumque de dictis eligentibus vel quivis alius, cujus intersit vel possit interesse de jure, contra personas dictorum Johannis electi et eligentium eum et aliorum approbantium electionem prefatam seu contra ipsam electionem quicumque dicere vel proponere voluerint infra quadraginta dies post publicationem et propositionem ipsius edicti conspectui apostolico legitime se presentent, dicturi et propositurі quecumque super hiis coram vobis proponere voluerint seu etiam allegare, dicta vero hujusmodi denuntiationis, propositionis et publicationis predictarum et quidquid super eis duxeritis faciendum nobis per vestras litteras vel publica instrumenta, presentium seriem continentia, quantotius fideliter intimetis, ut extunc in eodem negotio tuta conscientia procedere valeamus. Datum Avenione, II nonas decembris, anno quinto.

III

Benoît XII, ayant fait examiner l'élection de Jean de Tréal, la déclare canonique et la confirme. — Avignon, le 17 mars 1340.

(*Reg. Aven.* 54, f. 78 r°; J.-M. Vidal, *op. cit.*, t. II, p. 234, n. 7644; analyse.)

Johanni abbati monasterii sancti Salvatoris Rothonensis, ad Romanam Ecclesiam nullo medio pertinentis, ordinis sancti Benedicti, Venetensis diocesis, salutem. Suscepti cura regiminis continua cor nostrum pulsat instantia ut sollicitudinis debitum, ad quod universis orbis ecclesiis et monasteriis nos apostolice servitutis officium obligat, eorum singulis et presertim ecclesie Romane immediate subjectis, prout nobis ex alto permittitur, exolvamus in eo potissime ut regimina illorum, que vacationum dampna deplorant, personis talibus committamus, per quarum solertiam circumspectam et circumpectionem solicitam ecclesie et monasteria eadem, Deo auctore, grata suscipiant in spiritualibus et temporalibus incrementa. Dudum siquidem monasterio sancti Salvatoris Rothonensis ad Romanam ecclesiam nullo medio pertinente, ordinis sancti Benedicti, Venetensis diocesis, per obitum quondam Oliverii dicti monasterii abbatis, qui in illis partibus debitum nature persolvit, abbatis regimine destituto, dilecti filii conventus ejusdem monasterii, vocatis omnibus qui debuerunt, voluerunt et potuerunt commode interesse, die ad eligendum prefixa, ut moris est, convenientes in unum, et Spiritus Sancti gratia invocata, te, tunc abbatem monasterii de Calma, prefato monasterio Rothonensi immediate subjecti, dicti ordinis, Nannetensis diocesis, in abbatem prefati monasterii Rothonensis quasi per inspirationem divinam concorditer elegerunt, tuque electioni hujusmodi de te facte ad dictorum conventus instantiam prestans assensum, ad Sedem Apostolicam personaliter accessisti, et tam tu, per te ipsum, quam prefati conventus, per eorum procuratores et nuncios ydoneos, ad sedem predictam propter hoc specialiter destinatos, a nobis cum instantia petiistis ut electionem hujusmodi, illius presentato nobis decreto, confirmare de benignitate apostolica dignaremur, in hiis omnibus statutis a jure temporibus observatis, nos igitur electionem ipsam tueque persone merita per venerabilem fratrem Petrum, episcopum Penestrinum, et dilectos filios nostros Imbertum, basilice duodecim apostolorum presbyterum, ac Neapoleonem, Sancti Adriani diaconum cardinales, examinari fecimus diligenter et, facta nobis super hiis ab eisdem episcopo et cardinalibus relatione plenaria et fideli, quia electionem hujusmodi de te, viro vite laudabilis, litterarum scientia predito, honestate morum decoro et aliis multiplicium virtutum meritis insignito, reperimus canonice celebratam, eam de fratrum nostrorum consilio auctoritate apostolica confirmamus, teque ipsi monasterio Rothonensi preficimus in abbatem, curam et administrationem ipsius tibi tam in spiritualibus quam in temporalibus plenarie committendo, in illo, qui dat gratias et largitur premia, confidentes quod dictum monasterium Rothonense, dextera tibi Domini assistente propitia, per tue industrie ac circumspectionis fructuosum studium spiritualiter et temporaliter regetur utiliter et prospere dirigetur. Quocirca discretioni tue per apostolica scripta mandamus quatinus onus regiminis dicti monasterii Rothonensis suscipiens, reverenter sic te in eo salubriter exercendo exhibeas studiosum quod per laudabilem diligentiam tuam et curiosam solertiam monasterium ipsum preservetur a noxiis et adversis, tuque proinde retributionis eterne premium ac nostram et dicte sedis benedictionem et gratiam uberius consequi merearis. Datum Avinione, XVI kalendas aprilis, anno sexto.

In eodem modo dilectis filiis conventui monasterii sancti Salvatoris Rothonensis, ad Romanam Ecclesiam nullo medio pertinentis, ordinis sancti Benedicti, Venetensis diocesis, salutem. Suscepti cura regiminis etc. usque prospere dirigetur. Quocirca universitati vestre per apostolica scripta mandamus quatinus eundem abbatem tanquam patrem et pastorem animarum vestrarum devote suscipientes, ac exhibentes ei obedientiam et reverentiam debitam et devotam, ipsius monita et mandata salubria curetis devote suscipere ac efficaciter adimplere, alioquin sententiam, quam idem abbas propter hoc rite tulerit in rebelles ratam habebimus et faciemus, auctore Domino, usque ad satisfactionem condignam inviolabiliter observari. Datum ut supra. — *In eodem modo dilectis filiis universis vassallis monasterii sancti Salvatoris Rothonensis, ad Romanam Ecclesiam nullo medio pertinentis, ordinis sancti Benedicti, Venetensis diocesis, salutem.* Suscepti cura regiminis etc. usque prospere dirigetur. Quocirca universitati vestre per apostolica scripta mandamus quatinus eundem abbatem debita honorificentia prosequentes, ei fidelitatem debitam exhibere necnon de consuetis serviliis et juribus sibi a vobis debitis respondere integre studeatis; alioquin sententiam sive penam, quam idem abbas rite tulerit seu statuerit in rebelles, ratam habebimus et faciemus, auctore Domino, usque ad satisfactionem condignam inviolabiliter observari. Datum ut supra.

IV

Innocent VI invite l'archevêque de Tours, l'évêque de Luçon et l'abbé de Saint-Aubin d'Angers à procurer la liberté à Jean de Tréal maltraité et retenu prisonnier au château d'Elven, au diocèse de Vannes, par Thomas de Horlande et Thomelin Fouques, l'un chevalier du diocèse d'York et l'autre damoiseau du diocèse de Londres, qui l'ont obligé à promettre une rançon de 10,000 écus. — Villeneuve-lès-Avignon, 4 août 1355.

(*Reg. Avin.* 129, f. 482 v°.)

Venerabilibus fratribus.. archiepiscopo Turonensi, et.. episcopo Lucionensi, ac dilecto filio.. abbati monasterii Sancti Albini Andegavensis, salutem, etc. Nuper ad apostolatus nostri, non sine gravi molestia, pervenit auditum quod nonnulli iniquitatis filii, a quorum oculis Dei timor prorsus abscessit, dilectum filium Joannem, abbatem monasterii de Rothono, ad Romanam Ecclesiam nullo medio pertinentis, ordinis sancti Benedicti, Venetensis diocesis, ausu sacrilego, non absque manuum injectione in eum temere violenta, capere extra dictum monasterium, ad diversa loca adducere, adductum carceri et diris vinculis ferreis mancipare, et diutius detinere, sevis tormentis subicere, verberibus cedere et graviter vulnerare, et insuper ad promittendum eisdem pro redemptione sua decem milia scudatorum auri, ex quibus tria milia et quingentos scudatos jam persolvit eisdem necnon certam alterius pecunie summam diebus persolvendam singulis et ad prestandum de hiis adimplendis nichilominus juramentum per vim et metum, qui cadere poterat inconstantem crudelibus persone afflictionibus cohercere temere presumpserint et nichilominus Thomas de Horlande, miles, et Thomelinus Fouques, domicellus Eboracensis et Londoniensis diocesium, ac nonnulli alii eorum complices dictum abbatem in castro de Elven, predicte Venetensis diocesis, adhuc detinent miserabiliter captivatum in gravem divine majestatis offensam, apostolice sedis contemptum, suarum animarum periculum dictique monasterii detrimentum et scandalum plurimorum. Nos igitur, attendentes quod non decet nec expedit hujusmodi sacrilegia et tam enormes excessus absque animaversione debita relinquere incorrecta, discretioni vestre per apostolica scripta committimus et mandamus quatinus vos, vel duo, aut unus vestrum, per vos, vel alium, seu alios, omnes et singulos clericos et laicos hujusmodi sacrilegii et excessuum patratores, necnon eos qui predicta fieri mandarunt seu fecerunt, aut eorum nomine vel mandato facta rata habuerunt, generaliter per omnes ecclesias et loca in quibus expedire videbitis excommunicatos publice nuncietis et faciatis ab aliis nunciari, et nichilominus de predictis omnibus et singulis ea tangentibus auctoritate nostra, simpliciter et de plano, sine strepitu et figura judicii, solerti et fideli adhibita diligentia, tam in vestris civitatibus et diocesibus quam locis aliis, de quibus expedire videritis, vos informetis, et tam predictos Thomam et Thomelinum, si eos, quam omnes et singulos alios tam clericos, quam laicos cujuscumque preminentie aut dignitatis, ordinis, status vel condictionis existant, quos per informationem hujusmodi repereritis commisisse, aut committi fecisse vel mandasse sacrilegium et excessus predicta, seu eorum nomine vel mandato commissa rata habuisse, nominatim tam diu excommunicatos diebus dominicis et festivis, pulsatis campanis et candelis accensis, in eisdem ecclesiis atque locis, cum major in eis cleri et populi fuerit multitudo, publice nuncietis et per alios nunciari faciatis, et ab omnibus arcius evitari, donec predictum abbatem realiter et cum effectu pristine libertati restituerint, aut quantum in eis fuerit restitui fecerint et etiam procurarint, et alias de premissis satisfecerint competenter et cum vestrarum testimonio litterarum, harum seriem continentium, ad sedem venerint apostolicam absolvendi, et insuper tam prefatos militem et domicellum nominatim quam quoscumque alios, ipsum abbatem detinentes, aut detineri mandantes vel facientes, necnon omnes et singulos qui dictas pecunias seu partem earum a dicto abbate extorserint, seu ab eo, vel alio seu aliis pro eo receperunt seu habuerunt, ex parte nostra, generaliter publice coram populo per vos, vel alium seu alios moneatis, ut infra competentem terminum, quem eis prefigetis, dictum abbatem pristine, ut premittitur, libertati, omnesque pecuniarum summas et res alias sic ab eo extortas, habitas seu receptas, eidem abbati quibuscumque juramentis ac promissionibus et obligationibus per eum, ut premittitur, prestitis et factis, que quidem juramenta tenore presentium relaxamus, ac promissiones et obligationes nullas et irritas nunciamus nequaquam obstantibus omnino restituant, et alias de premissis per eos commissis debitam satisfactionem impendant; et, si infra dictum terminum id non impleverint, in eos excommunicationis sententiam proferatis et eam faciatis, ubi et quando expedire videritis, usque ad satisfactionem condignam solenniter publicari, ipsorumque omnium hujusmodi monita non implentium terras, opida, castra, villas et loca, et illa etiam in quibus capitaneatum aut regimen habent seu exercent subiciatis ecclesiastico interdicto, et alias eos ad predicta omnibus viis et modis, quibus melius et efficacius de jure poteritis, necnon contradictores quoslibet et rebelles per censuram ecclesiasticam, appellatione postposita, compellatis, invocato ad hoc, si opus fuerit, auxilio brachii secularis. Ceterum, si forsan predictorum hujusmodi sacrilegii et excessuum patratorum, eaque fieri mandantium, aut eorum nomine vel mandato facta rata habentium, presentia pro monitione et compulsione hujusmodi seu citatione de ipsis facienda secure haberi nequiret, vobis monitionem et requisitionem hujusmodi et citationes quaslibet per edicta publica in locis affigenda publicis, de quibus sit verisimilis conjectura, quod ad notitiam citatorum et monitorum hujusmodi pervenire valeant faciendi plenam concedimus tenore presentium potestatem, et volumus quod monitiones, citationes et requisitiones hujusmodi perinde ipsos citatos, monitos et requisitos, ut premittitur, citent ac si eis facte et insinuate presentialiter et personaliter extitissent. Non obstantibus tam felicis recordationis Bonifacii Pape VIII, predecessoris nostri, in quibus cavetur ne aliquis extra suam civitatem vel diocesim, nisi in certis exceptis casibus et in illis, ultra unam dietam a fine sue diocesis ad judicium evocetur; seu quod judices, a sede deputati, predicta extra civitatem et diocesim, in quibus deputati fuerint, contra quoscumque procedere, seu alii vel aliis vices suas committere, aut aliquos ultra unam dietam a fine diocesis eorumdem trahere non presumant, aut de duabus dietis in concilio generali quam aliis quibuscumque constitutionibus a predecessoribus nostris Romanis Pontificibus tam de judicibus delegatis quam personis ultra certum numerum ad judicium non trahendis, aut aliis editis que vestre possent in hac parte jurisdictioni aut potestati ejusque libero exercitio quomodolibet obviare, seu, si aliquibus communiter vel divisim ab eadem sit sede indultum, quod interdici, suspendi vel excommunicari non possent per litteras apostolicas non facientes plenam et expressam, ac de verbo ad verbum, de indulto hujusmodi mentionem. Datum apud Villamnovam, Avenionensis diocesis, II nonas augusti, anno tertio.

V

Les moines de Redon ayant procédé à l'élection de Mathieu Le Bart, prieur de Josselin, malgré la réserve apostolique, Grégoire XI casse cette élection et nomme Mathieu abbé. — Avignon, le 9 avril 1371.

(*Reg. Avin.* 173, f. 165 r°.)

Dilecto filio Matheo, abbati monasterii sancti Salvatoris de Rothono, ad Romanam Ecclesiam nullo medio pertinentis, ordinis sancti Benedicti, Venetensis diocesis, salutem, etc. Suscepti cura regiminis... Nuper siquidem quondam Johanne, abbate monasterii sancti Salvatoris de Rothono, ad eamdem Romanam Ecclesiam nullo medio pertinentis, ordinis sancti Benedicti, Venetensis diocesis, regimini ipsius monasterii presidente, nos, cupientes eidem monasterio, cum vacaret, per apostolice sedis providentiam utilem et ydoneam preesse personam, provisionem ipsius monasterii ordinationi et dispositioni nostre duximus ea vice specialiter reservandam, decernentes extunc irritum et inane si secus super hiis per quoscumque, quavis auctoritate, scienter vel ignoranter, contingeret attemptari; postmodum vero dicto monasterio per obitum ejusdem Johannis abbatis, qui extra Romanam curiam diem clausit extremum, abbatis regimine destituto, dilecti filii conventus dicti monasterii hujusmodi, reservationis et decreti forsan ignari, te priorem prioratus sancte Crucis de Castrojocelini, ordinis et diocesis predictorum, in sacerdotio constitutum, in eorum et dicti monasterii abbatem, licet de facto concorditer elegerunt, tuque, reservationis et decreti predictorum similiter inscius, electioni hujusmodi de te facte illius tibi presentato decreto consensisti etiam de facto, et, deinde hujusmodi reservatione et decreto ad tuam deductis notitiam, hujusmodi electionis negotium proponi fecisti in concistorio coram nobis, nos igitur electionem ipsam utpote post et contra reservationem et decretum hujusmodi de facto ut premittitur attemptatam et alia inde secuta, prout erant, inania et irrita reputantes, ac ad provisionem ipsius monasterii celerem et felicem, de qua nullus preter nos, hac vice, se intromittere potuit neque potest, reservatione et decreto obsistentibus supradictis, ne dictum monasterium longe vacationis exponeretur incommodis, paternis et solicitis studiis intendentes, post deliberationem, quam de preficiendo eidem monasterio personam utilem et etiam fructuosam cum fratribus nostris habuimus diligentem, demum ad te, cui de religionis zelo, litterarum scientia, vite munditia et aliis multiplicium virtutum tuarum meritis apud nos fidedigna testimonia perhibentur, convertimus oculos nostre mentis quibus omnibus ac etiam concordi dictorum conventus te eligentium voluntate, attenta meditatione, pensatis de persona tua eidem monasterio de dictorum fratrum consilio, auctoritate apostolica, providemus, teque illi preficimus in abbatem, curam et administrationem ipsius monasterii tibi in spiritualibus et temporalibus plenarie committendo, in illo qui dat gratias et largitur premia confidentes quod, dextera Domini tibi assistente, propitia prefatum monasterium per tue circumspectionis industriam prospere dirigetur et salubria, dante Domino, suscipiet incrementa. Quocirca discretioni tue per apostolica scripta mandamus quatinus impositum tibi a Domino onus regiminis dicti monasterii devote suscipiens, curam et administrationem predictas sic prudenter geras et solicite prosequaris quod prefatum monasterium studioso administratori gaudeat se commissum, tuque proinde premium eterne retributionis acquiras, et nostram et apostolice sedis benedictionem et gratiam uberius consequi merearis. Datum Avinione, V idus aprilis, anno primo. — *In eodem modo dilectis filiis conventui monasterii sancti Salvatoris de Rhotono, ad Romanam Ecclesiam nullo medio pertinentis, ordinis sancti Benedicti, Venetensis diocesis, salutem etc.* Suscepti cura etc. usque incrementa. Quocirca discretioni vestre per apostolica scripta mandamus quatinus eumdem Matheum abbatem tamquam patrem et pastorem animarum vestrarum devote suscipientes, et honorifice tractantes, ac exhibentes ei obedientiam et reverentiam debitam et devotam, ejus salubria et mandata suscipiatis, itariter et efficaciter adimplere curetis; alioquin sententiam, quam idem abbas rite tulerit in rebelles, ratam habebimus et faciemus, auctore domino, usque ad satisfactionem condignam inviolabiliter observari. Datum ut supra. — *In eodem modo dilectis filiis universis vassallis monasterii s. Salvatoris de Rothono, ad Romanam Ecclesiam nullo medio pertinentis, ordinis sancti Benedicti, Venetensis diocesis, salutem etc.* Suscepti cura etc., usque incrementa. Quocirca discretioni vestre per apostolica scripta mandamus quatinus eumdem Matheum abbatem debita honorificentia prosequentes, ei fidelitatem solitam, necnon consueta servitia et jura sibi a vobis debita exhibere integre studeatis; alioquin sententiam sive penam, quam idem Matheus abbas rite tulerit seu statuerit in rebelles, ratam habebimus et faciemus, auctore Domino, usque ad satisfactionem condignam inviolabiliter observari. Datum ut supra.

VI

Clément VII accorde une indulgence d'un an et de quarante jours à ceux qui concourreront à la réparation de la chaussée qui donne accès au monastère de Redon du côté de Saint-Nicolas et qui tombe en ruines. — Avignon, le 18 mai 1380.

(*Reg. Avin.* 222, f. 496 v°; *Reg. Vat.* 292, f. 129 r°.)

Universis christi fidelibus, etc. Mercedum efficitur particeps...... Cum itaque, sicut accepimus, ad monasterium Sancti Salvatoris de Rothono, ordinis Sancti Benedicti, Venetensis diocesis, per terram a latere parrochialis ecclesie Sancti Nicolai de Rothono difficilis habeatur accessus, nisi per quamdam plateam saexatam seu calsiatam, que propter concursum maris et inundationes aquarum ibidem sepius confluentium valde ruinosa existit, et de die in diem ruinam deteriorem minetur, queque sine Christi fidelibus subsidiis reparari non potest; nos, cupientes ut dicta platea seu calciata debite reparetur et reparata de cetero sustentetur, et ut Christi fideles eo libentius ad reparationem et sustentationem ipsius platee seu calciate manus porrigant adjutrices, quo salutis munera se consequi speraverunt ampliora, de omnipotentis Dei misericordia et beatorum Petri et Pauli Apostolorum ejus auctoritate confisi, omnibus vere penitentibus et confessis qui ad reparationem calciate supradicte manus porrexerunt adjutrices, unum annum et quadraginta dies de injunctis eis penitentiis misericorditer relaxamus. Datum Avenione, XV kalendas junii, anno 2°.

VII

Une même indulgence est concédée aux fidèles qui visiteront l'église de l'abbaye de Redon à certains jours de fête et qui donneront des aumônes pour la réparation de ladite église et de ses vitraux. — Avignon, le 18 mai 1380.

(*Reg. Avin.* 222, f. 378 r°; *Reg. Vat.* 292, f. 24 r°.)

Universis Christi fidelibus presentes litteras inspecturis. Licet is de cujus... Cum itaque, sicut accepimus, ecclesia ac fenestre vitrate monasterii Sancti Salvatoris de Rothono, O. S. B., Venetensis diocesis, propter murorum loci de Rothono propinquitatem seu contiguitatem, qua monasterium ipsum et muri predicti invicem conjunguntur, obfuscata nimis existat et magnis propterea reparationibus indigeat non modicum sumptuosis, que sine christifidelium elemosinis refici et reparari non possint; nos, cupientes etc... omnibus vero penitentibus et confessis qui in Nativitatis, Circumcisionis, Epiphanie, Resurrectionis, Ascensionis et Corporis Domini nostri Jhesu Christi, Pentecostes, necnon Conceptionis, Nativitatis, Annunciationis, Purificationis et Assumptionis Beate Marie Virginis, ac Nativitatis beati Johannis Baptiste, sanctorumque Apostolorum Petri et Pauli, ac dedicationis ipsius ecclesie festivitatibus, necnon in celebritate Omnium Sanctorum et per earumdem festivitatum ac celebritatis octavas, ac ecclesiam ac monasterium supradicta devote visitaverint annuatim et ad ipsorum fabricam et reparationem manus porrexerint adjutrices unum annum et quadraginta dies de injunctis eis penitentiis misericorditer relaxamus. Datum Avenione, XV kalendas junii, anno secundo.

XVIII

La captivité de Jean de Bretagne, comte de Richemont, en Ecosse

(1322-1324)

On sait avec quel dévouement Jean, comte de Richemont et fils du duc Jean II de Bretagne, mit ses armes au service du roi d'Angleterre, Edouard II. Vers la Saint-Jacques 1322 (25 juillet), il prit part à l'expédition d'Ecosse qui, marquée d'abord par de faciles succès, se termina par une déroute désastreuse (1). A l'issue de la campagne, Jean de Bretagne dînait en compagnie d'Henri de Sully, venu en ambassade près

(1) Lingard (*Histoire d'Angleterre*, Paris, 1834, t. III, p. 508) indique la date du 14 octobre comme celle de la défaite de Blackmor.

d'Edouard II, dans les murs de l'abbaye de Byland, sise aux pieds de la montagne de Blackmor, où une partie de l'armée anglaise avait établi son campement, quand les Ecossais que l'on croyait fort loin de là survinrent à l'improviste. Les deux convives coururent aussitôt défendre l'entrée du défilé par lequel débouchait l'ennemi, mais écrasés par le nombre des assaillants, ils se rendirent et furent faits prisonniers (1).

Le 15 février 1323, Jean XXII qui portait un intérêt tout particulier au comte de Richemont et à Henri de Sully, écrivit au roi d'Angleterre en l'exhortant vivement à leur procurer la liberté (2). Le roi de France s'étant interposé, de son côté, en faveur de son ambassadeur, celui-ci fut relâché pendant le carême sans payer de rançon; quant à son compagnon d'infortune, Robert de Brus ne voulut à aucune condition le délivrer de prison (3).

Cependant Edouard II, sensible sans doute aux reproches du pape, accorda de nombreuses faveurs au comte de Richemont. Le 5 juin 1323, il donne pouvoir à Thomas de Fencoles et à Richard de Swafham de représenter son fidèle serviteur devant toutes les cours du royaume, y compris la sienne, dans toutes les causes où ses intérêts seraient en jeu (4). Le 31 août suivant, il fait savoir que, pour aider Jean à payer sa rançon, il lui a abandonné la garde des terres et des tènements (5) qui étaient tombés sous la sauvegarde royale par suite de la minorité de l'héritier de Jean de Northwode, avec le droit de vendre à qui bon lui semblerait les biens possédés à titre de mariage (6)

(1) Cfr. Guillaume de Nangis, *Chronique latine de 1113 à 1300, avec les continuations de cette Chronique de 1300 à 1368*, éd. H. Géraud, t. II, p. 43-45. Paris, 1843; — Adam Murimuth, *Continuatio chronicarum regum Angliae*, éd. Thompson (*Rolls Series*), p. 37. Londres, 1880; — Thomas Walsingham, *Historia Anglicana*, éd. Riley (*Rolls Series*), p. 167. Londres, 1863; — Dom Morice, *Histoire de Bretagne*, t. I, p. 237.

(2) Rymer, *Fœdera*, éd. de Londres 1818, vol. II, pars Iª, p. 507, et Dom Morice, *Histoire de Bretagne, Preuves*, t. I, col. 1338, où la bulle est datée faussement de la douzième année du pontificat de Jean XXII.

(3) Guillaume de Nangis, *op. cit.*, t. II, p. 45.

(4) Rymer, *op. cit.*, p. 524.

(5) C'est-à-dire des fiefs seigneuriaux.

(6) Celui qui recevait des terres dans ces conditions était obligé de se tenir au service de son seigneur; cfr. Du Cange au mot *maritagium*.

par ce même héritier[1]. Le jour suivant, il invite tous les tenanciers du comte à venir en aide, selon leurs facultés et l'importance de leurs tenures, à leur seigneur dont la délivrance ne peut être obtenue qu'au prix d'une « rançon considérable et disproportionnée avec ses ressources[2] ».

Au parlement qui se tint à Londres pendant le carême de l'année 1324, Edouard demanda au clergé et aux fidèles de son royaume de lui accorder des subsides extraordinaires pour racheter Jean de Bretagne des mains des Ecossais, mais d'un commun accord sa demande fut repoussée sous prétexte qu'une telle faveur était réservée au roi, à la reine et à l'aîné de leurs fils[3]. Le roi résolut alors d'envoyer une ambassade à Robert de Brus et lui dépêcha à cet effet Gérard *de Orum*, auquel il donna un sauf-conduit le 4 mai 1324[4]. L'ambassade fut-elle infructueuse ? Il le semble bien, car le 6 juin le comte de Richemont était toujours retenu captif en Ecosse[5]. Toutefois, le 24 septembre, il avait recouvré sûrement la liberté[6].

Au temps de sa captivité, Jean avait contracté de lourdes dettes, et lors de sa sortie de prison, il s'était engagé, par serment et sous de graves peines, à payer sa rançon. Avec ses seules ressources, il lui était impossible de se libérer. Les évêques et le clergé de Bretagne, pour subvenir à sa détresse, avaient offert des subsides, si le pape y consentait. Sur les instances du duc Jean III, Jean XXII accorda volontiers son assentiment le 10 avril 1326[7], mais il est difficile, étant donné le manque de documents, de savoir si les subsides furent effectivement levés sur le clergé breton.

(1) *Ibidem*, p. 534.
(2) *Ibidem*, p. 534.
(3) Walsingham, *op. cit.*, p. 171, et Murimuth, *op. cit.*, p. 43.
(4) Rymer, *op. cit.*, p. 551.
(5) *Ibidem*, p. 556.
(6) *Ibidem*, p. 570; — le 15 novembre il est délégué pour traiter la paix avec le roi de France, p. 579.
(7) Pièce justificative.

PIÈCE JUSTIFICATIVE

Jean XXII permet au clergé breton d'offrir des subsides au comte de Richemont. — Avignon, le 10 avril 1326.

(*Reg. Vat.* 80, ep. 1335.)

Venerabilibus fratribus episcopis et dilectis filiis electis, abbatibus, et aliis ecclesiarum et monasteriorum prelatis, capitulis et conventibus, ac aliis personis ecclesiasticis beneficiatis in ducatu Britannie constitutis, salutem. Nuper dilectus filius nobilis vir Johannes de Britania, comes Richemondie, nobis intimare curavit quod vos ex innato cujusdam affectionis zelo, quem ad eum et illos de domo sua geritis, dicto comiti dudum in Scotorum carcere constituto compatientes, ac considerantes quod redditus et vires non suppetebant eidem ad redimendum se de carcere supradicto, ad piam requisitionis instantiam dilecti filii nobilis viri ducis Britanie, nepotis sui, pro redemptione dicti comitis, vos vel major pars vestrum pecuniarum subsidium liberaliter obtulistis, oblationi hujusmodi postmodum adiciendo conditionem seu modum, videlicet si nobis placeret et id procederet de nostra licentia speciali, quare dictus comes nobis humiliter supplicavit ut, cum ipse occasione captionis, detentionis et redemptionis hujusmodi sit adhuc tam eisdem Scothis quam aliis diversis personis in magnis et importabilibus sibi, presertim in statu in quo nunc est, pecuniarum summis sub diversorum juramentorum prestatione et magnarum penarum adjectione, et alias sub gravibus obligationibus strictus sive obligatus, vobis premissam licentiam concedere dignaremur. Nos igitur, attendentes pium esse et meritorium apud Deum ac commendationis laudibus valde dignum si per vos dicto comiti in tantis necessitatibus succurratur, vobis et cuilibet vestrum, qui eidem comiti liberaliter obtulistis subsidium memoratum, et illis qui in posterum similem oblationem vel promissionem facere volueritis, illam libere adimplendi auctoritate apostolica tenore presentium licentiam impertimur. Datum Avinione, IIII idus aprilis, anno decimo.

XIX

La fondation du couvent des Augustins à Lamballe

(7 juillet 1317)

A la sixième et dernière session du concile de Lyon, le 17 juillet 1274, fut lu le décret *Religionum diversitatem* qui abolissait les ordres mendiants, autres que ceux des Prêcheurs, Mineurs, Carmes et Augustins, et auxquels leurs constitutions enlevaient le droit de posséder et imposaient la nécessité de mendier leur subsistance. La dissolution immédiate n'était exigée que des ordres non approuvés par le Saint-Siège; aux autres, il était seulement interdit de recevoir des profès, de créer de nouvelles maisons et d'aliéner celles déjà existantes, dont la disposition était réservée au Saint-Siège sous peine d'excommunication contre les contrevenants (1).

A Lamballe, diocèse de Saint-Brieuc, le couvent des frères de la Pénitence de Jésus-Christ, dits Sachets à cause de la forme de leurs robes de bure, fut atteint, ainsi que toutes les fondations du même ordre, par la constitution de Grégoire X, mais il subsista jusqu'à la mort du dernier religieux. Le duc Jean III de Bretagne, dont les ancêtres avaient fondé ce couvent, se crut autorisé à en disposer en faveur des frères Augustins de sa propre autorité. S'étant aperçu bientôt de sa méprise, il avoua à Jean XXII son ignorance des réserves portées par le décret conciliaire de 1274 et sollicita la confir-

(1) *Corpus juris canonici in VI, lib. III, tit. XVII.* — Sur l'ordre des Sachets, dont les origines sont peu connues, voyez Hélyot, *Histoire des ordres monastiques*, t. III, chap. XX, p. 175. Paris, 1715.

mation de sa donation. Le pape y consentit volontiers et par surplus releva le duc de l'éxcommunication qu'il avait dû encourir, par une bulle du 7 juillet 1317 (1).

PIÈCE JUSTIFICATIVE

Bulle autorisant la fondation d'un couvent à Lamballe. — Avignon, 7 juillet 1317.

(*Reg. Vat.* 66, ep. 3881; *Reg. Avinion.* 7, f. 265 r°; G. Mollat, *Lettres communes de Jean XXII*, t. I, p. 396, n. 4306, analyse.)

Dilectis filiis.. fratribus ville de Lambalia, ordinis sancti Augustini, Briocensis diocesis, salutem, etc. Cum a nobis petitur quod justum est et honestum, tam vigor equitatis quam ordo exigit rationis ut id per solicitudinem officii nostri ad debitum perducatur effectum. Sane exhibita nobis dilecti filii nobilis viri Johannis, ducis Britanie, petitio continebat quod predecessores sui duces Britanie, ante revocationem et cassationem ordinis Saccorum, quemdam locum in villa de Lambalia, in ducatu Britanie consistentem, de propriis bonis fundarunt, in quo constituerunt quoddam collegium fratrum ordinis supradicti, cumque, post revocationem et cassationem predictas, idem locus remansisset fratribus dicti ordinis, tandem per ipsorum obitum in divino officio destitutus, idem dux ignarus constitutionis apostolice qua inhibetur expresse ne quis preter Sedis Apostolice licentiam seu ordinariorum locorum de talibus locis ordinare presumat, ipsius etiam pene in contrafacientes in ipsa constitutione inflicte, simplicitate ductus, in dicto loco de Lambalia ordinavit quoddam collegium fratrum ordinis sancti Augustini, ex speciali devotione

(1) M. Quernest s'y réfère sans indiquer ses sources; cfr. *Notices historiques et archéologiques sur la ville de Lamballe*, p. 5. Saint-Brieuc, 1888.

quam habet ad ordinem sancti Augustini prefatum. Nos igitur, dicti ducis supplicationibus inclinati, eumdem locum de Lambalia vobis apostolica auctoritate concedimus et donamus de gratia speciali, ducem eumdem ab excommunicationis sententia, si quam vos in dicto loco de Lambalia taliter ordinando incurrit, ex ampliori dono gratie nichilominus absolventes. Nulli ergo etc. nostre concessionis, donationis et absolutionis infringere. Datum Avenione, nonis julii, anno primo.

XX

Les deux chartes des évêques Guillaume et Durand en faveur du chapitre de la cathédrale de Nantes

(1276-1287)

Avant la complète réorganisation du chapitre de l'église cathédrale de Nantes par Daniel Vigier qui en « a été, pour ainsi dire, un second fondateur » [1], les évêques qui se sont succédé sur le siège de Nantes ont cherché, à diverses reprises, à améliorer la situation matérielle de leurs chanoines qui longtemps fut mal assurée [2].

Au temps de l'évêque Guillaume (1276-1277) les revenus des prébendes étaient tellement réduits que, n'ayant pas de quoi subvenir à leur subsistance, les chanoines n'observaient plus la résidence. Par suite, les heures canoniales, les matines surtout, qui, d'après une coutume de la cathédrale, ne pouvaient être chantées au chœur sans la présence d'un chanoine, étaient souvent lues hors du chœur sans aucune solennité.

(1) G. Durville, *Aperçu sur l'histoire du chapitre de Nantes du VIIe siècle au Concordat*, dans le *Bulletin de la Société Archéologique de Nantes et de la Loire-Inférieure*, t. XLVII (1906), p. 283.
(2) *Ut supra*, p. 275-286.

Parfois même le culte divin n'était pas célébré tant à cause de l'abstention des membres du chapitre que par suite de l'absence des chapelains et des autres clercs attachés au service de l'église.

Pour remédier à ce fâcheux état de choses, du consentement du chapitre, Guillaume de Vern statua que des distributions seraient désormais partagées entre les chanoines présents au chœur, et, à cet effet, il donna à ceux-ci l'église de Nort, alors vacante et à sa collation, ainsi que celle de Campbon lorsqu'elle n'aurait plus de recteur. Ces églises seraient desservies par des vicaires institués par le chapitre après présentation à l'évêque; de plus, de leurs revenus seraient déduits les frais d'entretien des desservants et les procurations perçues par le même évêque, les archidiacres ou les doyens. Aux mêmes conditions, avec toutefois la réserve des fruits de la vacance à l'ayant droit, évêque, archidiacre ou doyen, Guillaume concéda au chapitre les annates de toutes les églises paroissiales de son diocèse.

De son côté, le chapitre consentit à grossir le chiffre des distributions du produit des dîmes et des revenus qu'il tirait de ses moulins de Barbin, de la terre de Pellan en Carquefou, des paroisses de Vallet et de la Chapelle-Basse-Mer. Il renonça aussi à la jouissance du manoir du Plessis-Tison, y compris les vignes et ses autres attenants. Les fruits de toute prébende devenue vacante, une fois éteintes les dettes du titulaire défunt, seraient réservées pendant un an au profit des distributions. Enfin, le chapitre était autorisé à racheter des mains des laïques les dîmes qui avaient été aliénées, à condition que les curés des paroisses où ces dîmes étaient constituées donneraient leur consentement et que, s'ils participaient par moitié aux frais de rachat, ils jouiraient en compensation de la moitié desdites dîmes.

L'importante charte de Guillaume de Vern fut donnée à Nantes au mois de décembre 1276 et confirmée le 11 janvier 1277 (nouveau style) par l'archevêque de Tours, métropolitain du lieu. Mais, pour couper court aux contestations qui s'élevaient à l'occasion du payement des procurations et de la portion congrue à attribuer aux desservants des paroisses dont le chapitre se réservait l'annale, l'évêque Durand fixa le taux de cette annale pour ceux des bénéfices de son diocèse qui y étaient tenus.

Quoique la charte, donnée au mois de janvier 1287, ait été éditée par Aurélien de Courson [1], d'après une copie du XVIIe siècle, et récemment par M. Auguste Longnon [2], il ne sera pas inutile d'en publier le texte à nouveau, d'après le vidimus de Benoît XIII, accordé le 8 juillet 1404 et expédié le 13 juin de l'année suivante sur la demande du chapitre de Nantes. En effet, de la comparaison du texte utilisé par A. de Courson avec celui du registre du Vatican, il résulte que le premier offre un certain nombre de lacunes que ne présente pas le second et que les variantes, qui existent entre l'un et l'autre et se chiffrent à plus d'une centaine, doivent être imputées au scribe du XVIIe siècle et s'expliquent par la tendance de celui-ci à moderniser l'orthographe des noms de lieux insérés dans la charte de l'évêque Durand.

PIÈCE JUSTIFICATIVE

Benoît XIII vidime les chartes des évêques Guillaume et Durand en faveur du chapitre de la cathédrale de Nantes. — Donné à Saint-Victor de Marseille le 8 juillet 1404; expédié le 13 juin 1405.

(*Reg. Vat.* 325, f. 303 r°.)

[f° 303 r°] *Ad perpetuam rei memoriam.* Hiis que pro statu prospero personarum ecclesiasticarum et divini cultus augmento pro-

(1) *Cartulaire de l'abbaye de Redon en Bretagne.* Paris, 1863, p. 307-316.

(2) *Pouillé de la province de Tours.* Paris, 1903, p. XLVII et p. 257-260 (*Recueil des Historiens de France publié par l'Académie des Inscriptions et Belles-Lettres*, t. III). — Le texte édité par M. A. Longnon est emprunté à A. de Courson. Je désigne celui-ci par C. et celui-là par L.

vide facta fuerunt, ut illibata consistant, libenter adicimus apostolici muniminis firmitatem. Exhibita siquidem nobis nuper pro parte dilectorum filiorum capituli ecclesie Nannetensis petitio continebat quod olim bone memorie Guillelmus, episcopus Nannetensis, attendens et considerans quod fructus, redditus et proventus prebendarum ecclesie Nannetensis adeo erant tenues et exiles quod canonici ipsius ecclesie ex eis non poterant commode sustentari, et quod propter absentiam dictorum canonicorum, qui in dicta ecclesia propter exiguitatem hujusmodi residere non curabant, ecclesia ipsa divino officio fraudabatur, de voluntate et consensu dilectorum filiorum capituli dicte ecclesie statuit cotidianas distributiones in eadem ecclesia de cetero faciendas inter canonicos ipsius ecclesie, qui ibidem horis canonicis interessent, dividendas, ac fructus, redditus et proventus unius anni cujuslibet parrochialis ecclesie civitatis et diocesis Nannetensis, dum ipsas vacare contingeret, deductis certis procurationibus et victu curatorum ipsarum ecclesiarum, in augmentum distributionum ipsarum ordinavit converti, quodque bone memorie Johannes, archiepiscopus Turonensis, statutum et ordinationem hujusmodi auctoritate ordinaria confirmavit, et quod subsequenter, prefato Guillermo vita functo, bone memorie Durandus episcopus Nannetensis, ipsius Guillermi successor, eisdem statuto et ordinationi consensit et ad obviandum litibus, que occasione deductionis procurationum et victus curatorum hujusmodi suscitari possent, certas pecuniarum summas singulis curatis prefatis pro distributionibus hujusmodi eisdem capitulo persolvendas taxavit, prout in diversis litteris dictorum archiepiscopi et episcoporum sigillis munitis, quarum tenores de verbo ad verbum presentibus inseri fecimus plenius continetur; quare pro parte dictorum capituli nobis fuit humiliter supplicatum, ut statuto, ordinationi, confirmationi, taxationi et aliis premissis robur confirmationis adicere, et defectus, si qui forsan intervenerint in premissis, supplere de benignitate apostolica dignaremur. Nos itaque, hujusmodi supplicationibus inclinati, statutum, ordinationem, confirmationem, taxationem et alia supradicta rata habentes et grata illa, ex certa scientia, confirmamus et presentis scripti patrocinio communimus, supplentes quoscumque deffectus, si qui forsan intervenerint in eisdem. Tenores autem dictarum litterarum tales sunt :

[f° 333 v°] *Universis Christi fidelibus presentes litteras inspecturis et audituris Guillelmus, miseratione divina Episcopus Nannetensis, eternam in domino salutem...* Quamvis suscepti regiminis ratione prelati solliciti esse debeant circa divini cultus augmentum, summa tamen diligentia debent intendere ut divina officia in ecclesiis presertim cathedralibus honeste et sollempniter celebrentur. Sane, cum in ecclesia Nannetensi prebende sint adeo tenues et exiles, quod canonici Nannetenses ex fructibus et proventibus earumdem sibi commode non valeant in necessariis providere, propter quod multotiens accidit quod pauci aut quasi nulli ex canonicis ipsius ecclesie velint in eadem ecclesia personaliter residere, et ob hoc sepe contingit quod hore canonice et presertim matutine, que sine canonico de consuetudine dicte ecclesie in choro ipsius ecclesie non cantantur, extra chorum predictum non cantando sed legendo absque sollempnitate debita propter deffectum canonici celebrabantur, et quandoque prorsus predicta ecclesia propter defectum non solum canonicorum, sed etiam capellanorum et aliorum clericorum ipsius ecclesie et absentiam eorumdem debito servitio defraudatur. Nos divini cultus desiderantes augmentum et canonicos ad residentiam revocare totis viribus cupientes, propter divinum officium in ipsa ecclesia cum sollempnitate debita faciendum, statuimus de voluntate et assensu venerabilis capituli nostri Nannetensis cotidianas distributiones in eadem ecclesia de cetero faciendas inter canonicos ipsius ecclesie, qui ibidem horis canonicis intererunt, dividendas, et ad premissarum distributionum creationem exnunc concedimus et donamus predictis canonicis et capitulo Nannetensi ecclesiam de Engnort, Nannetensis dyocesis, liberam et vacantem, et ad nostram collationem spectantem, item ecclesiam de Cambon cum ipsam vacare contigerit cum fructibus et redditibus earumdem, ita quod dictum capitulum per ydoneos vicarios, per

ipsum capitulum episcopo Nannetensi presentandos et instituendos per episcopum Nannetensem in ipsis ecclesiis, faciet deserviri, et de redditibus earumdem ecclesiarum portiones certas et competentes ad sustentationem et provisionem dictorum vicariorum sine contradictione qualibet assignabit, salvis in ecclesiis predictis omnibus juribus episcopi Nannetensis, archidiaconorum et decanorum ecclesiarum predictarum. Item donamus et concedimus eidem capitulo ad premissas distributiones faciendas fructus, exitus et proventus cujuslibet ecclesie parrochialis que de cetero vacabit in civitate et dyocesi Nannetensi, salvis juribus episcopi, archidiaconorum et decanorum predictorum, percipiendos usque ad annum computandum a tempore quo ecclesia vacans collata fuerit ac animarum cura a persona cui data fuerit recepta, ne per hoc fiat prejudicium archidiaconis et decanis earumdem ecclesiarum qui fructus ecclesiarum vacantium percipiunt, quamdiu eas vacare contigerit ratione custodie earumdem, antequam cura a persona fuerit recepta, ita tamen quod curam recipientibus animarum vel cappellanis ibidem servientibus ex ipsis fructibus, proventibus et exitibus, illo anno durante, juxta facultates ecclesie victui necessaria minis-
[f° 391 r°] trentur. — Preterea dictum capitulum ad easdem distributiones creandas concessit et dedit quidquam habebat in decimis, redditibus et rebus aliis in parrochiis de Valez et de capella Bassamere, necnon et manerium de Plesseyaco Tysonis cum vineis et suis aliis pertinentiis universis. Item dedit ad hoc dictum capitulum, nostro super hoc accedente consensu, quidquid habebat in decimis de Pellan et de molendinis Barbin. Preterea volumus et concedimus de ejusdem capituli consensu quod fructus, proventus et exitus cujuslibet prebende, que vacabit de cetero in ecclesia Nannetensi, quos executores defuncti canonici residentis, a die obitus canonici usque ad annum, de consuetudine dicte ecclesie percipiebant in utilitatem defuncti canonici, convertendos cedant integre usque ad annum in distributiones predictas, dum tamen decedens canonicus habeat aliunde de quo suis creditoribus

satisfacere valeat competenter, alioquin de dictis redditibus, proventibus et exitibus quod deerit creditoribus, si hoc fieri poterit, suppleatur. Item volumus et concedimus eidem capitulo quod possit retrahere decimas tam novas quam veteres per totam dyocesim Nannetensem de manibus laicorum, dum tamen habeat assensum sacerdotis parrochie in cujus parrochia dicte decime fuerint constitute, ita tamen quod, quotiens sacerdos parrochie voluerit solvere medietatem expensarum, quas dictum capitulum fecerit pro decimis de sua parrochia de laicorum manibus retrahendis, dictarum medietatem habeat decimarum. In cujus rei testimonium presentibus litteris sigilla nostra duximus apponenda. Datum et actum mense decembris anno Domini 1276.

Universis presentes litteras inspecturis et audituris Johannes, Dei gratia archiepiscopus Turonensis, salutem in Domino. Cum a nobis quod justum est petitur et honestum dignum est ut petentibus benignum prebeamus assensum. Cum igitur venerabilis frater in Christo Guillelmus, Dei gratia episcopus, ac dilecti filii capitulum Nannetenses, propter divini cultus augmentum, circa quem prelati ex commisso sibi regimine debent sollicitudinem et summam diligentiam adhibere, ita ut in ecclesiis presertim cathedralibus divinum officium honeste et sollempniter celebretur, statuerunt cotidianas distributiones faciendas in ecclesia Nannetensi inter canonicos ipsius ecclesie, qui ibidem horis interessent canonicis, dividendas, prout in eorum litteris super hoc confectis, quarum tenorem hiis nostris presentibus litteris de verbo ad verbum annotari fecimus, plenius continetur, nobis supplicarunt ut statutum illud confirmare, prout rite factum est, dignaremur. Nos vero eorum precibus inclinati, viso tenore ipsarum et serie litterarum qui talis est. *Universis christifidelibus pre-*
[f° 35 r°] *sentes litteras...* [Suit le texte donné plus haut]. || Nos vero statutum hujusmodi ratum et gratum habentes, ipsum auctoritate metropolitana, prout rite factum est, confirmamus. In cujus rei testimonium presentibus litteris sigillum nostrum duximus apponendum, salvo in omnibus jure nostro.

Datum hujusmodi confirmationis, die lune post Epiphaniam Domini, anno ut supra (1)...

Universis presentes litteras inspecturis et audituris (2) *D[urandus], miseratione divina episcopus Nannetensis, salutem in omnium salvatore.* Bone memorie Guillermi (3) predecessoris nostri vestigiis inherentes, qui dudum, de assensu canonicorum suorum confirmationeque archiepiscopi Turonensis postmodum subsequta (4), pia consideratione constituit in ecclesia Nannetensi, ad divini cultus augmentum, cotidianas (5) distributiones de cetero percipiendas a (6) canonicis
[f° 35 v°] antedictis (7) tam super redditibus capituli ‖ Nannetensis, licet essent exiles nec possent ad intentum predecessoris nostri (8) sufficere competenter, quam, in supplementum, super fructibus, exitibus et proventibus unius anni cujuslibet ecclesie parrochialis, quotiens (9) deinceps eam vacare contingeret in civitate et diocesi Nannetensi, computandi (10) a tempore quo ecclesia vacans esset collata ac animarum cura recepta, salvis episcopo Nannetensi, et archidiaconis et decanis earum (11) suis juribus in eisdem, ita tamen quod curam recipientibus (12) animarum vel capellanis ibidem servientibus ex ipsis fructibus, exitibus et proventibus, durante illo anno, juxta facultates ecclesie victui necessaria iidem (13) canonici ministrent (14), gratum predecessoris nostri constitutioni et metropolice sedis confirmationi super hoc habite prestamus assensum; tamen, quia posset forsan in posterum inter ipsos canonicos, ex una parte, et rectores ecclesiarum, ex altera, super congruitate provisionis ipsis rectoribus ab eisdem canonicis faciende questio suboriri, dignum fore credidimus (15) questionis materiam amputare, deliberatione provida (16) super hoc cum peritis habita, statuentes quid rectores et quid

(1) C'est-à-dire 1277 (nouveau style).
(2) C. et L., legentibus et inspecturis.
(3) C. et L., Guillelmi.
(4) C. et L., subsecuta.
(5) C. et L., quotidianas.
(6) C. et L., de.
(7) C. et L., supradictis.
(8) C. et L., predecessorum nostrorum.
(9) C. et L., quoties.
(10) C. et L., computando.
(11) C. et L., eorum.
(12) C. et L. omettent recipientibus.
(13) C., eidem (sic).
(14) C. et L., ministrarent.
(15) C. et L., credimus.
(16) C. et L., proinde.

canonici sint in dictis ecclesiis in posterum habituri, et hoc rectores in sua receptione jurare teneantur[1] ad majorem roboris firmitatem. Volumus enim et[2] statuimus, de ipsius nostri capituli assensu requisito super hoc et gratenter[3] obtento, consideratis facultatibus cujuslibet ecclesie civitatis et diocesis Nannetensis, nomina ecclesiarum presenti scripto inserere et summam exprimere certam, super qualibet ecclesia impositam, dictis distributionibus sine diminutione aliqua in posterum profutura[4] et reliquum[5] pro sua provisione rectoribus deputetur[6] videlicet in decanatu Nannetensi ecclesiam beate Marie Nannetensis (*Notre-Dame de Nantes*) taxamus C solidos dictis canonicis, quotiens[7] eam[8] vacare contigerit, semel a rectore qui pro tempore fuerit[9] prestandos

ecclesiam S. Saturnini Nannetensis (*Saint-Saturnin*)	VI libr.
ecclesiam S. Crucis Nannetensis (*Sainte-Croix*)	C sol.
ecclesiam S. Clementis (*Saint-Clément*)	C sol.
ecclesiam S. Donatiani (*Saint-Donatien*)	VIII libr.
Chesayl[10] (*Chassay, auj. Sainte-Luce*)	XX sol.
Toyré[11] (*Thouaré*)	XL sol.
Marz (*Petit-Mars*)	XII libr.
Mouseyl[12] (*Mouzeil*)	LX sol.
Ligné (*Ligné*)	IV libr.
Les Tousches (*Les Touches*)	X libr.
Joé[13] (*Joué-sur-Erdre*)	VIII libr.
Monasterium Legum (*Montrelais*)	XL sol.
Trans (*Trans*)	IV libr.
Teylle[14] (*Teillé*)	XV libr.
Mesenge[15] (*Mésanger*)	XV libr.

(1) L., tenentur.
(2) C. et L., nc.
(3) C. et L., gratanter.
(4) C. et L., profuturam.
(5) C. et L., reliquum.
(6) C. et L., debetur.
(7) C. et L. quoties.
(8) C. et L., ipsam.
(9) C. et L., erit qui a été suppléé à la copie du XVIIe siècle.
(10) C. et L., Chessail.
(11) C. et L., Thouairé.
(12) C. et L. Mouzeil.
(13) C., Joue; L., Joué.
(14) C. et L., Teillé.
(15) C. et L., Mesanger.

S. Ermelandum [1] de Rosseria (*Saint-Herblon*). XL sol.
Poylle [2] (*Pouillé*) .... LX sol.
Bordineriam [3] (*La Bourdinière*).................... X libr.
Beligne [4] (*Belligné*) .... LX sol.
Cornubiam (*Cornouaille*) .... IV libr.
Coffé (*Couffé*) .... VI libr.
Varedam (*Varades*) .... IV libr.
Ancenesium [5] (*Ancenis*) .... X libr.
Freigne [6] (*Freigné*) .... LX sol.
Odonium [7] (*Oudon*) .... VI libr.
Celarium [8] (*Le Cellier*)................................. LX sol.
Quarquefolium [9] (*Carquefou*) .... XL sol. [10]
Malvam (*Mauves*) .... C sol.

IN DECANATU CLITII

Verlou (*Vertou*) .... IV libr.
[f° 306 r°] ‖ Engniam (*Aigne, auj. Saint-Sébastien*)......... XXV libr.
S. Bricium de Golena [11] (*Basse-Goulaine*)...... XV libr.
S^am Radegondim de Golena [12] (*Haute-Goulaine*) .... X libr.
S. Julianum de Concellis (*St-Julien de Concelles*) .... VI libr. [13]
Capellam Hulin [14] (*La Chapelle-Heulin*)......... LX sol.
Oratorium (*Le Loroux-Bottereau*).................. XV libr.
Castrum Celsi [15] (*Champtoceaux*).................... C sol.
S. Germanum de Monte Falconis (*Saint-Germain-de-Montfaucon*) .... C sol.

(1) L., Ermelandus de Roseria.
(2) C. et L., Poillé.
(3) C., Bourdinerian.
(4) C. et L., Belligné.
(5) C. et L., Ancenisium.
(6) C. et L., Fruigné.
(7) C. et L., omettent.
(8) C. et L., Cellarium.
(9) C. et L., Querquefolium.
(10) C. et L., LX sol.
(11) C. et L., Goulena.
(12) C. et L., Radegondem de Goulena.
(13) C. et L., III libr.
(14) C. et L., Heulin.
(15) C. et L., Celsum.

Bruferiam [1] (*La Bruffière*)	VI libr.
Cugant (*Cugand*)	X libr.
Gestine [2] (*Gestigné*)	IV libr.
Teylliere [3] (*Tilliers*)	VI libr.
Moudillon (*Mouzillon*)	VII libr.
Gorges (*Gorges*)	X libr.
Mosneres [4] (*Monnières*)	X libr.
Maydon (*Maisdon*)	C sol.
Castrum Theobaldi (*Châteauthébaud*)	XII libr.
Le Bugnon (*Le Bignon*)	IV libr.
Pontem S. Martini (*Pont-Saint-Martin*)	LX sol.
S. Anianum (*Saint-Aignan*)	XL sol.
S. Leodegarium (*Saint-Léger*)	C sol.
S. Crespinum [5] (*Saint-Crespin*)	LX sol. [6]
S. Johannem de Boguenesio [7] (*Saint-Jean-de-Boiseau*)	XL sol.
Peregrinum (*Le Pellerin*)	XL sol.
Valez [8], pro duobus personatibus (*Vallet*)...	IV libr.
S. Luminem [9] (*Sainte-Lumine-de-Clisson*)....	IV libr.
Acrifolium [10] (*Aigrefeuille*)	XL sol.
Remolle [11] (*Remouillé*)	XL sol.
Montebert (*Montbert*)	XL sol.
Cheys [12] (*Cheix*)	IV libr.
S. Hilarium de Nemore (*St-Hilaire-des-Bois*).	LX sol.
Veterem Vineam (*Vieillevigne*)	XVI libr.
Pacay (*Passay*)	X libr.
Brent (*Brains*)	IV libr. [13]
Veuz (*Vue*)	XII libr.
S. Petrum de Boguenesio [14] (*Bouguenais*)......	XV libr.
Rezayum [15] (*Rezé*)	XII libr.

(1) C., Brufferian.
(2) C. et L., Gestigné.
(3) C. et L., Taillieres.
(4) C. et L., Monsnières.
(5) C. et L., Crispinum.
(6) C. et L., XL sol.
(7) C. et L. Bouguenaisio.
(8) C. et L., Valeti.
(9) C. et L., Lumine.
(10) C. et L., Agrifolium.
(11) C. et L., Remouille.
(12) C. et L., Cheix.
(13) C. et L. omettent.
(14) C. et L., Bouguenaisio.
(15) C. et L., Resayum.

IN DECANATU RADESIARUM

S. Medardum (*Saint-Mars-de-Coutais*)............ XV libr.
S. Leobinium (*Sainte-Lumine-de-Coutais*)....... X libr.
La Lemoziniere (*La Limousinière*)................ XII libr. (1)
S. Columbanum (*Saint-Colombin*)................ VIII libr.
Tobaye (2) (*Tourois*) .... X libr.
S. Stephanum de Malamorte (*Saint-Etienne-de-Mer-Morte*) .... IV libr.
Paus (3) (*Paulx*) .... LX sol.
S. Maximum (*Saint-Même*)......................... LX sol.
S. Crucem de Machecolio (*Sainte-Croix, à Machecoul*) .... XIII libr.
S. Trinitatem de Machecolio (4) (*La Trinité, à Machecoul*) .... XIII libr.
Fresneyum (5) (*Fresnay*) .... X libr.
S. Ciricum (*Saint-Cyr-en-Retz*)................... XXX libr.
S. Piscinam (*Sainte-Pazanne*)...................... XV libr. (6)
S. Hilarium (*Saint-Hilaire-de-Chaléons*)......... XV libr.
Roant (7) (*Rouans*) .... IV libr.
Arton (*Arthon*) .... VIII libr.
Burgum Monasteriorum (*Les Moustiers*)........ VIII libr.
Boyng (8) (*Bouin*) .... XXV libr.
S. Michaelem de Chevecher (9) (*Saint-Michel-Chefchef*) .... X libr.
S. Brevenum (10) (*Saint-Brevin*)..................... LX sol.
S. Vitalem (*Saint-Viaud*)............................. XL sol. (11)
Froceyum (12) (*Frossay*) .... XXV libr.
S. Petrum Radesiarum (13) (*Saint-Père-en-Retz*) XIII libr.
S. Opportunam (*Sainte-Opportune-en-Retz*).... VII libr.

(1) C. et L., Limozinière XV libr.
(2) C. et L., Toraye.
(3) C. et L., Paux.
(4) C. et L., mettent ejusdem loci.
(5) C. et L., Fresnayum qui est placé après S. Ciricum.
(6) C. et L., Picinam XI. libr.
(7) C. et L., Rouand.
(8) C. et L., Boign.
(9) C. et L., Chevecier.
(10) C. et L., Brevennum.
(11) C. et L., LX sol.
(12) C. et L., Ffroczaium.
(13) C. et L., Radeziarum.

S. Philibertum[1] (*Saint-Philbert-de-Grandlieu*) XL sol.
Corcoé[2] (*Corcoué*) .... XL sol.
Le Clion (*Le Clion*).. X libr.
La Plene[3] (*La Plaine*).................................. C sol.
Chauvay (*Chauvé*) .... LX sol.

IN DECANATU ROCHEBERNARDI[4]

S. Similianum (*Saint-Similien, à Nantes*)........ X libr.
S. Nicholaum[5] (*Saint-Nicolas, à Nantes*)...... X libr.
S. Hermelandum prope Coyron (*St-Herblain*). X libr.
Coyron[6] (*Couëron*) .... XL libr.
[f° 206 v°] S. Stephanum de Monteluci ‖ (*Saint-Etienne-de-Montluc*) .... VIII libr.
Cordemes[7] (*Cordemais*) .... C sol.
Mallam Villam (*Malville*).............................. X libr.
Savenayum[8] (*Savenay*) .... XX libr.
Lavau (*Lavau*) .... XV libr.
Plenqueau (*Prinquiau*) .... XL sol.
Donge[9] (*Donges*) .... X libr.
Montoyer[10] (*Montoir*) .... X libr.
Pehereac[11] (*Piriac*) .... VIII libr.
Acerac[12] (*Assérac*) .... XII libr.
Camoel[13] (*Camoël*) .... XL libr.
Hyrbignac[14] (*Herbignac*) pro patronatu episcopi .... XV libr.
et pro patronatu abbatis[15] S. Gildasii (*Saint-Gildas-des-Bois*) .... VII libr.
S. Liphardum[16] (*Saint-Lyphard*)................... VI libr.

(1) C. et L., Philbertum.
(2) C. et L., Corcoué.
(3) C. et L., Pleine.
(4) C. et L., Rochebernard.
(5) C. et L., Nicolaum.
(6) C. et L., Coueron.
(7) C. et L., Cordemays.
(8) C. et L., Savenaium.
(9) C. et L., Donges.
(10) C. et L., Monthouer.
(11) C. et L., Pereac.
(12) C. et L., Asserac.
(13) C. et L., Camoil.
(14) C. et L., Herbignac.
(15) C. et L., abb.
(16) C. et L., Lyphardum.

Pontem Castri (*Pontchâteau*)	X libr.
Mersillac [1] (*Missillac*)	X libr.
S. Elvodium [2] (*Saint-Dolay*)	XX libr.
Niviliac [3] (*Nivillac*)	XX libr.
Severac (*Sévérac*)	IV libr.
Guenrel (*Guenrouet*)	VIII libr. [4]
Plesse (*Plessé*)	XX libr.
Fegreac (*Fégréac*)	X libr.
Blen (*Blain*)	X libr.
Quirli [5] (*Quilly*)	XL sol.
Boveron [6] (*Bourron*)	XX libr.
Vigno [7] (*Vigneux*)	C sol.
Orvaul [8] (*Orvault*)	LX sol.
Chantenay (*Chantenay-sur-Loire*)	XL sol.
Capellam de Alneto (*La Chapelle-Launay*)	XL sol.
S. Nazarium (*Saint-Nazaire*)	XX libr.
Escoblac [9] (*Escoublac*)	XL sol.
S. Andream (*Saint-André-des-Eaux*)	XX libr.
Baz (*Batz*)	XX sol.
Croacae [10] (*Crossac*)	XL sol.
Fay (*Fay*)	C sol.

IN DECANATU CASTRI BRIENTII

Grandum [11] campum (*Grandchamp*)	XII libr.
Castrum Brientii [12] (*Châteaubriant*)	XV libr. [13]
Maydon [14] (*Moisdon*)	XX libr.
Saffré (*Saffré*)	VIII libr.
Coneruz [15] (*Conquereuil*)	IV libr.

(1) C. et L., Meizillac.
(2) C. et L., Elmodium.
(3) C. et L., Nivillac.
(4) C. et L., VII libr.
(5) C. et L., Quilly.
(6) C. et L., Bouvron.
(7) C. et L., Vigneu.
(8) C. et L., Orvault.
(9) C. et L., Escoublac.
(10) C. et L., Croysiac.
(11) L., Grandem.
(12) C. et L., Briense.
(13) C. et L., XII libr.
(14) C. et L., Moisdon.
(15) C. et L., Concreux.

Pierric [1] (*Pierric*) .... X libr.
Roffigne [2] (*Ruffigné*) .... XL sol.
S. Albinum (*Saint-Aubin-des-Châteaux*)......... XII libr.
Nozeyum [3] (*Nozay*) .... XII libr.
Auvregne [4] (*Auverné*) .... XX libr.
Ryalle [5] (*Riaillé*) .... X libr.
Dervau [6] (*Derval*) .... VI libr.
Voantes [7] (*Saint-Julien-de-Vouvantes*) .... XL sol.
Fougere [8] (*Fougeray*) .... L sol.
Guemene (*Guémené-Penfao*) .... XXX libr.[9]
Pucol [10] (*Puceul*) .... C sol.
Abbarez [11] (*Abbaretz*) .... XII libr.
S. Vincentium (*Saint-Vincent-des-Landes*)...... VI libr.
Eveyum [12] (*Vay*) .... XII libr.
Jans (*Jans*) .... VIII libr.
Aveeac (*Avessac*) .... XV libr.
Rogé (*Rougé*) .... XV libr.
Soudan (*Soudan*) .... VIII libr.[13]
Suce [14] (*Sucé*) .... C sol.
Syon [15] (*Sion*) .... C sol.
Yce [16] (*Issé*) .... C sol.
Ilyheric [17] (*Iléric*) .... LX sol.
Arbray [18] (*Erbray*) .... C sol.
Veriz [19] (*Vritz*) .... LX sol.
Capellam super Herdam (*La Chapelle-sur-Erdre*) .... XL sol.
Capellam Glen (*La Chapelle-Glain*)............... XL sol.
Le Pin (*Le Pin*).. XL sol.

(1) C. et L., Pierie.
(2) C. et L., Rouffigné.
(3) C. et L., Nozayum.
(4) C. et L., Auvrené.
(5) C. et L., Riaillé.
(6) C. et L., Derval.
(7) C. et L., Vouvantes.
(8) C. et L., Fougeray. L sol.
(9) C. et L., XX libr.
(10) C. et L., Puceul.
(11) C. et L., Abbaretz.
(12) C. et L., Eveum.
(13) C. et L., VII libr.
(14) C. et L., Succe.
(15) C. et L., Soyon.
(16) C. et L., Issé.
(17) C. et L., Iliberic.
(18) C. et L., Arbré.
(19) C. et L., Vrix.

In cujus rei testimonium et munimen presentibus litteris sigillum nostrum unacum sigillo[1] capituli nostri duximus apponendum. Datum et[2] actum mense Januarii anno Domini millesimo ducentesimo octogesimo[3] septimo. Obordinus. Nulli ergo etc... nostre confirmationis, communitionis et suppletionis infringere. Datum Massilie apud Sanctum Victorem, VIII idus Julii anno decimo. Expeditum idibus junii, anno undecimo.

XXI

Transaction passée entre Girard V Chabot, sire de Retz, et Robert Paynel, évêque de Nantes, au sujet du rachat d'une rente de soixante livres tournois.

(1358-1363)

En 1289, Girard IV Chabot, seigneur de Retz, vendit à l'évêque Durand de Nantes une rente annuelle et perpétuelle de soixante livres tournois qu'il constitua sur son domaine[4]. Quand plus tard il voulut la racheter, Daniel Vigier s'y refusa complètement. Son fils[5], placé sous la tutelle de Raoul de Machecoul, doyen puis évêque d'Angers[6], trouva le moyen d'en obtenir le remboursement : à l'évêque Robert Paynel[7], qui se plaignait de n'avoir pas été payé, il répondit que l'acquêt de Durand était nul et que, si jamais il avait été consenti par son père, il n'avait plus aucune valeur. Après de

(1) C. et L., sigillis.
(2) C. et L., ac.
(3) C. et L., octuagesimo.
(4) Travers, *Histoire de la ville et du comté de Nantes*, t. I, p. 433.
(5) Cfr. sur Girard V Chabot (1344-1371). R. Blanchard, *Cartulaires des sires de Rays (1160-1449)*, dans les *Archives historiques du Poitou*, t. XXVIII (1898), p. XCVIII.
(6) C. Eubel, *Hierarchia catholica Medii Ævi*, t. I, p. 88.
(7) (1354-1366); Eubel, *op. cit.*, p. 372.

longs pourparlers et de violentes contestations de part et d'autre, l'on en vint à un accommodement : le 7 mars 1358 (nouveau style), dans la chapelle Notre-Dame [1], à Saint-Philbert-de-Grandlieu, en présence de Thibaud de Rochefort, vicomte de Donges, de Guillaume Robert, trésorier, et Jean de Crozill, chanoine de la cathédrale de Nantes, de l'official Jean Viramont, de Guillaume Uran, chanoine de la collégiale Notre-Dame, de Roland Leroux et d'un grand nombre de notabilités, une transaction fut passée entre le curateur du sire de Retz et Robert Paynel. Girard V Chabôt s'engagea à verser 1,200 florins d'or au coin de France, en rachat d'autres rentes qui seraient reconstituées au profit de l'évêque, de la mense et du chapitre de la cathédrale de Nantes. La seule réserve apportée à cet accord était que le Saint-Siège et le chapitre seraient sollicités d'accorder leur consentement et que les frais des formalités nécessaires en pareil cas incomberaient à Robert Paynel. Lorsque les conditions requises par Gérard seraient remplies, alors seulement les 1,200 florins seraient payés de la manière suivante : 400 au début, et les 800 autres aux deux solennités de Noël qui suivraient le premier versement. Avec le consentement du pape et du chapitre, l'évêque de Nantes accepterait aussi une somme de 100 florins en dédommagement des arriérés qu'il réclamait, des frais et des pertes d'intérêt que le mauvais vouloir de Girard lui avait occasionnés.

Soumise à l'approbation d'Innocent VI, la transaction du 7 mars 1358 fut agréée le 26 avril 1361 [2]. Aux clauses qu'elle contenait déjà, le pape ajouta celle-ci : les 1,200 florins seraient déposés en lieu sûr sous la garde de deux ecclésiastiques,

(1) La chapelle Notre-Dame, située dans le cimetière actuel de Saint-Philbert, a été démolie et remplacée par un oratoire privé (Communication de M. Léon Maître).

(2) Innocent VI semble être revenu sur sa décision du 26 avril, car dans l'instrument du 28 décembre 1361, inclus à la bulle d'Urbain V, les intéressés supplient le pape de sanctionner de son autorité la transaction de 1358, lui proposent de confier une enquête à des notables au sujet de l'utilité de cette transaction et protestent de la réalité des avantages qu'elle présente pour l'église de Nantes (Voyez *infra*, p. 153).

nommés l'un par l'évêque de Nantes, l'autre par le chapitre de l'église cathédrale, et cela jusques à ce qu'au prorata de la somme disponible l'on eût racheté des rentes.

Pour des raisons qui nous échappent, l'expédition des lettres de confirmation fut ajournée, puis rendue impossible par la mort du pape qui eut lieu le 12 septembre 1362. Mais, pour obvier à ce retard, Urbain V approuva les décisions de son prédécesseur et donna à son vidimus force de loi à partir du 26 avril 1361.

PIÈCE JUSTIFICATIVE

Urbain V vidime une bulle d'Innocent VI confirmant les accords conclus entre Girard V Chabot et l'évêque de Nantes, Robert Paynel. — Avignon, 8 novembre 1363 (1).

(*Reg. Avinion.* 155, f. 538 r°.)

Urbanus episcopus servus servorum Dei. Ad perpetuam rei memoriam. Rationi congruit et convenit equitati ut ea que de Romani Pontificis gratia processerunt, licet ejus superveniente obitu littere apostolice confecte non fuerint, super illis suum consequantur effectum. Olim siquidem pro parte venerabilis fratris nostri Roberti, episcopi Nannetensis, felicis recordationis Innocentio Pape VI, predecessori nostro, exposito quod, cum dudum inter ipsum episcopum et dilectum filium nobilem virum Gerardum, dominum loci Radesiarum, Nannetensis diocesis, super sexaginta libris turonensium parvorum auri et perpetui redditus, in quibus episcopus dictum nobilem sibi et mense sue episcopali teneri dicebat, Gerardus vero predicti contrarium asserebat, orta fuisset materia ques-

(1) C'est cette date qui vraisemblablement doit être restituée, quoique la bulle soit donnée le 6 des ides de novembre « anno primo », c'est-à-dire 1362, car elle vidime un acte fait à Nantes le 1er juin 1363.

tionis, demum inter episcopum et Gerardum predictos talis transactio et amicabilis concordia intervenit quod dictus Gerardus predicto episcopo Nannetensi pro omni jure, quod episcopo, ecclesie et mense predictis ac ejusdem episcopi successoribus, de et super premissis, et eorum occasione competebat et competere poterat in futurum, mille ducentos florenos auri ad scutum de cuno carissimi in Christo filii nostri Johannis, regis Francorum illustris, convertendos in emptionem et acquisitionem aliorum reddituum et proventuum pro episcopo, ecclesia et mensa predictis certis terminis tunc expressis, dummodo ad id ejusdem predecessoris auctoritas et assensus, et dilectorum filiorum capituli ejusdem ecclesie consensus accederent, quos quidem auctoritatem et consensum dictus episcopus tenebatur suis sumptibus procurare, dare et solvere deberet et teneretur, quodque prefati capitulum hujusmodi transactioni et concordie suum consensum prestiterant, prout in quibusdam instrumento publico et litteris eorumdem capituli inde confectis, episcopi et capituli predictorum sigillis munitis, quorum tenores de verbo ad verbum dictus predecessor suis litteris, si super hiis confecte fuissent, voluit annotari, nosque presentibus inseri fecimus, ut plenius continetur, ac humiliter supplicato eidem predecessori, ut, cum pro hujusmodi florenorum summa majores et commodiores proventus reperiri et acquiri possent, transactionem et concordiam hujusmodi confirmare ac omnem defectum, si quis forsan intervenisset in premissis, supplere de benignitate apostolica dignaremur, idem predecessor, premissis, et aliis causis, et utilitatibus in eodem instrumento insertis diligenter attentis, hujusmodi supplicationibus inclinatus, concordiam et transactionem hujusmodi ratas habens et gratas illas, videlicet VI kalendas maii, pontificatus sui anno nono, auctoritate apostolica ex certa scientia confirmavit ac supplevit omnem defectum, si quis intervenisset forsitan in eisdem. Verum, ne pro eo quod super hujusmodi confirmatione littere apostolice ipsius predecessoris, superveniente obitu, confecte minime extiterint, ipsius confirmationis dictus episcopus frustretur effectu, volumus et apostolica auctoritale decernimus quod hujusmodi confirmatio a predicta die, videlicet VI kalendas maii, perinde sortiatur effectum ac si super ea ejusdem predecessoris littere sub ejusdem diei data confecte fuissent, prout superius enarratur, quodque presentes littere ad probandum plene confirmationem antedictam ubique sufficiant nec ad id probationis alterius adminiculum requiratur. Volumus autem, prout etiam idem predecessor voluit, quod prefati mille ducenti floreni ad scutum per dictum Gerardum persolvendi penes duas ecclesiasticas personas ydoneas, quarum una per episcopum, altera vero per capitulum predictos eligantur, in loco tuto deponantur, et tam diu sub fida custodia conserventur, donec tot vel plures redditus de hujusmodi mille ducentis florenis per ipsum episcopum empti fuerint in feudo episcopi et ecclesie Nannetensis predictorum. Tenores autem dictorum instrumenti et litterarum eorumdem capituli tales sunt.

In nomine Domini Amen. Universis tenore presentis instrumenti publici pateat evidenter quod anno ejusdem Domini millesimo trecentesimo quinquagesimo septimo secundum usum computationis ecclesie Gallicane[1], indictione undecima, mensis martii die septima, pontificatus sanctissimi in Christo patris et domini nostri, domini Innocentii, divina providentia Pape VI anno sexto, [538 v°] in mei notarii publici et testium infrascriptorum presentia propter infrascripta personaliter constituti, Reverendus in Christo pater et dominus, dominus Robertus, Dei et apostolice sedis gratia Nannetensis episcopus, ex parte una, ac Gerardus dominus Radesiarum, reverendus pater dominus Radulphus, Andegavensis episcopus, dicti Gerardi, terreque et rerum suarum, ut dicebatur, custos et gubernator, ex alia, super lite et questionis materia, que inter partes ipsas sperabantur oriri pro eo et ex eo videlicet quod dictus Reverendus pater dominus Nannetensis episcopus, nomine et ratione ecclesie ac mense sue episcopalis Nannetensis, a dicto Gerardo domino Radesiarum petebat

(1) C'est-à-dire le style de Pâques; par conséquent l'instrument doit être daté de 1358, année avec laquelle correspondent le chiffre de l'indiction et l'année du pontificat d'Innocent VI.

sexaginta libras annui et perpetui redditus, dudum per predecessorem suum a predecessore dicti Gerardi emptos et acquisitos, una cum pluribus arreragiis redditus antedicti, parte dicti Gerardi in contrarium asserente venditionem et emptionem predictas, si que fuerint, pluribus causis et rationibus non tenuisse neque valere, et ad solutionem hujusmodi redditus seu quorumcumque arreragiorum ejusdem non teneri; partes ipse, deliberatione et tractatu maturis et diligentibus hinc inde prehabitis super premissis, ad pacis concordiam devenerunt, concordarunt et transegerunt in hunc modum ita ut videlicet, quod dictus Gerardus, dominus Radesiarum, dicto domino Nannetensi episcopo pro se et suis successoribus, ac ecclesia et mensa sua Nannetensibus stipulante et recipiente, convenit, promittit ac tenetur pro omni jure quod episcopo, ecclesie et mense predictis et suis successoribus compelere poterat, potuit et posset in futurum, de et super premissis et eorum occasione dare et solvere mille ducentos florenos auri ad scutum de cugnio domini Johannis, regis Francorum, exponendi et convertendi in emptionem et acquisitionem aliorum redditnum et proventuum pro domino episcopo, ecclesia et mensa predictis, dummodo Sanctissimi in Christo patris et domini nostri, domini summi pontificis, ad id accedat auctoritas et assensus, et consensus venerabilis capituli Nannetensis, quos quidem auctoritatem, assensum et consensum tenetur et teneri voluit dictus dominus Nannetensis episcopus suis propriis sumptibus procurare, et quibus procuratis et obtentis idem Gerardus solvat et solvere tenetur dicto domino Nannetensi episcopo absque quacumque dilatione de et super summa florenorum auri predicta quatorcentum florenos auri ad scutum de cugno predicto, quator centum florenos ad scutum ejusdem cugnii in festo Nativitatis Beate Marie Virginis proximo sequenti ab inde, et ceteros quatorcentum florenos auri ad scutum de cugno supradicto in alio festo Nativitatis Beate Marie Virginis proximo ab inde sequenti; pro arreragiis vero, expensis et interesse que petere posset et poterat dictus Reverendus pater dominus Nannetensis episcopus a Gerardo memorato, idem Gerardus solvet et solvere tenetur dicto Reverendo centum florenos auri ad scutum de cugno predicto prefatis auctoritate, assensu et consensu prius procuratis et obtentis, prout superius est divisum, dicto Gerardo, premissis prius, ut premittitur, adimpletis, tunc remanente erga dictum Reverendum patrem et ejus successores, de et super premissis omnibus, et singulis et ea tangentibus quito, libero et immuni, ac penitus absoluto; de et super quibus, sicut premittitur, actis dicte partes petierunt a me notario publico infrascripto sibi fieri et confici cujuslibet ipsarum partium unum vel plura ejusdem subinde publicum vel publica instrumenta. Acta fuerunt hec apud Sanctum Philibertum de Grandilacu, Nannetensis diocesis, in quadam capella Beate Marie ibidem existenti, sub anno, indictione, mense, die et pontificatu predictis, hora quasi tertia diei supradicte, presentibus ad hoc nobili et potenti viro, domino Theobaldo, domino de Ruppeforti, viris venerabilibus et discretis magistris Guillelmo Roberti, thesaurario, ac Johanne de Croezill, canonico ecclesie Nannetensis, Johanne Viramunt officiali Nannetensi, Guillelmo Ulran, presbytero, canonico ejusdem ecclesie Beate Marie Nannetensis, Rollando Rufti ac proborum et discretorum virorum aliorum, tam nobilium quam clericorum, ad hoc ibidem congregatorum, multitudine copiosa, testibus ad premissa vocatis specialiter et rogatis. Et ego Petrus Dorenge, clericus Nannetensis diocesis, publicus imperiali auctoritate notarius, premissis omnibus et singulis modo et forma quibus supraactis, dum agerentur et fierent, prout superius est divisum, una cum prenominatis testibus presens fui, hocque publicum instrumentum exinde confectum manu propria scripsi et signo meo solito signavi Rogatus in testimonium veritatis.

Universis presentes litteras inspecturis et audituris.. officialis.. archidiaconus Nannetensis, salutem in Domino, notum facimus quod Petrus Dorenge, clericus Nannetensis diocesis, est et reputatur notorie esse notarius publicus auctoritate imperiali quodque ad ipsum tanquam [f. 589 r°] ad personam publicam recurritur pro instrumentis publicis conficiendis et grossandis in civitate et diocesi Nannetensibus, et insuper certificamus quod signum et subscriptio quibus instrumentum publicum, cui presentes sunt annexe, est roboratum, sunt signum et subscriptio ipsius Petri Dorenge, prout ex ipsius Petri relatione et aliorum plurimorum depositione fidedignorum super hoc per nos receptorum, juratorum et diligenter examinatorum nobis extitit plena facta fides de et super omnibus et singulis supradictis. Datum et actum Nannetis in curia nostra, in presentia notariorum publicorum et testium infrascriptorum, prima die mensis junii, anno Domini millesimo trecentesimo sexagesimo tertio, indictione prima, pontificatus sanctissimi in Christo Patris et Domini nostri domini Urbani divina providentia pape quinti anno primo, presentibus ad hec venerabilibus viris magistro Reginaldo Barbitonsoris, canonico Nannetensi, Nicolao Hautboys, rectore ecclesie sancti Medardi de Deserto, Nannetensis diocesis, Amone Coquet, clerico curie nostre, jurato notario et pluribus aliis vocatis testibus et rogatis. Et ego Yvo Graloni, clericus Corisopitensis diocesis, publicus auctoritate apostolica notarius, premissis, dum fierent, una cum notario publico infra et testibus suprascriptis presens interfui et hinc publico instrumento exinde confecto, licet per alium scripto, me certa alia occupato, signum meum requisitus apposui consuetum, et ego Johannes Tabernarii, presbyter Nannetensis, publicus apostolica et imperiali auctoritate notarius, premissis dum, ut premittitur, agerentur, una cum prenominatis testibus et notario publico suprascriptis me subscribens, signum meum apposui consuetum, super hoc requisitus.

Universis presentes litteras inspecturis, Robertus episcopus, ac decanus et capitulum ecclesie Nannetensis, et Gerardus dominus Radesiarum, salutem in omnium actore. Cum inter nos episcopum et Gerardum memoratos super et pro eo quod nos, episcopus prefatus, nomine et ratione ecclesie et mense nostre episcopalis Nannetensis, a dicto Gerardo petebamus sexaginta libras annui et perpetui redditus, dudum per predecessorem nostrum a predecessoribus dicti Gerardi emptas et acquisitas, nosque Gerardus predictus emptionem hujusmodi, si facta fuerat, non tenuisse nosque ad dissolutionem redditus non teneri multis rationibus, per nos tunc expressis, asserebamus, et predictorum occasione orta esset seu oriri speraretur materia questionis, tandem cum deliberatione, consilio et assensu decani et capituli predictorum et multorum aliorum nobilium et peritorum virorum, de et super premissis ad pacem et concordiam devenimus et componimus in hunc modum, videlicet quod nos, Gerardus predictus, dicto domino episcopo, pro se et suis successoribus, et ecclesia ac mensa sua Nannetensi stipulanti et recipienti, convenimus, et permittimus et tenemus pro omni jure quod episcopo, ecclesie, et mense et suis successoribus competere poterat, potuit et posset in futurum de et super premissis, et eorum occasione dare et solvere mille ducentos florenos auri ad scutum de cugno domini Regis Francorum moderni, exponendos et convertendos in emptionem et acquisitionem aliorum proventuum pro ecclesia et mensa predictis, et nos, episcopus predictus, super hoc cum capitulo nostro deliberationibus et tractatibus pluribus et solemnibus prehabitis, ecclesie et mense predictarum evidenti utilitate pensata, compositionem hujusmodi attendentes fore ecclesie et mense predictis ac nobis utilem, nosque posse majores et accommodiores proventus reperire et acquirere pro ecclesia et mensa predictis, ac pro nobis et successoribus nostris, de et pro quantitate predicta dictum Gerardum et quoscumque suos successores et heredes, aut eorum bona presentia et futura, dando et solvendo nobis quantitatem predictam, absolvimus, liberamus penitus, et quittamus et pactum facimus de ulterius non petendo, et quantitatem predictam in et ad utilitatem ecclesie, mense et successorum predictorum exponere in emptionem et acquisitionem aliorum et utiliorum proventuum et emolumentorum perpetuorum promittimus, et ad predicta omnia et singula tenenda et complenda, et contra ea non veniendo obligavimus nos, ecclesiam et successores nostros in eadem, dummodo sanctissimi in Christo patris et domini nostri domini Innocentii divina providentia pape VI ad id accedat auctoritas et assensus, cui humiliter supplicamus quatinus predicta dignetur grata et rata habere, et confirmare, et decernere perpetuo valitura, et supplere omnem deffectum, si quis intervenerit [f. 59 v°] in predictis, de apostolice plenitudine potestatis, vel saltim committere alicui vel aliquibus probis viris vel viro in partibus, qui de et super premissis plene se informet, et quod habita informatione hujusmodi dictam compositionem, si eam invenerint seu invenerit fore utilem ecclesie Nannetensi, confirment seu confirmet, et cum suppletionem predictam et alia faciant seu faciat que in supplicatione super hoc facta continentur et que circa premissa necessaria fuerint et etiam oportuna, et nos, decanus et capitulum supradicti attendentes multis considerationibus, de quibus sumus plenissime informati et qui tractatibus et deliberationibus supradictis interfuimus, compositionem predictam esse veraciter ecclesie, ac mense et episcopo predictis multum utilem et commodam, predictis omnibus et singulis consensimus et consentimus, ad premissa facienda nostros prebuimus et prebemus consilium et assensum, et in premissorum testimonium, nos episcopus et capitulum predicti sigilla nostra duximus presentibus apponenda. Datum et actum Nannetis, XXVIIJ die mensis decembris, anno ab Incarnatione Nativitatis Domini millesimo trecentesimo sexagesimo primo secundum usum ecclesie Gallicane. Nulli ergo etc. nostre voluntatis et constitutionis infringere etc. Datum Avenione, VI idus novembris, pontificatus nostri anno primo.

XXII

Constitution de Grégoire XI par laquelle les clercs qui auront reçu du Saint-Siège l'expectative d'une des deux chapellenies principales de la cathédrale de Nantes ou obtenu d'en être pourvus, ne pourront pas prendre possession, à moins que leurs bulles ne contiennent une mention spéciale et expresse. — Avignon, 21 décembre 1373.

(*Reg. Avinion.* 191, f. 436 v°.)

Ad perpetuam rei memoriam. Hiisque ecclesiarum et ecclesiasticorum beneficiorum prosperum... Exhibita siquidem nobis nuper, pro parte dilectorum filiorum decani et capituli ecclesie Nannetensis, petitio continebat quod in eadem ecclesia inter ceteras due sunt cappellanie perpetue, que principales, alias magistrales, nuncupantur, et illi qui cappellanias ipsas pro tempore obtinent, secundum statuta et consuetudines ipsius ecclesie, per juramentum sunt astricti ad residendum continue, personaliter, apud ecclesiam antedictam, et omnibus horis canonicis in choro ejusdem ecclesie interesse, ac alternis septimanis missas cum voce in ipsa ecclesia diebus singulis celebrare, et quod a presentia et discretione personarum, que predictas duas cappellanias pro tempore obtinent, multum dependet circa divinum cultum status ecclesie predicte, quodque ad hujusmodi capellanias, secundum statuta et consuetudines hujusmodi, per dictos decanum et capitulum consueverunt assumi persone ydonee et per longa tempora in divinis officiis in choro dicte ecclesie exercitate. Cum autem, sicut eadem petitio subjungebat, interdum contingat quod hujusmodi cappellani per personas in divinis officiis secundum morem dicte ecclesie expertas, et quodque minus sufficienter ad serviendum eisdem cappellaniis vigore litterarum apostolicarum, per quas persone ipse beneficia ecclesiastica cum cura vel sine cura ad collationem vel provisionem, presentationem seu quamvis aliam dispositionem dictorum decani et capituli communiter vel divisim pertinentia expectant, acceptentur vel alias a sede apostolica impetrentur, ac personis ipsis vigore dictarum litterarum de eisdem cappellaniis provideatur, et propterea ecclesia ipsa circa cultum divinum detrimentum plurimum patiatur, pro parte ipsorum decani et capituli fuit nobis humiliter supplicatum ut providere super premissis statui prefate ecclesie de benignitate apostolica dignaremur. Nos... auctoritate apostolica tenore presentium statuimus et etiam ordinamus quod predicte cappellanie seu earum aliqua per expectantes seu impetrantes hujusmodi, vigore quarumcumque litterarum apostolicarum eis sub quacumque vel expressione verborum jam concessarum vel imposterum concedendarum, nequeant acceptari, nec expectantes vel impetrantes hujusmodi possint de illis sibi facere provideri, districtius inhibentes quibusvis aliis communiter vel divisim, ne contra ordinationem et statutum nostra hujusmodi, nisi de ipsis ordinatione ac statuto, ac omnibus hujusmodi cappellaniis incumbentibus, in prefatis litteris specialis et expressa, ac de verbo ad verbum, mentio habeatur, aliasque attemptari presumant, ac decernentes exnunc irritum et inane quodcumque in contrarium a quoquam, quavis auctoritate, scienter vel ignoranter, contigerit attemptari. Nulli ergo... Datum Avenione, XII kalendas januarii, anno tertio.

XXIII

Une cabale à l'abbaye de Saint-Sulpice-des-Bois (1)

(1321-1322)

Selon une ancienne coutume observée à l'abbaye bénédictine de Saint-Sulpice-des-Bois, au diocèse de Rennes, quand

(1) Cfr. De Corson, *Pouillé...*, t. II, 301-311, et *Gallia Christiana*, t. XIV, col. 780.

elles le jugeaient utile et surtout après avoir pris l'avis de leur couvent, les abbesses administraient leur monastère de concert avec celles de leurs religieuses qui leur agréaient. Ces sortes de coadjutrices étaient révocables à volonté. Certaines abbesses s'étaient même choisi des aides parmi les moines d'âge vénérable qui habitaient le monastère d'hommes, soumis à leur juridiction et situé non loin de Saint-Sulpice. Elles se passaient également au gré de leur bon plaisir des services de ces auxiliaires.

Sous le gouvernement de Perrone des Granges, des frères condonats [1] et des religieuses, ligués ensemble dans le même but, l'empêchèrent d'administrer son abbaye au spirituel et au temporel et commirent à ce soin de jeunes moines qui, non sans danger et non sans scandale, s'entretenaient en raison de leur charge avec des sœurs également jeunes. Sur les instances de Perrone, auxquelles se joignirent celles du roi de France et du duc de Bretagne, Jean XXII résolut de mettre ordre à ce déplorable état de choses et pria l'évêque de Nantes et l'abbé de Saint-Florent de Saumur d'instruire une enquête en forme sommaire, d'appliquer les réformes nécessaires de plein droit et sans appel et d'imposer celles-ci en recourant au bras séculier, si besoin en était. Permission leur était donnée de passer outre aux règlements contraires qu'avait dressés l'évêque de Rennes [2], un an et demi auparavant, sans avoir ni sollicité ni obtenu l'assentiment du chapitre de la cathédrale de Rennes ni celui du couvent [3].

Par une autre lettre [4], le pape informa ses mandataires de

(1) C'est-à-dire les profès ainsi qu'il ressort d'une bulle de Jean XXII, éditée par Dom Morice (*Histoire de Bretagne, Preuves*, t. I, col. 1355), où on lit ces mots : « fratribus professis dumtaxat condonatis vulgariter appellatis. »

(2) Alain de Châteaugiron (1311-1327); cfr. C. Eubel, *Hierarchia...*, t. I, p. 437. — Une clause d'une bulle de Clément VI (24 mai 1349) délimite ainsi les droits de l'évêque de Rennes sur Saint-Sulpice : « *per hoc venerabili fratri nostro.. episcopo Redonensi, cui dictum monasterium Sancti Sulpitii ordinario jure subesse dinoscitur, nullum imposterum prejudicium generetur.* » *Reg. Vat.* 198, f. 43 v°, ep. 10.

(3) G. Mollat, *Lettres communes de Jean XXII*, t. III, p. 253, n. 13064 (bulle du 2 mars 1321).

(4) *Op. cit.*, n. 13063 (même date) et Bibliothèque nationale, mss. français 22325, p. 212 (copie partielle).

la situation précaire dans laquelle se trouvait le monastère de Saint-Sulpice par suite de la mauvaise administration des abbesses. Tandis que le budget était en déficit et que les dettes s'accumulaient, condonats et nonnes jouissaient de bonnes rentes et possédaient des biens meubles qu'ils s'étaient appropriés indûment aux dépens de la mense abbatiale. En conséquence, le pape ordonnait, si l'enquête était favorable à Perrone, de faire rendre gorge aux délinquants et de les contraindre à venir en aide à leur abbesse. A celle-ci, de plus, appartiendrait le droit de commuer les vœux émis par les religieuses en subsides propres à éteindre les dettes de la communauté.

L'évêque de Nantes se trouvant momentanément à la cour pontificale, l'abbé de Saint-Florent de Saumur veilla seul à l'exécution du mandat qui lui avait été départi et cita à comparaître devant lui les prieurs de tous les membres de Saint-Sulpice, les moines, les sœurs et les autres gens qu'il jugea opportun de convoquer, soit personnellement, soit par procureur. Mais les uns et les autres révoquèrent en doute ses pouvoirs et portèrent appel au Saint-Siège : ce que voyant, l'abbé leur signifia un délai dans lequel leurs procureurs auraient à se présenter en cour d'Avignon, munis de toutes les pièces indispensables à la solution de l'affaire.

Au lieu de déférer à l'appel qu'ils avaient interjeté, prieurs, moines et moniales chassèrent violemment Perrone des Granges hors de l'abbaye et élirent à sa place l'intruse Denise de Piron. A cette nouvelle, Jean XXII écrivit à l'évêque de Luçon et à l'abbé de Saint-Vincent du Mans de remettre en possession l'infortunée abbesse et d'obliger ses inférieurs à lui rendre l'obéissance et le respect qui lui étaient dus. L'élection de Denise était déclarée nulle et sans effet. Les religieuses coupables d'excès et d'injures contre Perrone devaient être punies suivant les sanctions du droit. Quant aux frères condonats, il fallait les citer péremptoirement à comparaître personnellement en cour d'Avignon dans le mois qui suivrait la notification de la citation. L'enquête dont étaient chargés l'évêque de Luçon et l'abbé de Saint-Vincent du Mans serait mandée au Saint-Siège, qui se réservait la faculté de châtier les coupables suivant le degré de leurs fautes.

Pendant son exil hors de son monastère, Perrone des Granges n'avait payé ni les décimes perçues par l'Eglise romaine ni ses dettes, et de ce chef avait été excommuniée. Le pape se montra indulgent et la releva des peines canoniques qu'elle avait encourues, mais lui imposa l'obligation de se libérer dans les trois mois qui suivraient sa prise de possession. La bulle contenait à ce sujet des clauses fort curieuses : Perrone était tenue de prendre l'avis d'un conseil, composé de prudhommes et de *matrones* et nommé par les deux délégués pontificaux, et de fixer avec son assentiment la part dans laquelle frères et sœurs contribueraient au payement des dettes de l'abbaye. De la même manière et pour la même fin, l'abbesse mettrait la main sur les biens meubles injustement acquis ou possédés en propre par ses inférieurs, contrairement à la règle de l'ordre, et commuerait leurs vœux (13 avril 1322) (1).

Rétablie dans sa charge à une époque difficile à déterminer, Perrone excita encore contre elle l'animosité des frères condonats, qui ne lui pardonnaient pas d'entreprendre la réforme d'abus dont ils tiraient profit. Il lui fallut de nouveau recourir à la protection du Saint-Siège pour obtenir le versement du surplus des revenus, toutes charges déduites, que les moines, chargés d'administrer comme vicaires perpétuels les églises sujettes à Saint-Sulpice, percevaient à leur entrée en fonctions (2).

En 1331, la situation financière de l'abbaye était toujours précaire; les revenus ne suffisaient pas à subvenir à l'entretien de l'abbesse et du couvent, à faire face aux charges inhérentes et aux réparations indispensables, encore moins à payer les anciennes dettes. Aussi, soucieux des intérêts de la communauté, l'évêque de Rennes, alors Guillaume Ouvrouin, con-

(1) Pièce justificative, n. I.
(2) Dom Morice, *Histoire de Bretagne*, *Preuves*, t. I, col. 1355; bulle du 25 octobre 1330 adressée à l'abbé de Saint-Melaine.

sentit à lui unir le prieuré de Saint-Malo-de-Teillay (1), annexion que Jean XXII, par l'intermédiaire de l'évêque de Vannes, confirma le 9 avril 1331 (2).

PIÈCES JUSTIFICATIVES

I

L'évêque de Luçon et l'abbé de Saint-Vincent du Mans sont chargés par Jean XXII de remettre en possession de son monastère l'abbesse de Saint-Sulpice, de châtier les coupables et de réformer les abus. — Avignon, 13 avril 1322.

(*Reg. Avin.* 16, f. 414 v°; *Reg. Vat.* 73, ep. 750; G. Mollat, *Lettres communes de Jean XXII*, t. IV, p. 80, n. 15276, analyse.)

Venerabili fratri.. episcopo Lucionensi et dilecto filio.. abbati monasterii sancti Vincentii Cenomonensis, salutem etc. Dudum significante nobis dilecta in Christo filia Perrona, abbatissa monasterii sancti Sulpitii, ordinis sancti Benedicti, Redonensis diocesis, quod secundum ordinationem ejusdem monasterii abbatissa, que est ibidem pro tempore, potest, quando vult, maxime cum sui conventus consilio, aliquam de personis ydoneis monasterii predicti vocare et in adminiculum assumere gerende administrationis monasterii prelibati, dictamque amovere personam ab hujusmodi adminiculo juxta beneplacitum voluntatis, quodque nonnulle abbatisse, que in dicto monasterio precesserunt eandem, frequenter aliquos de fratribus dicti monasterii qui condonati vocantur,

(1) Cfr. mes *Mesures fiscales*..., p. 50.

(2) Pièce justificative, n. II. — D'après M. de Corson (*Pouillé*..., t. II, p. 313), Perrone des Granges serait morte le mardi avant la Saint-Jacques vers l'an 1345. En réalité, il faut reculer de quatre ans la date de son décès, car le 24 mai 1349 Jeanne de Quesnes, religieuse de Fontevrault, est appelée à succéder à Perrone qui vient de mourir (Bulle de Clément VI; *Reg. Vat.* 198, f. 43 v°, ep. 10).

senes quidem et maturos moribus, de quibus sinistra non possit haberi [f. 415 r°] suspicio, quandoque unum quandoque alium in hujusmodi adminiculum assumebant et removebant ad placitum ab eodem, aliquotiens cum consilio supradicto, et quod dicti fratres cendonati et nonnulle ipsius monasterii moniales faventes et assistentes in hac parte fratribus antedictis, que circa vocationem et assumptionem predictas per easdem abbatissas de gratia seu voluntate propria et pro dicte administrationis utilitate fiebant, in consuetudine trahere et in consequentiam convertere satagentes, prelibatam abbatissam quominus spiritualia et temporalia dicti monasterii administrare libere posset, prout sibi de jure competebat et consueverat, impediebant, et, quod gravius et periculosius erat, dicti fratres ejusdem monasterii juvenes et suspecti ad habendum et regendum hujusmodi officium in dicto monasterio, non sine scandalo, laborabant, nec carebat periculo et pudere si viri juvenes administrationem gerebant super monialibus presertim juvenibus, eisque necessaria ministrabant, cum propter administrationem hujusmodi temporalium rerum haberent necessario cum dictis monialibus conversari, nobisque humiliter supplicante ut ne, quid absit, contingeret ipsum monasterium et personas in eo degentes alicujus infamie labe notari providere super hoc paterna diligentia curaremus. Nos attendentes debite caritatis affectum et sollicitudinis studium, quibus eadem abbatissa prosequebatur monasterium memoratum, ac insuper clare memorie Philippi regis Francie et Navarre, et dilecti filii nobilis viri Johannis ducis Britanie, super hoc nobis humiliter et devote scribentium, ejusdem abbatisse supplicationibus inclinati, venerabili fratri nostro.. episcopo Nannetensi et dilecto filio.. abbati monasterii sancti Florentii Salmuriensis, Andegavensis diocesis, nostris dedimus litteris in mandatis ut ipsi vel alter eorum de premissis summarie, de plano, sine strepitu et figura judicii se informare curarent, et circa hec auctoritate nostra providerent atque statuerent quicquid pro salute animarum, ac decentia et honestate abbatisse et monialium dicti monasterii et vitanda earum infamia viderent expediens procurarent, faciendo quod in hac parte statuendum et ordinandum ducerent per censuram ecclesiasticam, appellatione remota, firmiter observari, invocato ad hoc, si opus esset, auxilio brachii secularis, non obstantibus quibuscumque ordinationibus contrariis factis, ut dicebatur, ab anno et dimidio citra usque a data dictarum litterarum auctoritate ordinaria per venerabilem fratrem nostrum.. episcopum Redonensem, dilectorum filiorum capituli ecclesie Redonensis et conventus dicti monasterii non interveniente consensu, sed ipsis ad hec minime requisitis. Eadem quoque abbatissa nobis similiter intimare curavit quod dictum monasterium propter malam administrationem bonorum ipsius habitam, etiam ante assumptionem ipsius abbatisse ad ejusdem monasterii regimen, fuerat et erat gravium debitorum onere pregravatum erantque nonnulli de fratribus condonatis et de monialibus ejusdem monasterii tam in redditibus bonisque mobilibus habundantes quam etiam de bonis dicti monasterii impinguati, volentes eidem monasterio pro relevatione dictorum onerum subvenire: quare dicta abbatissa nobis humiliter supplicavit ut providere dicto monasterio circa relevationem onerum predictorum paterna solicitudine curaremus nosque attendentes quod ad nos, ex pastorali officii debito, ecclesiarum et monasteriorum omnium solicitudo spectabat, ac volentes propterea dicto monasterio circa hujusmodi onera providere, eisdem episcopo et abbati per alias nostras litteras dedimus in mandatis ut ipsi vel alter eorum simpliciter, summarie et de plano, sine strepitu et figura judicii cognoscerent de premissis et, si eis ita fore constaret, prelibatos fratres condonatos et moniales quaslibet videlicet pro facultate et possibilitate sua ad subveniendum eidem monasterio in oneribus antedictis et ad ponendum et resignandum in ipsius abbatisse manibus [f. 115 v°] bona mobilia que habebant et possidebant velut propria contra regulam ejusdem ordinis, ipsorumque vota convertenda per abbatissam eandem in exonerationem debitorum ipsorum et in utilitatem monasterii prelibati per censuram ecclesiasticam, appellatione postposita, coartarent, invocato ad hoc, si opus esset, auxilio brachii secularis; non obstantibus felicis recordationis Bonifacii pape VIII, predecessoris nostri, que cavetur ne judices a sede deputati predicta extra civitates et dioceses, in quibus fuerint deputati, contra quoscumque procedere aut aliquos ultra unam dietam a fine diocesium eorumdem trahere presumant et aliis quibuscumque constitutionibus a predictis nostris Romanis pontificibus de judicibus delegatis aut aliis editis que sue possent in hac parte jurisdictioni aut potestati ejusque libero exercitio quolibet obviare, prout in dictis litteris nostris inde confectis plenius continetur. Sane prefatus abbas monasterii S. Florentii, qui solus in executione commissionis hujusmodi sibi et dicto episcopo per litteras nostras facte procedens, prout ex forma poterat earumdem, prefato episcopo Nannetensi de illis partibus tunc absente et apud sedem apostolicam commorante, nonnullos priores membrorum dicti monasterii seu pro prioribus se gerentes, ac nonnullas moniales et condonatos ipsius monasterii, et quosdam alios quorum interesse poterat, auctoritate dictarum litterarum nostrarum, citari fecit, ut coram eo dicti priores et condonati, per se vel per procuratores, dicte vero moniales per procuratores ydoneos comparerent. Verum prefati priores, moniales et condonati asserentes se prefatum abbatem ex certis causis habere suspectum ac eisdem causis propositis coram eo, ne super premissis earumdem litterarum nostrarum auctoritate procederet, ad nostram audientiam appellarunt et, licet prefatus abbas appellationi hujusmodi ob reverentiam Sedis Apostolice deferens ac hujusmodi negocium tam principale quam appellationis ad sedem remittens eamdem, eisdem partibus in personis procuratorum suorum injunxisset expresse ut per procuratores sufficienter instructos, cum omnibus rationibus et munimentis ad hujusmodi causam spectantibus, infra certum terminum, ad Romanam Curiam accederent, sic parate ut si nobis visum foret expediens, posset ibidem cognosci de appellationis articulo vel, eo omisso, procedi in negocio principali prefati, tam priores, moniales et condonati hujusmodi appellationi sue minime deferentes eamdem Perronam abbatissam violenter de dicto monasterio ejecerunt, quamdam de seipsis nomine Dyonisiam de Piron, ejusdem monasterii monialem, in abbatissam dicti monasterii de facto eligere presumentes, in ejusdem sedis injuriam et contemptum, et prefate Perrone non modicum prejudicium, et gravamen, ac scandalum plurimorum, propter que prefatum monasterium in spiritualibus et temporalibus pati dicitur non modicum detrimentum, dictaque Perrona abbatissa extra dictum monasterium in ordinis regularis obprobrium cogitur exulare. Quocirca discretioni vestre per apostolica scripta mandamus quatinus vos vel alter vestrum, si vobis simpliciter, summarie et de plano, sine strepitu et figura judicii, de hujusmodi ejectione seu spoliatione prefate Perrone abbatisse constiterit, eam ad possessionem dicti monasterii et administrationis ipsius pacificam reducentes, et defendentes inductam, ac facientes eidem a suis subditis obedientiam et reverentiam debitam exhiberi, contradictores per censuram ecclesiasticam, appellatione postposita, compescendo, predictam electionem in gravem exempli perniciem ac ipsius Perrone prejudicium attemptatam auctoritate nostra decernentes irritam et inanem, ac nichilominus de aliis excessibus et injuriis contra dictam Perronam abbatissam, ut dicitur, perpetratis et irrogatis eidem diligentius inquirentes, moniales ipsius monasterii, quas culpabiles reperiretis in premissis, auctoritate nostra punire curetis secundum canonicas sanctiones, condonatos [316 r°] vero ejusdem monasterii qui similiter per hujusmodi inquisitionem vestram fuerint reperti culpabiles in premissis, ex parte nostra peremptorie citare curetis ut personaliter, infra unius mensis spatium a die citationis hujusmodi computandum, apostolico conspectui se presentent, facturi super hiis et recepturi quod juris fuerit et de jure processerit beneplacito voluntatis, quecumque super premissis inveneritis fideliter in scriptis redacta, sub sigillis vestris, nobis per proprium nuncium quantocitius destinantes ut, sicut qualitas hujusmodi excessuum et injuriarum exegerit, pena debita feriat delinquentes; non obstantibus appellatione predicta cui renunciasse videntur, et minime deferendo seu ejusdem predecessoris Bonifacii, qua cavetur ne judices a sede deputati predicta extra civitates et dioceses, in quibus deputati fuerint, contra quoscumque procedere aut aliquos ultra unam dietam a fine sue diocesis trahere presumant, et quibuslibet aliis constitutionibus a predecessoribus nostris Romanis pontificibus editis, que vestre possent in hac parte potestati ejusque libero exercitio quomodolibet obviare, seu si... aut quibuscumque sententiis excommunicationis, suspensionis et interdicti in persona dicte Perrone, post hujusmodi ejectionem ipsius de monasterio prelibato pro decimis sedi apostolice vel quibuscumque debitis non solutis forsitan promulgatis, cum eidem spoliate taliter et ejecte hujusmodi decimarum et debitorum non facta solutio minime debeat imputari, a quibus quidem sententiis, si in eam forsitan sint prolate, ipsam auctoritate presentium absolvimus ad cautelam, ita tamen quod infra trium mensium spatium, postquam ad possessionem dicti monasterii fuerit restituta et pacificam regiminis ipsius administrationem habuerit, de predictis decimis et debitis eidem sedi vel aliis quibus de jure solvenda fuerint satisfacere teneatur; alioquin in dictas sententias recidat ipso facto. Volumus insuper quod in executione premissorum contentorum in prioribus litteris prefatis episcopo et abbati directis procedatis juxta ipsarum continentiam litterarum, invocato in premissis omnibus et singulis auxilio brachii secularis, quodque prefata abbatissa de consilio aliquorum proborum virorum et aliquarum matronarum, quos et quas ad hec videritis deputandos et etiam deputandas, tam ea que per prelibatos condonatos et moniales secundum facultatem et possibilitatem uniuscujusque eorum pro subventione ejusdem monasterii in oneribus prelibatis assignata fuerint, quam bona mobilia que predicti condonati et moniales habebant et possidebant velut propria, contra regulam dicti ordinis, et vota ipsorum, cum in ipsius abbatisse manibus posita fuerint et etiam resignata, ut superius est premissum, convertere debeat de consilio predictorum in exonerationem dictorum debitorum et utilitatem monasterii memorati; diem vero hujus citationis, et formam et quecumque super hiis facienda duxeritis nobis per vestras litteras, harum seriem continentes, fideliter intimare curetis. Datum Avinione, idibus aprilis, anno sexto.

II

Jean XXII confirme l'union du prieuré de Saint-Malo de Teillay à l'abbaye de Saint-Sulpice des Bois faite par l'évêque de Rennes. — Avignon, 9 avril 1331.

(*Reg. Avinion.* 37, f. 435 v°.)

... Episcopo Venetensi. Pro parte abbatisse et conventus monasterii sancti Sulpitii, ordinis sancti Benedicti, Redonensis diocesis, nobis extitit intimatum quod Guillelmus episcopus Redonensis, tam per visitationem quam alias informatus quod facultates dicti monasterii erant modice, tenues et exiles pro substentatione dictarum abbatisse et conventus, et pro aliis oneribus ipsius monasterii supportandis, necnon pro antiquis debitis, quibus idem monasterium oneratum fore dinoscitur, persolvendis, et quod nichilominus immensis et necessariis refectionibus indigebat, ad supplicationem dicte abbatisse prioratum sancti Maclovii de Tellayo, ordinis et diocesis predictorum, dictoque monasterio subjectum, per moniales ipsius monasterii solitum gubernari, eidem monasterio univit, ordinans ut moniales dicti prioratus in dicto monasterio recepte in eo divinum officium pro fundatoribus et benefactoribus ceteris dicti prioratus celebrent et abbatissa per aliquem de suis et dicti monasterii fratribus capellanis, in spiritualibus et divinis missis qualibet septimana saltem quinque et ceteris competenter faciat deserviri; quare prefata abbatissa nobis supplicavit ut unionem hujusmodi confirmare dignaremus. Tibi igitur mandamus ut dictam unionem auctoritate apostolica studeas confirmare. Datum Avenione, V idus aprilis, anno XV°.

XXIV

Les approvisionnements de la cour pontificale dans les provinces de l'Ouest et du Nord de la France sous Grégoire XI.

Au cours d'une récente étude sur *La Fiscalité pontificale en France au XIVe siècle* (1) j'ai signalé la coutume, en vigueur à la Chambre Apostolique, qui consistait à transformer en voyageurs de commerce les collecteurs des impôts levés dans la Chrétienté au profit de la Papauté. La Chambre évitait ainsi des transports de numéraire toujours coûteux, sinon périlleux au Moyen-Age, et par un jeu d'écritures peu compliqué défalquait sur les comptes de ses fonctionnaires le prix des denrées dont elle avait ordonné l'achat. De cette curieuse pratique témoignent, en particulier, les livres de raisons du collecteur de la province de Tours, Guy de la Roche, qui aux environs du carême de 1372 et 1373 acheta des quantités considérables de poisson. Chose bizarre, au lieu de s'approvisionner dans les ports de la Méditerranée dont Avignon était proche, les cuisiniers pontificaux ou leurs maîtres préféraient faire venir du Nord et de l'Ouest de la France du poisson salé (2) ! A Quimper Guy de la Roche se fournit de merlus et de « *toillys* » qui coûtèrent la pièce 2 sous et 11 deniers en 1372, deux sous en 1373; à Dieppe et à Boulogne-sur-Mer de harengs dont le mille valut 8 francs et 5 sous; à Orléans d'autres harengs dont les cinq cents se payèrent 4 francs et 10 sous; à Tours de saumons (3) à raison

(1) Paris, 1905, p. 111.

(2) Les goûts de nos pères étaient d'ailleurs peu raffinés; sous Jean XXII, par exemple, le pourvoyeur des cuisines pontificales achète de la baleine par quintaux (*Collectoria* 25, f. 57 et passim).

(3) Connaissant les goûts de Jean XXII, l'évêque de Nantes, Daniel Vigier, accompagna à deux reprises différentes ses requêtes d'envois de saumons, ainsi qu'il en résulte de la lettre de remerciment du 17 mars

de 26 sous et 8 deniers chacun. Dans le prix d'achat étaient compris les frais de transport par terre et par eau jusqu'en Avignon et l'entretien des gens qui accompagnaient le convoi, mais non pas le salaire de ceux-ci. En revanche, les droits de péage étaient prélevés en nature et variaient beaucoup : sur 3,010 merlus partis de Quimper en 1372, on en retient 40 à deux péages (soit pour une valeur de 5 francs 16 sous et 8 deniers), tandis qu'en une autre occasion sur 19,370 harengs on en perçoit seulement 1,370 (soit environ 10 francs) et sur 3,283 merlus, expédiés de Quimper en 1372, 33 (soit une dépense de 3 francs 5 sous). En résumé, en 1372 et 1373 les achats de Guy de la Roche en Bretagne ou ailleurs s'élevèrent à 954 francs 12 sous 2 deniers, somme d'argent assez rondelette pour l'époque [1].

PIÈCE JUSTIFICATIVE

(Extraits de la *Collectoria* 257, f. 116 r°-117 r°.)

Sequentur provisiones merluciorum, allecum et aliorum piscium facte per me Guidonem de Ruppe, collectorem predictum, de mandato dominorum meorum Camerarii et Thesaurarii domini nostri pape Gregorii pro annis MIII^c LXXII° et LXXIII°.

1328 : « *Danieli episcopo Nannetensi.* Salmones quos misisti nobis per dilectum filium Petrum de Nannetis [*], nepotem tuum, gratanter accepimus et de illis tibi, frater, gratiarum uberiores referimus actiones, habituri eundem Petrum tue supplicationis obtentu, suis loco et tempore, commendatum. Datum Avenione, XVI kalendas aprilis, anno duodecimo. » *Reg. Vat.*, secrètes, 114, f. 196 r° et 113, pars I^a, f. 5 r°.

(1) En 1372-1373 le franc avait une valeur intrinsèque d'environ 10 francs cfr. Lavisse, *Histoire de France*. Paris, 1902, t. IV, 2e partie, p. 113-115.

(*) A Pierre dit de Nantes Benoît XI conféra un canonicat dans la cathédrale de Nantes avec expectative d'une prébende; on lui laissait la cure de Saint-Père-en-Retz (*Reg. Vat.* 51, ep. 568; bulle du 6 avril 1304).

Ascendit pro petia qualibet II sol., XI den. vel circa.

Et primo pro anno LXXII°, tam pro provisione II^M VI^C X merluciorum et IV^C piscium vocatorum toilljs, emptorum in civitate Corisopitensi, quam pro ipsis conducendis et apportandis per terram et aquam ac expensis conductorum eorumdem de dicto loco usque ad Avinionem, solvi et expendidi, non computato salario conductorum... IV^C LI fr., X sol.

Quamquidem summam piscium predictorum assignavi in curia de mandato domini mei Camerarii per manus Guidonis Audierii, clerici mei, ut apparet per litteram quittancie sub sigillo dicti domini mei Camerarii sigillatam, datam et confectam anno quo supra, die ultima mensis martii, exceptis tamen XL merluciis de dicta summa pedagiis de Salieres (1) et de Sernie (1) traditis.

Ascendit miliare VIII fr. 14 et centenarium XVI sol., VI den., franco pro XX solidis.

Item eodem anno, tam pro provisione XIX^M III^C LXX allecum emptarum in Bolonia et Diepa quam pro ipsis conducendis et apportandis per terram et aquam ac expensis conductorum eorumdem de dictis locis usque ad Avinionem, non computando in hoc salarium conductorum, solvi et expendidi.................................... VII^XX XIX fr., XII sol., X den.

Quamquidem summam allecum predictarum assignavi in curia de mandato quo supra, prout de dicta assignatione constat et apparet per dictam litteram quittancie, exceptis tamen MIII^C LXX allecum de dicta summa pluribus pedagiis super Rodanum traditis.

[f° 116 v°]

Item pro provisione octo piscium salmonum salsatorum, per me in civitate Turonensi emptorum quolibet precio XXVI sol. VIII den., solvi et expendidi in summa........... .... X fr., XIII sol., IV den., quos assignavi in curia anno et die quibus supra, ut apparet per dictam litteram quittantie; et hic non computo expensam factam conducendo et apportando dictos salmones, quia cum predictis aliis piscibus fuerunt apportati.

Et est sciendum quod isto anno quamplurimum deconstarunt dicte provisiones et multo plus ascendunt expense earum, pro eo quia bis facte fuerunt et duplex mandatum super hoc habui a dominis meis Camerario et Thesaurario.

(1) Localités qu'on n'a pu identifier.

Summa dictarum provisionum pro dicto anno est............
.... VI^c XXI fr., XVI sol., II den.; franco pro XX solidis.

[f° 457 r°] Sequuntur alie provisiones piscium per me facte pro anno LXXIII° de mandato quo supra.

Ascendit miliare C fr.; centenarium X fr.; petia II sol.; franco pro XX solidis.

Et primo, tam pro provisione III^M II^c LXXXIII merluciorum emptorum in civitate Corisopitensi quam pro ipsis conducendis et apportandis ac expensis conductorum eorumdem de dicto loco usque ad Avinionem, solvi et expendidi, non computando salarium conductorum, sed tantummodo expensas.. III^c XXVIII fr., VI sol. Quamquidem summam ut supra... confectam die prima mensis februarii, anno quo supra, exceptis tamen XXXIII merluciis traditis de dicta summa pedagiorum de Sernie (1) et de Sancto Valerio (2) ac CC traditis domine comitisse de Valentinis (3), sorori domini pape.

Item, eodem anno pro provisione quingentorum allecium emptarum apud Aurelianum et per me in curia assignatarum, ut apparet per dictam litteram quittantie datam et confectam die et anno quibus supra, solvi..................... IV fr., X sol.

Summa III^c XXXII fr., XVI sol.

Summa (4) totalis omnium expensarum factarum et solutorum per dictum collectorem pro provisionibus supradictis est...... IX^c LIV fr., XII sol., II den.; franco pro XX solidis.

(1) Localité qu'on n'a pu identifier.
(2) Peut-être Saint-Vallier dans la Drôme.
(3) Alice de Beaufort, femme d'Aymar VI de Poitiers, comte de Valentinois et de Diois.
(4) En marge appr[*obatum*] de la main du vérificateur des comptes.

XXV

La fondation des Dominicains à Guérande

(1404-1409)

Au lendemain de la soustraction d'obédience Benoît XIII s'efforça par des faveurs spirituelles de s'attirer les bonnes grâces du duc de Bretagne dont l'appui près de la cour de France lui était nécessaire et dont les sujets lui avaient montré un attachement profond non moins que désintéressé. Jean VI profita des heureuses dispositions du pape pour lui représenter qu'à Guérande ou à quatorze lieues à la ronde il n'existait aucune maison dépendant d'un ordre mendiant. Et pourtant le pays d'alentour était très habité, fertile et riche; située à courte distance de la mer, la ville était devenue un centre florissant de commerce si bien qu'on évaluait sa population à plus de trois mille âmes. N'y avait-il donc pas place pour un couvent de Dominicains qui porteraient la bonne parole aux habitants et desserviraient une église que le duc désirait élever en l'honneur de Dieu le Père, de Notre Dame et de saint Yves (1) ?

Benoît XIII jugea en effet que les conditions requises à la fondation d'une maison de mendiants étaient observées et permit au duc d'accomplir son pieux dessein. Mais, lorsque Jean VI voulut établir les Dominicains à Guérande vers 1406, le chapitre de la collégiale Saint-Aubin lui fit une telle opposition que la première pierre du couvent ne put être posée que le 16 mars 1409, et encore fallut-il verser aux chanoines une indemnité de 4,000 livres (2).

(1) N. Valois, *La France et le Grand Schisme d'Occident*, Paris, 1901, t. III, p. 370, et mes *Mesures fiscales...*, p. 29.

(2) Travers, *Histoire de la ville et du comté de Nantes*, t. I, p. 493. — Aux Archives de la Loire-Inférieure H, 296 on trouvera tous les dons et legs subséquents de Jean VI.

PIÈCE JUSTIFICATIVE

Bulle de Benoît XIII autorisant la fondation des Dominicains à Guérande. — Donné à Saint-Victor de Marseille, le 19 mars 1404.

(*Reg. Avinion.* 316, f. 429 v°; *Archives de la Loire-Inférieure* E, 43, original scellé de plomb sur lacs de soie.)

Dilecto filio nobili viro Johanni duci Britannie salutem, etc.. Exigit tue devotionis affectus, quo nos et Romanam Ecclesiam revereris, ut petitionibus tuis, illis presertim que divini cultus augmentum et ordinis fratrum Predicatorum propagationem respiciunt, favorabiliter annuamus. Exhibita siquidem nobis pro parte tua petitio continebat quod in villa de Garrandia, Nannetensis diocesis, cujus dominus existis, aut alio loco civitati Nannetensi propinquiori qui ab ipsa villa per quatuordecim leucas distat, aliqua domus alicujus ordinis mendicantium non existit, et quod ipsa villa est sita in patria populosa, fertili et abundanti, et prope mare, et ad eam multi mercatores et extranei tam per mare quam per terram de diversis mundi partibus accedunt continue, et quod in ea ultra tria milia habitantium existunt, ex quorum et personarum ibi confluentium et partium predictarum elemosinis multi fratres alicujus ordinis mendicantium poterunt congrue substentari ac alia eis onera incumbentia supportare, quodque tu, zelo devotionis accensus, in dicta villa unum locum congruum et decentem ad usum fratrum ordinis fratrum predicatorum concedere et in eo ad omnipotentis Dei et Beate Marie Virginis, ejus matris, ac sancti Yvonis laudem et gloriam, et ut verbum Dei in illis partibus per amplius predicetur, in honore et sub vocabulo dicti sancti unam ecclesiam, capellam vel oratorium cum campanili, campana, cimiterio, domibus et aliis necessariis officinis ad usum ipsorum fratrum ordinis Predicatorum fundare, et construi ac edificari facere desideras et proponis; quare pro parte tua fuit nobis humiliter supplicatum ut eisdem fratribus ordinis fratrum Predicatorum recipiendi locum ipsum tibi que in eo ecclesiam, cappellam seu oratorium cum campanili, campana, cimiterio, domibus et aliis necessariis ad usum ipsorum fratrum construendi et edificandi licentiam concedere de benignitate apostolica dignaremur. Nos igitur, qui ipsum ordinem gerimus in visceribus caritatis et divinum cultum augeri totis desideriis affectamus, tuis in hac parte supplicationibus inclinati, eisdem fratribus locum ipsum recipiendi et tibi in eo construendi et edificandi hujusmodi ecclesiam, seu cappellam vel oratorium cum campanili, campana, cimiterio, domibus et aliis officinis ad usum ipsorum fratrum, jure tamen parrochialis ecclesie et cujuslibet alterius in omnibus semper salvo, ac venerabilis fratris nostri episcopi Nannetensis licentia minime requisita, felicis recordationis Bonifacii pape VIII predecessoris nostri qua inhibetur ne aliqui fratres ordinum mendicantium in aliqua civitate, castro, villa vel alio loco domos vel loca quecumque recipere de novo presumant absque Sedis Apostolice licentia speciali, faciente plenam et expressam de inhibitione hujusmodi mentionem, et quibuslibet aliis constitutionibus apostolicis contrariis nequaquam obstantibus, plenam et liberam auctoritate apostolica tenore presentium licentiam elargimur, et insuper tibi eadem auctoritate concedimus quod prior et fratres, qui in hujusmodi loco pro tempore morabuntur, omnibus libertatibus, exemptionibus, privilegiis et gratiis aliis fratribus dicti ordinis a prefata Sede generaliter concessis gaudeant et utantur. Nulli etc. Datum apud Sanctum Victorem prope Massiliam, XIV kalendas aprilis, pontificatus nostri anno decimo.

Sur le repli : H. de Brayo.

XXVI

La reconstruction du campanile de l'église Saint-Aubin de Guérande.

(1515).

Dans les premières années du XVIe siècle, le campanile ou la tour de l'église Saint-Aubin, à Guérande, menaçant ruines, avait été jeté à terre. D'une grande hauteur, jusque-là il avait servi la nuit de phare et de point de repère aux marins qui cherchaient à gagner le port de Guérande. A la suite de sa démolition plus de vingt-cinq navires naufragèrent. La mer était si mauvaise dans ces parages que d'autres sinistres étaient à redouter si l'on ne réédifiait au plus tôt le campanile. Sur les instances de la reine Claude, Léon X accorda des indulgences à ceux qui contribueraient à la reconstruction de la nouvelle tour par leurs libéralités. Les faveurs apostoliques attirèrent bientôt les foules à Saint-Aubin et le phare protecteur recommença à briller dans la nuit; mais, exposé au vent et à l'intempérie des saisons, il tombait encore en ruines au début du XIXe siècle [(1)].

PIÈCE JUSTIFICATIVE

Léon X accorde des indulgences pour la reconstruction du campanile de Guérande. — Bologne, le 26 décembre 1515.

(*Reg. Vat.* 1093, f. 1 r°; *Secrètes*, t. 206, p. 59.)

Leo... Universis christifidelibus presentes litteras inspecturis salutem... De salute gregis dominici cure nostre divina

(1) J. Morlent, *Précis historique, statistique... sur Guérande*, Nantes, 1819, p. 63; voy. aussi H. Quilgars, *L'Eglise Saint-Aubin de Guérande. Ses origines, ses institutions* (Extrait de la *Revue de Bretagne*), Vannes, 1905, p. 24.

dispositione commissi... Cum itaque, sicut accepimus, campanile seu turris ecclesie de Guerrandia, Nannetensis diocesis, alias magne altitudinis, in cujus summitate noctis tempore ad obviandum periculis maris navigantibus versus Guerrandiam lumen conservari consueverat, quo modo ipsum iter navigantibus ostenderetur, et propterea multum necessaria, nuper demolita et collapsa fuerit, post cujus turris demolitionem jam XXV naves et ultra ipso mari submerse fuerunt, et nisi campanile seu turris ipsa celeriter restauretur quam plurime alie naves, ut verisimiliter credi potest, in dicto mari, quod in partibus illis valde superbum et inflactum videtur, periclitabuntur. Nos cupientes pro navigantibus felici portu ut campanile seu turris ipsa in pristinum statum reformetur et ecclesia ipsa, que in illis partibus insignis existit et ad quam Charissima in Christo filia nostra Claudia, Francorum regina christianissima et ducissa Britanie, singulariter gerit devotionis affectum, congruis frequentetur honoribus et christifidelibus in debita veneratione habeatur, ac in suis aliis structuris et edificiis debite conservetur, manuteneatur et reparetur, et ad constructionem ipsius turris necnon reparationem, manutentionem et conservationem predictas manus promptius porrigant adjutrices, quo ex hoc ibidem dono celestis gratie uberius conspexerint se refectos, de omnipotentis Dei misericordia et beatorum Petri et Pauli apostolorum ejus auctoritate confisi omnibus et singulis utriusque sexus christifidelibus, vere penitentibus et confessis, qui dictam ecclesiam in Annunciationis et Nativitatis Beate Marie Virginis proxime venturis, a primis vesperis usque ad secundas vesperas festivitatum earumdem, devote visitaverint et ad instaurationem campanilis seu turris necnon reparationem, conservationem et manutentionem predictas manus porrexerint adjutrices, seu mulieres pregnantes et valitudinarii aut aliqua infirmitate seu senectute gravati, aut alias aliquo impedimento detenti, illam personaliter visitare non valentes, aliquid ex propriis bonis juxta eorum possibilitatem per alios transmiserint, plenariam omnium peccatorum suorum, de quibus corde contriti et ore confessi fuerint, indulgentiam et remissionem elargimur; et nichilominus ut fideles ipsi indulgentiam predictam uberius consequi valeant dilecto filio moderno et pro tempore existenti dicte ecclesie rectori seu gubernatori tot presbyteros seculares vel cujusvis ordinis regularis quot ei pro audiendis confessionibus christifidelium illuc confluentium necessarii videbuntur deputandi, ipsisque sic deputatis presbyteris ecclesiam predictam pro consequenda indulgentia predicta visitantium confessiones audiendi illisque diligenter auditis eos et eorum singulos ab omnibus eorum peccatis, criminibus, excessibus et delictis quantum quoque gravibus et enormibus, etiam in casibus sedi apostolice reservatis, exceptis contentis in bulla que legitur in Cena Domini, absolvendi, eisque penitentiam salutarem injungendi necnon vota quecumque, ultramarino, liminum apostolorum Petri et Pauli ac Sancti Jacobi in Compostella, necnon castitatis et religionis votis dumtaxat exceptis, in reparationis et constructionis turris et ecclesie hujusmodi expressa juxta voluntatem et arbitrium presbyterorum et confessorum et facultates confitentium predictorum commutandi facultatem concedendi, auctoritate apostolica, tenore presentium litterarum concedimus et facultatem, presentibus post triennium minime valituris. Datum Bononie, anno Incarnationis dominice millesimo quingentesimo quinto decimo, septimo kalendas Januarii, pontificatus nostri anno tertio.

XXVII

L'envoi d'une ambassade bretonne à Benoît XIII en 1407.

Après qu'Ange Correr eut été couronné pape sous le nom de Grégoire XII, fidèle aux engagements solennels qu'en tant que cardinal il avait pris au conclave dont il fut l'élu, il notifia à Benoît XIII, son rival, le dessein d'abdiquer en même temps que lui, à condition que les cardinaux de l'obédience avignonnaise fussent résolus à se réunir à ceux de l'obédience romaine pour procéder à une nouvelle élection [1]. Au duc de Bretagne, il destina une lettre où il lui découvrait ses intentions et le conviait à favoriser de tout son pouvoir la cause de l'union [2]. De leur côté, les cardinaux romains assurèrent Jean VI du désintéressement de leur maître et de son ardent désir de mettre fin au schisme qui désolait l'Église [3].

Si Grégoire XII était résigné à l'abdication, quel parti prendrait Benoît XIII ? Obtiendrait-on de lui les mêmes promesses ? Connaissant depuis longtemps l'opiniâtreté du pontife et sa rare ténacité de caractère, l'assemblée du clergé de France, qui siégeait à Paris vers la fin du mois de décembre 1406 et les premiers jours de janvier 1407, vota l'envoi d'une ambassade solennelle qui négocierait l'entente entre les deux adversaires. Le projet plut au Gouvernement, qui désigna trente-six députés [4]. Puis, pour grossir leur nombre et rehausser l'importance de leur mission, l'Université de Paris sollicita le duc de Bretagne de se faire représenter [5]. Charles VI appuya cette initiative et recommanda le messager de l'Université, maître Guillaume de Vendel, qui par une délicate attention avait été choisi tout spécialement en sa qualité de breton. Il priait, d'ailleurs, le duc de prendre en considération la démarche de sa « tres chiere et bien amée fille » et de donner connaissance de sa « bonne entencion et volanté » [6].

Jean VI se rendit aux désirs du roi de France et de l'Université de Paris : il choisit pour ses ambassadeurs Étienne Cœuret, évêque de Dol [7], Jean, sire de Malestroit, Hervé

(1) N. Valois, *La France et le Grand Schisme d'Occident*. Paris, 1901, t. III, p. 495.

(2) Dom Lobineau, *Histoire de Bretagne*, *Preuves*, t. I, col. 888-889; bulles des 11 et 27 décembre 1406.

(3) *Id.*, col. 889-891; lettres du 10 décembre 1406.

(4) N. Valois, *loc. cit.*, p. 499.

(5) Lobineau, *op. cit.*, *Preuves*, t. I, col. 887-888; lettres du 13 février 1407.

(6) *Id.*, col. 886-887; lettres du 12 février 1407.

(7) Ancien chancelier, nommé au siège de Dol le 6 novembre 1406 (cfr. mes *Mesures fiscales*.., p. 135).

Mathias (1), bachelier en théologie, et Guillaume Chevalier (2), licencié *in utroque jure*, tous deux du diocèse de Léon. Pour couvrir les frais de voyage et d'entretien des ambassadeurs, le clergé de Bretagne vota un subside équivalent à une décime et en nomma l'évêque de Nantes, Henri le Barbu, receveur général.

La perception de l'impôt fut pénible et, avant le départ de l'ambassade, seul, le diocèse de Saint-Brieuc avait fourni 200 francs d'or. C'était trop peu : aussi, sur l'ordre du duc, en plus des 200 francs d'or, Henri le Barbu avança 800 écus d'or au sire de Malestroit. Quand l'évêque voulut rentrer dans ses débours, bon nombre de prélats et de clercs refusèrent de payer leur quote-part du subside sous prétexte que celui-ci n'avait pas été imposé par l'autorité pontificale : ils portèrent même appel au Saint-Siège. Certains collecteurs étaient morts sans avoir rendu leurs comptes de gestion tandis que d'autres s'étaient approprié le produit de leur recette. Des prélats avaient encore interdit de verser quoi que ce fût à l'évêque de Nantes. Et pourtant celui-ci estimait à 2.000 écus d'or les frais occasionnés par la levée du subside consenti par une bonne part du clergé breton. Pour remédier à sa situation précaire, Jean XXIII, alors pape incontesté, invita l'archidiacre d'Outre-Loire au diocèse d'Angers, le doyen et l'official de Nantes à venir en aide à l'évêque, à menacer les récalcitrants de peines canoniques et à les poursuivre en cas de besoin avec l'aide du bras séculier (3).

Les considérants importants de la bulle de Jean XXIII semblent contredire dom Lobineau (4) et dom Morice (5) qui indiquent comme composant l'ambassade de 1407 le sire de Malestroit, Jean de Malestroit, sire de Kaër, Guillaume de Vendel, auxquels M. Blanchard, en son édition des *Lettres et Mandements de Jean V, duc de Bretagne*, ajoute Gacien de

(1) Chanoine de Léon, recteur de Guiclan (Finistère), conseiller ducal (octobre 1405); cfr. R. Blanchard, *Lettres et Mandements de Jean V*, t. V des *Archives de Bretagne*, n. 358, 739 et 842.

(2) Conseiller ducal (août 1407); cfr. Blanchard, *op. cit.*, n. 935 et 938.

(3) Pièce justificative.

(4) *Histoire de Bretagne*, t. I, p. 510-511.

(5) *Histoire de Bretagne*, t. I, p. 439.

Monceaux[1]. Il convient, croyons-nous, de distinguer deux ambassades : l'une dont firent partie le sire de Malestroit, Etienne Cueurel, Hervé Mathias, Guillaume Chevalier, et sans doute Guillaume de Vendel auquel, par un mandement du 10 avril 1407, l'évêque de Nantes dut payer des gages de 4 écus par jour, à partir du 7 mai[2]; l'autre, qui est celle que mentionnent dom Morice et dom Lobineau. La bulle de Jean XXIII indique très clairement le but de la première ambassade : à l'instar de Charles VI, le duc de Bretagne la députe vers Benoit XIII ; son terme est Marseille, où se trouvait le pape aragonais, si bien qu'elle rebrousse chemin dès qu'elle a séjourné dans la ville et qu'elle s'est acquittée de sa mission[3]; si toutefois elle se joignit aux ambassadeurs français, — ce qui, vu le silence des textes, semble douteux[4], — elle n'avait pas mandat de les accompagner jusqu'à Rome près de Grégoire XII. En effet, le sire de Kaër et Gacien de Monceaux, qui avec le sire de Malestroit et d'autres personnages composent la seconde ambassade destinée à Grégoire XII, ne sont nommés qu'en juillet 1407[5]. Tout porte même à croire qu'ils ne se mirent jamais en route, car le 18 juillet ils ne sont pas encore partis[6] et en août, en septembre, en octobre et en

(1) N. 860.

(2) Blanchard, *op. cit.*, n. 550.

(3) « Ad instar regis prefati, venerabilem.... *ad prefatum Petrum* ... suos et eorumdem prelatorum, cleri et nobilium ducatus prefati ambaxiatores *transmisit et etiam destinavit*; pro quorum Stephani episcopi, baronis, Hervei et Guillermi expensis, *tam eundo quam redeundo*, quam suam ambaxiatam hujusmodi prosequendo ». — Etienne Cueurel assiste au conseil du 9 juin 1407 (Blanchard, *op. cit.*, n. 720); Hervé Mathias y est présent le 10 juin et le 2 juillet 1407 (*ut s.*, n. 905 et 938).

(4) L'ambassade française partit de Paris après le 27 mars 1407; elle resta à Marseille du 9 au 18 mai (cfr. Valois, *op. cit.*, t. III, p. 507 et sqq.). — Il est curieux qu'aucune des sources qui ont trait à cette ambassade ne fasse allusion à celle qu'avait envoyé le duc de Bretagne (voyez sur ces sources Valois, *op. cit.*, t. III, p. 507, note 3; *Jacques de Nouvion et le Religieux de Saint-Denis*, dans *Bibliothèque de l'École des Chartes*, 1902, p. 233-262; F. Ehrle, *Martin de Alpartils Chronica actitatorum temporibus Domini Benedicti XIII*, Paderborn, 1906, p. 161 et sqq.).

(5) Blanchard, *op. cit.*, n. 859 et 860 [Mandement de payer] « à Jehan de Malestroit, qui accompagne le sire de Malestroit en son ambassade à Rome, 120 l. monnoie ».

(6) *Ut s.*, n. 877 « Lettre d'estat pour le sire de Malestroit, Jehan, filz du sire de Kaer, Jehan de Kaerboasic et dom Jehan Guillaume qui vont o lui, juques à XV jours apres leur retour ».

novembre Garien de Monceaux, en tant que conseiller, figure au conseil ducal[1]. Peut-être Jean VI eut-il la clairvoyance, qui manqua à la cour de France, de prévoir qu'aucun des deux papes ne renoncerait au souverain pontificat ? Peut-être encore jugea-t-il la cause de l'union bien compromise après les réponses dilatoires de Benoit XIII aux envoyés français et le peu de résultat obtenu lors des pourparlers entamés à Marseille en mai 1407 ?

PIÈCE JUSTIFICATIVE

Le doyen et l'official de Nantes et l'archidiacre d'Outre-Loire au diocèse d'Angers reçoivent mandat de faire rentrer l'évêque de Nantes dans les débours que lui a occasionnés la levée d'une décime destinée à payer les frais d'une ambassade à la cour de Benoit XIII. — Rome près Saint-Pierre, 25 janvier 1412.

(*Reg. de la Daterie* 153, f. 52 v°.)

Johannes etc. dilectis filiis decano Nannetensi et archidiacono Transligerensi Andegavensis ecclesie ac officiali Nannetensi, salutem, etc... Justis et honestis supplicum votis libenter annuimus eaque favore prosequimur oportuno. Exhibita siquidem nobis nuper pro parte venerabilis fratris nostri Henrici, episcopi Nannetensis, petitio continebat quod olim, cum carissimus in Christo filius noster Carolus, Rex Francorum illustris, nonnullos prelatos, clericos et nobiles ambaxiatores suos ad Petrum de Luna, Benedictum XIII in sua obedientia nominatum, qui etiam tunc cum Angelo Corario, Gregorio XII in ejus obedientia nominato, de papatu contendebat, pro extir-

(1) 30 août (Blanchard, n. 938) ; 7 et 8 septembre (n. 952 et 953) ; 3 octobre (n. 962) ; 2 et 5 décembre (n. 965 et 968).

patione perniciosi, antiqui et inveterati scismatis in Dei ecclesia tunc vigentis, ac in ipsa ecclesia unione procuranda transmitteret dilectus filius nobilis vir Johannes, dux Britanie, ad instar regis prefati, venerabilem fratrem nostrum Stephanum, episcopum Dolensem, et dilectos filios nobilem virum Johannem, baronem de Malestricto, Herveum Mathie, bacallarium in theologia, et Guillermum Militis, in utroque jure licentiatum, Leonensis diocesis, ad prefatum Petrum, qui et dictus Angelus in Concilio generali dudum Pisis celebrato notorii scismatici et pertinaces heretici declarati fuerunt, suos et eorumdem prelatorum, cleri et nobilium ducatus predicti ambaxiatores transmisit et etiam destinavit, pro quorum Stephani episcopi, baronis, Hervei et Guillermi expensis, tam eundo et redeundo quam suam ambaxiatam hujusmodi prosequendo, necnon et pro aliis supportandis oneribus et expensis circa negocium predicte ambaxiate et ejusdem dependentiarum necessariis, de hujusmodi prelatorum et cleri ducatus predicti vel saltim majoris et sanioris partis eorumdem consensu pariter et assensu, quoddam subsidium per modum equivalentis decime fructuum et proventuum beneficiorum ecclesiasticorum ducatus ejusdem per predictum fratrem nostrum episcopum Nannetensem vel suos ad hoc deputandos levandum, et exigendum imposterum, extitit et etiam ordinatum; quodquidem subsidium cum ante eorumdem Stephani episcopi, baronis, Hervei et Guillermi ad hujusmodi suam ambaxiatam recessum levari et exigi non valeret, Henricus episcopus et dux predicti Episcopo Dolensi, Baroni, Herveo et Guillermo predictis pecuniarum summas eisdem pro suis expensis ad predictam suam ambaxiatam peragendam taxatas et ordinatas realiter tradiderunt et etiam assignarunt; et sicut eadem petitio subjungebat, licet nonnulli ex eisdem prelatis et clero ducatus predicti partem eos contingentem de subsidio predicto prefato episcopo Nannetensi solverunt, tamen alii ex eisdem prelatis et clero partem dicti subsidii eos contingentem asserentes ad illam solvendam, nisi auctoritate apostolica imposita fuerit, et esto etiam quod fecisset, ad summas Herveo et Guillelmo predictis per eumdem episcopum distributas eo quod, prout Herveus et Guillermus predicti familiares ejusdem episcopi commensales extiterant, persolvendas se non posse nec debere compelli, solvere recusaverunt et recusavit, et etiam propterea nonnullas appellationes ad sedem apostolicam et alias emiserunt et adhuc emittere comminantur; quidamque tam clerici quam laici ad dicti subsidii exactionem deputati plures summas, per eos de dicto subsidio perceptas et levatas, penes se servaverunt, quorum aliqui, non impensa de perceptis per eosdem satisfactione, ab hoc seculo decesserunt; nonnulli etiam prelati quotas per suos subditos de dicto subsidio debitas exegerunt quas episcopo predicto tradere renuerunt et recusaverunt; quotas etiam per alios de prefati episcopi mandato perceptas et levatas eidem episcopo tradi et persolvi prohibuerunt et impediverunt prohibentque et impediunt incessanter, ipsius Episcopi Nannetensis, qui summam octingentorum scutorum auri, per ducem eumdem pro negocio dicte ambaxiate baroni predicto traditam, eidem duci ac etiam residuum summarum episcopo, baroni, Herveo et Guillermo predictis pro ambaxiata hujusmodi prosequenda taxatarum et ordinatarum, summa tamen ducentorum francorum auri, quam baro predictus super hujusmodi subsidio diocesis Briocensis perceperat, comprehensa, realiter tradidit et persolvit quampluresque alias misias et expensas, tam de mandato ducis ejusdem quam circa dicti subsidii prosecutionem, et alias multis modis fecit, pro quibus sibi adhuc duorum millium scutorum auri summa vel circa debetur, magnum prejudicium et gravamen; quare pro parte dicti episcopi fuit nobis humiliter supplicatum ut providere sibi super premissis de oportuno remedio de benignitate apostolica dignaremur. Nos igitur, hujusmodi supplicationibus inclinati, discretioni vestre per apostolica scripta mandamus quatinus vos, vel duo, aut unus vestrum, per vos, vel alium seu alios, illos ex hujusmodi prelatis et clero ducatus predicti, qui quotas prefati subsidii eos concernentes, ut premittitur, nondum solverunt, necnon et omnes illos et singulos, qui de dicto subsidio aliquid eidem prefato episcopo non restituerunt, per se vel alios exegerunt vel perceperunt, aut in usus suos vel alios converti fecerunt, omnesque et singulos prefati subsidii vel alicujus quantitatis seu partis ejusdem, pro se vel aliis, quomodolibet debitores cujuscumque dignitatis, status, gradus, ordinis vel conditionis etiam si Sancti Benedicti, Cistercienses, vel Sancti Augustini, aut quorumcumque aliorum ordinum existant, etiam si pontificali prefulgeant dignitate ad solvendum, tradendum et assignandum easdem quotas per eos et ipsorum quemlibet, ut premittitur, quomodocumque debitas prefato episcopo Nannetensi, auctoritate nostra et per censuram ecclesiasticam, predictis et quibuslibet aliis appellationibus postpositis, compellatis, invocato etiam ad hoc, si opus fuerit, auxilio brachii secularis predicte familiaritatis et quibuslibet aliis frivolis objectibus non obstantibus quibuscumque ; non obstante etiam.......... Datum Rome apud Sanctum Petrum, octavo kalendas februarii, anno secundo.

XXVIII

Les désastres de la Guerre de Cent-Ans en Bretagne.

Dans un ouvrage au titre suggestif [1], où le Père Henri Denifle traçait naguère le tableau des malheurs qui accablèrent la France pendant la guerre de Cent-Ans jusqu'à la mort de Charles V, navrante est la liste des fondations pieuses ravagées en Bretagne tant par les bandes anglaises et les grandes compagnies que par les partisans de Charles de Blois ou ceux des Montfort. C'est cette liste, hélas ! déjà trop longue, des désastres qui frappèrent le pays breton qu'à l'aide des registres de Clément VII et de Benoît XIII je m'efforcerai

(1) *La Désolation des églises, monastères, hôpitaux en France pendant la Guerre de Cent Ans.* Paris, 1899.

de compléter, en suivant le plan et la méthode adoptés par le regretté préfet des Archives Vaticanes [1].

Au diocèse de *Nantes*, l'église, les maisons et les dépendances de l'abbaye cistercienne de Notre-Dame de Buzay [2] étaient détruites à ce point que l'exercice du culte divin n'était plus possible. La guerre, la peste et la famine avaient réduit de moitié les revenus de l'abbaye bénédictine de Saint-Gildas-des-Bois [3], et, malgré qu'ils eussent été contraints à refuser l'hospitalité aux pèlerins de passage et à restreindre le chiffre des aumônes distribuées jusque-là aux miséreux, les abbés Hervé ne réussissaient pas à subvenir à leur propre entretien ni à celui des religieux dont pourtant le nombre avait diminué de moitié; encore moins étaient-ils en mesure d'entreprendre les réparations qu'exigeait leur monastère tout délabré. A deux reprises différentes, en 1383 et 1405, le Saint-Siège unit à la mense abbatiale les églises paroissiales de Savenay et de Saint-Dolay, les prieurés de Freigné et de Missillac, eux-mêmes ruinés par les fermiers chargés de les exploiter en l'absence du cardinal Léonard de Giffone, leur commendataire. Depuis les invasions anglaises de 1380, la chapelle de Notre-Dame-des-Ombres, sur la paroisse de La Chevrolière, était presque entièrement détruite [4]. Partageaient le même sort l'ermitage de la forêt de Pontchâteau et la chapelle de la Madeleine qui y était annexée et que les foules chrétiennes

(1) Voyez t. II, p. 744-750.

(2) *Reg. Aven.* 230, f. 116 v°; 3 juillet 1381 « Cum... ecclesia monasterii Beate Marie de Buzeyo, ordinis Cisterciensis, ac domus et alia loca ejusdem monasterii, propter guerras que in illis partibus diu viguerunt et alios varios casus, adeo sunt destructa quod in ipsa ecclesia divinum officium, prout decet, exerceri non potest... Datum Avenione, V nonas julii, anno tertio »; cfr. Denifle, t. II, p. 744.

(3) Voyez mes *Mesures fiscales*..., p. 189, note 6.

(4) *Reg. Aven.* 225, f. 492 v°; *Reg. Vat.* 293, f. 38 v°; 18 septembre 1381 : « Cum itaque, sicut accepimus, capella Beate Marie de Ulmis, Nannetensis diocesis, propter Anglicorum concursus, qui partes illas anno proxime preterito hostiliter invaserunt et guerras que in illis partibus per aliqua tempora viguerunt, sit destructa plurimum et in suis edificiis devastata nequeatque sine fidelium elemosinis commode reparari.. Datum Avenione, XIV kalendas octobris, anno tertio ».

avaient grande dévotion à fréquenter [1]. Les recteurs des églises Notre-Dame et Saint-Brice de Clisson, ainsi que leur clergé et leurs serviteurs ne pouvaient plus vivre des revenus paroissiaux, tant ceux-ci avaient diminué. Olivier de Clisson, le célèbre connétable de France, qui avait choisi sa sépulture dans l'église Notre-Dame (à laquelle avait été déjà unie l'église Saint-Jacques) et qui se proposait d'y instituer six chapellenies perpétuelles suffisamment dotées, demanda à Clément VII de lui incorporer l'église Saint-Brice [2]. L'hôpital d'Ancenis, très éprouvé par la guerre, avait besoin d'être reconstruit [3]. Les murs chancelants de l'église paroissiale de La Bénâte menaçaient de s'écrouler; Catherine de Machecoul, dame de la Bénâte, et les habitants du lieu, pour parer au danger, sollicitèrent du Saint-Siège l'autorisation de les démolir [4]. Le prieuré de Saint-Germain de Freigné était dans un lamentable état de délabrement [5].

Sur le territoire de la paroisse de Domloup, au diocèse de *Rennes*, la chapelle Notre-Dame-de-la-Rivière avait été complètement rasée. Son généreux fondateur, le sire de Châteaugiron, s'empressa de la rebâtir, malgré que son propre hôtel eût été détruit [6].

(1) *Reg. Aven.* 261, f. 241 r°; 18 septembre 1390 « Cum itaque, sicut accepimus, ad capellam Beate Marie Magdalene sitam in heremitagio nemoris Podiscastri, Nannetensis diocesis, causa devotionis confluat non modica populi multitudo, ipseque ac heremitagium predictum propter guerras, que proh dolor in illis partibus diutius viguerunt, in suis edificiis plurimum sint destructa... Datum Avenione, XIV kalendas octobris, anno 12° ».

(2) Pièce justificative, n. I. — Par son testament du 5 février 1406, le sire de Clisson institua des rentes suffisantes pour ériger Notre-Dame en collégiale; cfr. P. Grégoire, *Collégiale de Notre-Dame-de-Clisson*, dans *Revue historique de l'Ouest*, 1886, p. 96; Dom Morice, *Histoire de Bretagne, Preuves*, t. II, col. 779; Travers, t. I, p. 157.

(3) *Reg. Aven.* 234, f. 670 r°; 24 mai 1383 « Cum itaque, sicut accepimus, hospitale pauperum de Ancenis, Nannetensis diocesis, propter guerras que in illis partibus diutius viguerunt in suis edificiis destructum existat et non valeat absque Christi fidelium elemosinis refici seu etiam reparari... Datum Avenione, IX kalendas junii, anno 5° ».

(4) *Mesures fiscales...*, p. 186, note 4.

(5) *Ut supra*, p. 169, note 1.

(6) *Reg. Aven.* 272, f. 418 v°; 3 août 1393 « *Dilecto filio nobili viro Patris, domino loci de Castrogirone, militi Redonensis diocesis, salutem...* Exhibita siquidem nobis nuper pro parte tua petitio continebat quod nuper tu in quodam hospitio tuo, de la Riviere nuncupato, et infra limites parrochialis

Au diocèse de *Vannes*, la chapelle de Saint-Gorel de Missiziac avait été fort endommagée au cours des guerres[1]. L'abbaye bénédictine de Saint-Gildas-de-Rhuys, son église, ses granges et ses autres propriétés réclamaient de coûteuses réparations que la diminution des revenus empêchait de commencer[2]. Par crainte des compagnies qui menaçaient de la destruction le couvent des Frères Mineurs construit hors Vannes, les Vannetais se décidèrent à le réunir à leur cité par des murs et prièrent à cet effet Clément VII d'accorder des indulgences aux fidèles qui par leurs aumônes les aideraient à réaliser leurs projets[3].

Dévastée par les Anglais vers 1383[4], ayant eu sans doute beaucoup à souffrir des deux sièges de Brest tentés sans succès en 1386 et 1387 par le duc de Bretagne et des représailles de l'armée venue au secours des assiégés[5], l'abbaye bénédictine de Landévennec, au diocèse de *Quimper*, fut

ecclesie de Donlou, Redonensis diocesis, situato unam capellam in honore Beate Marie Virginis fundatam et propter guerras, que in illis partibus diutius viguerunt, unacum hospitio penitus destructam, reedificari facis et proponis, nos igitur tuis in hac parte supplicationibus inclinati tibi ac heredibus et successoribus tuis imposterum jus presentandi personam idoneam ad dictam capellam in perpetuum reservamus, jure cujuslibet in omnibus semper salvo... Datum Avenione, III nonas augusti, anno quinto decimo ».

(1) *Reg. Aven.* 224, f. 533 v°; 26 février 1380; Denifle, t. II, p. 796. « *Universis Christi fidelibus*... Cupientes igitur ut cappella Sancti Goreti de Misseriaco, Venetensis diocesis, que propter guerras que in illis partibus diu viguerunt destructa existit, congruis honoribus frequentetur et etiam repparetur... Datum Avenione, V kalendas martii, anno secundo. »

(2) *Reg. Aven.* 251, f. 229 r°; 8 juin 1387. « *Dilecto filio Oliverio, abbati monasterii Sancti Gildasii Ricensis, O. S. B., Venetensis diocesis*... Sane petitio pro parte tua nobis exhibita continebat quod monasterium tuum, ac ecclesia, et grangie et alia loca ipsius magnis reparationibus indigent, ad quas faciendas redditus et proventus ejusdem, qui propter guerras et mortalitatum pestes sunt plurimum diminuti, non sufficere minime dinoscuntur... Datum Avenione, VI idus junii, anno nono; Expeditum XII kalendas junii, anno XIV°; traditum parti III kalendas junii anno XIV°. »

(3) *Reg. Aven.* 220, f. 500 v°; 27 avril 1380. « Cum itaque, sicut accepimus, dilecti filii cives Venetenses, attendentes quod domus fratrum Minorum Venetensis, que extra muros Venetenses consistit, pro timore gentium armigerarum pro tempore destrui et etiam dirimi posset, ac etiam infra dictos muros ponere et muris circumdare proponant... Datum Avenione, V kalendas maii, anno II°. »

(4) Gallia Christiana, t. XIV, col. 895; Denifle, t. II, p. 796.

(5) A. de La Borderie, *Le Siège de Brest en 1387*, dans *Revue de Bretagne et de Vendée*, 1889, p. 198-203.

saccagée avant 1389. « Des fils d'iniquité », après avoir brisé ses portes, l'envahirent. Parmi les moines, prêtres ou clercs qui s'y trouvaient, les uns furent traînés en prison, tandis que les autres, l'abbé en tête, furent violemment expulsés et contraints à s'enfuir. Tous les biens meubles et immeubles tombèrent aux mains des agresseurs. Les croix, les calices, les reliques, les livres, les ornements, tout fut emporté. Les manoirs, les terres et les autres possessions de l'abbaye furent saisis; les bois coupés ou incendiés (1). Pareillement l'église paroissiale « Sancti Tremori de Brahes » n'avait plus ni calice, ni ornement, et par surcroît nécessitait d'amples réparations (2). Le vestiaire et les objets du culte de la chapelle Notre-Dame « de Seucledin » (3) et de l'église « de Sancto Suliano » avaient été livrés au pillage; leurs murs menaçaient ruines (4).

L'hôpital Notre-Dame de *Saint-Pol-de-Léon* avait subi de tels dommages que l'office divin ne s'y célébrait plus et que les pauvres ne pouvaient plus y être abrités (5). Même situation à l'hôpital Saint-Yves de Saint-Renan, qu'avaient visité les soudards anglais et les compagnies (6). Placé sur la route des

(1) Pièce justificative, n. II.

(2) *Reg. Aven.* 229, f. 311 v°; 10 mars 1392. « Cum itaque, sicut accepimus, parrochialis ecclesia Sancti Tremori de Brahes, Corisopitensis diocesis, reparationibus indigeat et occasione guerrarum, que ibidem viguerunt, calicibus et aliis ornamentis ibidem necessariis destituta existat... Datum Avenione, VI idus martii, anno 14°. »

(3) *Reg. Aven.* 229, f. 373 v°; 22 avril 1392. « Cum itaque, sicut accepimus, capella Beate Marie de Seucledin, Corisopitensis diocesis, sita infra metas parrochialis ecclesie sancti Suliani, dicte diocesis, propter guerras et mortalitates, que in illis partibus diutius viguerunt, sit penitus desolata et in suis edificiis magnam minetur ruinam, sitque in vestiariis et aliis ad cultum divinum necessariis spoliata quampluribusque reparationibus indigeat sumptuosis... Datum Avenione, X kalendas maii, anno 14°. »

(4) *Reg. Aven.* 229, f. 373 v°; même date et même teneur que la précédente.

(5) *Reg. Aven.* 247, f. 450 v°; 2 avril 1387. « Cum itaque, sicut accepimus, hospitale pauperum, hospitale Beate Marie de Castro Pauli Leonensi nuncupatum, propter guerras, que in illis partibus diutius viguerunt, adeo sit destructum quod pauperes hospitari ibidem cultusque divinus, prout decet, exerceri non possunt, et ad ipsius reparationem pauperumque sustentationem Christi fidelium suffragia sint multum oportuna... Datum Avenione, IV nonas aprilis, anno 9°. »

(6) *Reg. Aven.* 253, f. 517 r°; 7 juin 1388. « Cum itaque, sicut accepimus, domus Dei seu hospitale pauperum beati Yvonis in loco Sancti Ronani, Leonensis diocesis, fundatum necnon capella ejusdem, ad quam causa

envahisseurs de la France, qui de jour en jour couraient le plat pays, le prieuré de Lochrist ne donnait plus de rentes suffisantes pour nourrir les moines qui le desservaient[1]. L'abbaye bénédictine de Saint-Mahé, ruinée en 1342, dévastée une seconde fois en 1375[2], était quasi détruite. Son luminaire, ses reliques, ses livres, ses ornements avaient été dispersés[3]. De violentes tempêtes avaient renversé, dans l'île d'Ouessant, l'église Notre-Dame, déjà maltraitée par les guerres[4].

Les faubourgs de Guingamp, au diocèse de *Tréguier*, jadis très populeux, n'existaient plus[5]. L'église paroissiale du Hengoat demandait d'importantes réparations et sa sacristie était dépouillée d'ornements[6].

En 1394, vers la Nativité de la Saint-Jean-Baptiste, le sire de Clisson et le comte de Penthièvre investirent *Saint-Brieuc*

devotionis magna affluit populi multitudo, propter guerras tam Anglicorum quam gentium aliarum, que in illis partibus diutius viguerunt, in suis edificiis destructi et in redditibus diminuti existant adeo quod pauperes Christi degentes ibidem commode sustentari et hospitari, edificiaque ipsius hospitalis absque Christi fidelium suffragiis reparari non possint... Datum Avenione, VII idus junii, anno 10°. »

(1) *Reg. Aven.* 250, f. 560 v°; 31 août 1389. « Cum itaque, sicut accepimus, ecclesia prioratus loci Christi, Leonensis diocesis, propter guerras, que in illis partibus viguerunt et indies vigent, per regni Francorum inimicos qui de die in diem ibidem affluunt et discurrunt, multis indigeat reparationibus, ac fructus, redditus et proventus ejusdem prioratus ad sustentationem illorum qui divinum cultum ibidem celebrant, prout decet, sufficere non valeant... Datum Avenione, II kalendas septembris, anno 11°. »

(2) Denifle, II, p. 747; *Gallia Christiana*, t. XIV, col. 987.

(3) *Reg. Aven.* 260, f. 547 v°; 7 octobre 1392. « Cum itaque, sicut accepimus, monasterium beati Mathei in finibus terrarum, O. S. B., Leonensis diocesis, propter guerras et pestilentias que in illis partibus diutius viguerunt et continue vigent, quasi destructum et in suis facultatibus depauperatum existat, luminariis, reliquiis, libris et aliis ornamentis et onerosis reparationibus indigeat quamplurimis... Datum Avenione, nonis octobris, anno 14°. »

(4) *Reg. Aven.* 272, f. 488 v°; 14 octobre 1393. « ...Cupientes igitur ut parrochialis ecclesia Beate Marie de Ossa insula infra mare, Leonensis diocesis, que tam propter guerras quam tempestates marinas ibidem vigentes omnino destructa existit, ...reparetur... Datum Avenione, II idus octobris, anno quinto decimo. »

(5) « Ubi multi solebant esse parrochiani, que suburbia destructa fuerunt propter guerras. » *Reg. Aven.* 319, f. 177 r°.

(6) *Reg. Aven.* 222, f. 625 v°; 1er mars 1380. « Cum itaque, sicut accepimus, ecclesia parrochialis Beati Mandeti de Hengoet, Trecorensis diocesis, occasione guerrarum ducatus Britannie multis reparationibus et aliis ornamentis indigeat sumptuosis... Datum Avenione, Kalendis martii, anno 2°. »

avec une puissante armée. Après un siège de quinze jours [1], ils s'emparèrent de la cathédrale fortifiée par le duc de Bretagne et la jetèrent à terre ainsi que le château; puis ils s'acharnèrent contre la ville, ses églises et celles des alentours jusqu'à ce qu'ils les eurent détruites [2].

Trente années de guerres consécutives, auxquelles se joignit la peste, avaient enlevé tout moyen d'existence au recteur de l'église de Saint-André de Lohéac, comprise dans les limites du diocèse de *Saint-Malo* [3]. L'église du prieuré-cure de Québriac, la chapelle Saint-Malo de Travoux et sa clôture avaient été démolies en grande partie [4]. Autrefois riche et peuplée, la paroisse de Bécherel était déserte et sans ressource à la suite du séjour des troupes ennemies de la France qui y établirent leur campement pendant près de trente ans; aussi dans son église détruite le culte avait cessé [5]. La cha-

(1) Lobineau, *Histoire de Bretagne*, t. I, p. 483, et *Preuves*, t. I, col. 863; et Dom Morice, *Histoire de Bretagne*, t. I, p. 419.

(2) « Anno Domini 1394, circa festum beati Joannis Baptiste, dominus de Clissonio et dominus comes Penlevrie cum magno exercitu fuerunt in villa Briocensi, destruxerunt villam, ecclesias Briocenses et circumvicinas ecclesias, prostraverunt castrum ad terram et ecclesiam, et multa alia mala viris ecclesiasticis intulerunt. » *Reg. Aven.* 319, f. 173 v°.

(3) *Reg. Aven.* 221, f. 513 r°; 26 avril 1380; Denifle, t. II, p. 750. « ... Cum itaque, sicut accepimus, parrochialis ecclesia Sancti Andree de Loheac, Macloviensis diocesis, tam propter guerras que a triginta annis citra quam mortalitatum pestes, que diutius in illis partibus viguerunt, in suis redditibus adeo diminuta existat quod rector ipsius ecclesie ex ipsis redditibus sustentari absque fidelium adjutorio minime posset, nos cupientes ut eadem ecclesia in suis edificiis debite sustineatur et congruis honoribus frequentetur, ac ipsius rector condecentem sustentationem habeat... Datum Avenione, VI kalendas maii, anno secundo. »

(4) *Reg. Aven.* 222, f. 519 v°; 23 juin 1380; Denifle, t. II, p. 750. « Cupientes igitur ut ecclesia prioratus de Quabriaco, O. S. A., Macloviensis diocesis, ac cappella de Travors sita infra limites parochie dicte ecclesie, que parrochialis existit, congruis honoribus frequentetur, ac cappella ipsa et ejus cancellum que, sicut accepimus, propter guerras et mortalitatum pestes que in partibus illis diutius viguerunt et vigent etiam de presenti, pro magna sui parte destructe existunt, reparentur... Datum Avenione, IX kalendas julii, anno 2°. »

(5) *Reg. Aven.* 220, f. 407 r°; 10 mai 1380. « Cum itaque, sicut accepimus, ecclesia parrochialis Beate Marie de Becherello, Macloviensis diocesis, que olim quampluribus fructibus, redditibus et proventibus dotata et magna multitudine parrochianorum populata existebat, propter inimicos Regni Francie qui ibidem per triginta annos vel circiter moram traxerint continuam, destructa et quasi ad nichilum reducta, fructusque, redditus et proventus adeo attenuati et parrochiani predicti dispersi existant, quod ecclesia ipsa divino propterea officio defraudatur... Datum Avenione, VI idus maii, anno II°. »

pelle de la léproserie de Saint-Luc, en la paroisse de Gaël, était en ruines [1]. L'abbé de Paimpont constatait avec douleur la diminution de ses revenus; ne sachant comment subvenir à sa propre subsistance ni à celle de ses chanoines réguliers, désespérant de réussir à supporter toutes les charges qui lui incombaient, sans ressources pour commencer les réparations dont son monastère avait un réel besoin, il lui fallut supplier l'évêque de Saint-Malo puis Benoît XIII d'unir à sa mense abbatiale le prieuré de Bruc [2].

Malgré les dangers d'une longue traversée, deux cents Dolois et Doloises avaient gagné sans encombres, sur le Saint-Jacques-de-Vivier, le port où ils atterrirent pour de là effectuer leur pèlerinage à Saint-Jacques-de-Compostelle. Au retour le navire fut capturé par des forbans anglais, originaires d'Exeter. Les pèlerins qui possédaient quelques biens payèrent une rançon onéreuse; quant aux autres, ils restèrent

(1) *Reg. Aven.* 258, f. 198 r°; 30 mars 1391. « Cum itaque, sicut accepimus, capella domus leprosarie Sancti Luce site infra metas parrochie de Gadello, Macloviensis diocesis, propter guerras que in illis partibus diutius viguerunt destructa existit et non modica reparatione indigeat et ad reparationes hujusmodi proprie ipsius capelle non suppetant facultates. Datum Avenione, III kalendas aprilis, anno tertiodecimo. »

(2) *Reg. Avin.* 305, f. 26 r°; 18 octobre 1397 : « Sane petitio pro parte dilectorum filiorum Guillelmi, abbatis, et conventus monasterii Beate Marie Panispontis, O. S. A., Macloviensis diocesis, nobis exhibita continebat quod olim, pro parte dictorum abbatis et conventus, venerabili fratri nostro Roberto, episcopo Macloviensi, exposito quod fructus, redditus et proventus dicti monasterii, tam propter guerras que in illis partibus viguerant, quam alias, adeo diminuti, tenues et exiles existebant, quod ad sustentationem abbatis et conventus, reparationem monasterii predictorum, et eorum onera supportanda minime sufficiebant; ac humiliter supplicato ut prioratum de Bruc, ordinis et diocesis predictorum, qui pars est a dicto monasterio dependens et per canonicos ipsius monasterii est solitus gubernari, tunc per obitum quondam Godonis Le Retours, dicti prioratus prioris, qui extra Romanam Curiam decessit, vacantem eidem monasterio imperpetuum unire et annectere dignaretur, idem episcopus hujusmodi supplicationibus inclinatus ac habitis cum dilectis filiis decano et capitulo ecclesie Macloviensis super hiis tractatu et deliberatione matura de ipsorum decani et capituli consilio et assensu dictum prioratum sic vacantem cum omnibus juribus et proventibus suis eidem monasterio auctoritate ordinaria perpetuo annexuit et univit......; quare pro parte dictorum abbatis et conventus nos extitit humiliter supplicatum ut unioni et annexioni hujusmodi robore confirmationis adicere de benignitate apostolica dignaremur. Datum Avenione, XV kalendas novembris, anno IV°. »

captifs des corsaires qui, au grand chagrin du patron du Saint-Jacques, gardèrent aussi leur prise[1].

Les mots « destruction » et « ruine » reviennent à tout propos dans les lignes qui précèdent. N'y a-t-il pas lieu de taxer d'exagération les rédacteurs des suppliques, destinées à apitoyer le Saint-Siège, dont la teneur est reproduite dans l'exposé des bulles de Clément VII et de Benoît XIII ? Sans doute, ainsi que l'a remarqué le P. Denifle[2], souvent ces termes « n'impliquent qu'un état de dédommagement général »; témoin le libellé même des suppliques. Ainsi, par exemple, lorsque le suppliant sollicite des indulgences pour les fidèles qui concourront à la restauration de tel édifice religieux, comme c'est le cas le plus fréquent, le mot « destruction » ne saurait être pris dans le sens péjoratif qu'il implique. Mais dans d'autres occasions, il n'est que trop exact pour la chapelle de Notre-Dame-de-la-Rivière, le monastère de Saint-Mahé... Qu'importe, d'ailleurs; la réédification ou la restauration des fondations pieuses prouvent abondamment qu'une profonde misère régnait en Bretagne à la fin du XIVe siècle et que, malgré les désastres accumulés par la guerre de Cent-Ans, laïques et ecclésiastiques ne perdaient pas courage.

Le tableau des malheurs de la Bretagne qui vient d'être esquissé resterait inachevé si, en regard des établissements

(1) *Reg. Aven.* 221, f. 515 r°; 21 novembre 1379. « *Dilecto filio.. officiali Macloviensi, salutem, etc.*. Exhibita nobis pro parte dilecti filii Thome Barle, laici Dolensis diocesis, petitio continebat quod, cum olim ipse in quadam nave sua, nave s. Jacobi de Vivario nuncupata, ducentos peregrinos tam viros quam mulieres ad Sanctum Jacobum, peregrinationis causa, duxisset, ac deinde cum eisdem nave et hujusmodi peregrinis per mare rediret, Johannes Bacquaire, Benedictus Boudessalle, Johannes Petri et Johannes Windi, laici Exoniensis diocesis, latronculi marini, cum quibusdam aliis marinis latrunculis, prefatis Thome et peregrinis venientes obviam, navem et Thomam ac peregrinos eosdem ceperunt, ac ipsos Thomam et peregrinos bonis omnibus que tunc secum habebant nequiter spoliarunt, et ad terram suam captivos duxerunt, illosque ex eis qui se redimere poterant compulerunt, alios autem captivos et navem predictam extunc detinuerunt prout detinent de presenti... Datum Avenione, XII kalendas decembris, anno secundo. »

(2) Tome II, p. 765. — J'ai consulté sans profit l'article de M. de la Nicollière-Teijeiro publié au tome X des *Annales de Bretagne* sous le titre : *La Bretagne et la fin de la Guerre de Cent ans.*

religieux ruinés, endommagés ou détruits par la guerre de Cent-Ans, on n'établissait pas la liste encore plus fournie des édifices du culte réclamant de sérieuses réparations que, faute de ressources, les gens d'église étaient impuissants à effectuer sans recourir à la charité publique. Mais les aumônes des fidèles, sinon rares, sont peu abondantes; et, signe caractéristique du malaise général qui existe parmi les diverses classes de la société bretonne, même dans les lieux de pèlerinage fréquemment visités par un grand concours de peuple et favorisés de nombreux miracles, le chiffre des dons est disproportionné avec les dépenses que nécessite l'entretien des bâtiments.

A l'honneur du clergé de Bretagne, la générosité du public n'est encouragée que par les avantages qu'offrent les indulgences accordées par le Saint-Siège et non par l'exhibition de reliques bizarres, à l'authenticité plus que douteuse, comme cela se pratiquait en d'autres régions de la France. Chose curieuse, malgré l'insécurité de l'heure présente, poussés par les sentiments d'une foi profonde ou par la pensée d'obtenir du Ciel le pardon de leurs fautes, certains seigneurs ne craignent pas de fonder des chapellenies, d'ériger des chapelles, de construire des couvents, de créer des hôpitaux.

De l'ensemble des documents réunis dans l'Appendice III[1], l'historien de l'art breton pourra tirer grand profit pour dater, en tout ou en partie, ceux des édifices religieux que le temps a respectés. Toutefois, ce serait une erreur de croire que les aumônes des fidèles, stimulés par les largesses spirituelles du Saint-Siège, affluèrent dès la publication des bulles pontificales et que les réparations commencèrent aussitôt. De nombreux exemples, celui de la cathédrale de Vannes en particulier, prouvent que les restaurations pourtant utiles et même indispensables ne s'opérèrent pas vite, tant la fortune publique avait été lésée par les désastres de la guerre de Cent-Ans.

(1) Voir *infra*, p. 199. — Des bulles on n'a donné que l'exposé, qui seul intéresse et qui en général reproduit le texte de la supplique adressée à la chancellerie pontificale; le reste importe peu au point de vue historique; on n'y énonce que les indulgences concédées par le Saint-Siège.

PIÈCES JUSTIFICATIVES

I

Clément VII autorise l'incorporation de l'église de Saint-Brice de Clisson à celle de Notre-Dame. — Avignon, 9 octobre 1379.

(*Reg. Avinion.* 215, f. 258 v°.)

Dilecto filio officiali Andegavensi salutem, etc.... Apostolice servitutis... Exhibita siquidem nobis nuper pro parte dilecti filii nobilis viri Oliverii de Clicio, militis, domini ville de Clicio, Nannetensis diocesis, petitio continebat quod fructus, redditus et proventus Beate Marie et Sancti Bricii parrochialium ecclesiarum dicte ville adeo propter guerras, que in Britanie et Aquitanie partibus, in quarum confrontationibus dicta villa consistit, a longis citra temporibus viguerunt et vigent protholor, de presenti tenues et exiles existant quod ex illis rectores ecclesiarum earumdem cum suis clericis et servitoribus non possunt exinde commode sustentari et alia onera eis incumbentia debite supportare; quare pro parte dicti militis nobis extitit humiliter supplicatum ut dictam parrochialem ecclesiam Sancti Bricii eidem parrochiali ecclesie Beate Marie, cui dudum parrochialem ecclesiam Sancti Jacobi de Clicio, dicte diocesis, inibi gratiose uniri concessimus, et in qua dictus miles suam sepulturam elegit et sex perpetuas capellanias instituere et illas de bonis a Deo sibi collatis sufficienter dotare proponit, incorporare de benignitate apostolica dignaremur. Nos igitur, de premissis certam notitiam non habentes hujusmodi supplicationibus inclinati, discretioni tue... per apostolica scripta committimus et mandamus quatinus, si est ita, dictam parrochialem ecclesiam Sancti Bricii cum omnibus juribus et pertinentiis suis dicte ecclesie parrochiali Beate Marie, auctoritate apostolica, in perpetuum incorpores, unias et annectes, ita quod, cedente vel decedente rectore dicte ecclesie sancti Bricii, qui nunc est, liceat rectori ipsius ecclesie Beate Marie, qui est et erit pro tempore, per se vel procuratorem suum, corporalem possessionem parrochialis ecclesie Sancti Bricii juriumque et proventuum predictorum, auctoritate propria, apprehendere et etiam retinere, fructusque, redditus et proventus ejusdem parrochialis ecclesie sancti Bricii in suos et propriarum ecclesiarum, usus cimiterii, diocesani loci et cujuscumque alterius licentia minime requisita. Contradictorum... proviso quod dicta parrochialis ecclesia Sancti Bricii debitis non fraudetur obsequiis et quod ejus onera consueta debite supportentur et animarum cura in ea nullatenus negligatur. Volumus autem quod concessio hujusmodi de dicta ecclesia Sancti Jacobi, ut prefertur facta, super qua littere apostolice nondum sunt confecte, exnunc sit cassa et irrita nulliusque roboris vel momenti... Datum Avinione, VII idus octobris, anno primo.

II

Clément VII charge les évêques d'Angers, de Quimper et de Léon de porter secours à l'abbé de Landévennec qui a été dépossédé de son monastère et dont les religieux sont dispersés. — Avignon, 14 juin 1380.

(Reg. Avinion. 259, f. 111 r°.)

Venerabilibus fratribus Andegavensi, et Corisopitensi ac Leonensi episcopis salutem, etc. Gravis dilectorum filiorum Guillermi abbatis et conventus monasterii Sancti Wingolen de Landeguenec, ordinis sancti Benedicti, Corisopitensis diocesis, ad nostrum querela produxit auditum quod olim nonnulli iniquitatis filii, monasterium predictum armata manu hostiliter invadentes, monasterium ipsum, ejus effractis januis, violenter intrare et in monachos dicti monasterii, ac presbyteros et clericos ibidem existentes, Dei timore postposito, manus violentas injicere, et quosdam ex ipsis capere, et carceri mancipare ac detinere, dictumque abbatem et quosdam alios dicti monasterii monachos exinde per vim expellere et fugare, ac monasterium ipsum et ejus ecclesiam cum personis aliis ac bonis et rebus ibidem existentibus capere et occupare, ac occupata detinere, et insuper ipsius monasterii cruces, calices, reliquias, libros, paramenta et ornamenta divinis cultui et usui deputata ausu sacrilego, necnon ipsius monasterii fructus, redditus et proventus, ac alia bona mobilia et immobilia violenter rapere, et in predicta abducere seu asportare, et maneria, terras et bona alia invadere, et silvas incidere, et igni subicere et concremare temere presumpserunt et presumere non verentur, quodque nonnulli qui gloriantur, cum malefaciunt, hujusmodi criminum patratores necnon et clericos et personas ecclesiasticas ab eis captos, et insuper res et bona hujusmodi in predicta abducta seu asportata in civitatibus, villis, castris, fortalitiis, terris et aliis locis eorum scienter et malitiose receptaverunt et receptant; aliqui vero premissa omnia seu nonnulla ex eis fieri seu committi fecerunt et eciam mandaverunt, seu eorum nomine, et mandata facta seu commissa rata habuerunt et habent; alii vero eisdem predictorum criminum patratoribus in committendis excessibus eisdem per se et alios prestiterunt et prestant auxilium et [411 v°] favorem, eaque omnia que in gravem divine magestatis offenssam, animarum periculum, ecclesiastice libertatis contemptum, dictorum abbatis, et conventus ac subditorum suorum enorme prejudicium, et plurimorum scandalum cedere dinoscuntur, adeo sunt in partibus illis notoria quod nulla possit tergiversatione celari; quare pro parte dictorum abbatis et conventus fuit nobis humiliter supplicatum ut providere ipsis super hoc de oportuno remedio dignaremur. Nos itaque attendentes quod non decet nec expedit tam detestandos excessus dimittere incorrectos, ac super eis, quantum cum Deo possumus, adhibere remedium cupientes, fraternitati vestre per apostolica scripta committimus et mandamus quatinus vos, vel duo aut unus vestrum, per vos vel alium, seu alios, omnes et singulos tam clericos quam laicos cujuscumque status, ordinis vel conditionis existant qui, ut premittitur, predictos monachos, presbyteros et clericos ceperunt vel detinuerunt, ac sic captos scienter et malitiose receptaverunt, et receptant seu detinent, necnon eorum captionem, detentionem et receptionem hujusmodi vel aliquam ex eis fieri mandarunt aut eorum nomine facta, rata et grata habuerunt seu habent, utpote excommunicatos a canone generaliter per omnes ecclesias et loca, in quibus expedire videritis, auctoritate nostra excommunicatos publice nuncietis, et insuper omnes et singulos tam sic excommunicatos a canone quam alios qui monasterium predictum, aliasque personas, res et bona ibidem existentia ceperunt, calices, cruces, reliquias, libros, paramenta et ornamenta, fructus, redditus et proventus, et bona alia rapuerunt, et in predicta abduxerunt et asportaverunt, aut ipsius monasterii terras, maneria, silvas et loca invaserunt, seu in eis incendium posuerunt, ac eos qui talia fieri seu committi mandaverunt seu fecerunt, aut eorum nomine vel mandato facta seu commissa rata habuerunt seu habent ipsorumque ea patrantium ac rerum et bonorum hujusmodi in predicta asportatorum receptatores ex parte vestra generaliter publice in ecclesiis coram populo, per vos vel alios, moneatis ut infra competentem terminum quem eis prefixeritis monachos et alios captos predictos relaxent dictumque monasterium cum omnibus juribus et pertinentiis suis aliaque capta et occupata, rapta, abducta et asportata predicta prefatis abbati et conventui libere restituant et dimittant, ac de ipsis et predictis aliis rebus et bonis raptis et in predicta abductis seu asportatis, incisis et incensis, et aliis de hujusmodi per eos commissis debitam satisfactionem impendant et, si id infra dictum terminum non impleverint, in illos qui alias ob premissa a jure excommunicati non sunt, generalem excommunicationis sententiam proferatis, ipsorumque omnium qui hujusmodi monita non impleverint terras, opida, castra, [112 r°] villas et loca subiciatis ecclesiastico interdicto, preterea tam dictos quam alios omnes et singulos clericos et laicos necnon locorum universitates generaliter et publice eadem auctoritate monere curetis ut a talibus omnino deinceps abstineant, alioquin extunc omnes singulos qui talia conmittere et attemptare presumpserint in singulares scilicet personas in illis videlicet casibus ex predictis in quibus excommunicationem per jam editos canones non subirent excommunicationis et in universitates in omnium et singulorum talia committentium terras et loca interdicti generales sententias proferatis et nichilominus omnes et singulos quos simpliciter et de plano, sine strepitu et figura judicii, solerti et fideli adhibita diligentia, repperiretis talia conmisisse aut fecisse, vel mandasse fieri aut conmitti, aut eorum nomine vel mandato facta seu conmissa grata et rata habere, si singulares persone sive ab eorum canone sive vigore monitionum hujusmodi excommunicati sint, excommunicatos nominatim, candelis accensis; si vero universitates extiterint, et monitionibus hujusmodi non paruerint, eos etiam nominatim ipsorumque omnium singularum personarum et universitatum eisdem monitionibus non parentium terras et loca interdicta tamdiu, diebus dominicis et festivis, in ecclesiis atque locis, in quibus vobis videbitur expedire, cum major in eis fuerit cleri seu populi multitudo, publice nuncietis et faciatis ab aliis nunciari, ipsosque excommunicatos arcius ab omnibus evitari donec super hiis satisfecerint conpetenter, et cum vestris litteris rei veritatem continentibus ad Sedem Apostolicam venerint pro absolutionis ab excommunicatione predicta et interdicti hujusmodi relaxationis beneficiis obtinendis. Nos enim, ne sub spe venie faciliter consequende incentivum delinquendi aliquibus forsitan prebeatis, absolutionem ab excommunicationum sententiis et relaxationem seu suspensionem interdicti hujusmodi nobis vel successoribus nostris, Romanis pontificibus, nostro reservamus, ita videlicet quod nullus preterquam in mortis articulo quemquam ab excommunicationum sententiis hujusmodi absolvere possit; ceterum, si forsan predictorum hujusmodi scelerum patratorum et receptionem eaque fieri mandantium ipsisque dantium in illis, per se, vel alium seu alios directe vel indirecte publice vel occulte auxilium, consilium vel favorem prestantes pro monitione, et requisitione seu citatione hujusmodi de ipsis faciendis securo vel conmode haberi nequiret, vobis monitionem [412 v°] et requisitionem hujusmodi et citationes quaslibet per edicta publica in locis affigenda publicis, de quibus sit verisimilis conjectura, que ad notitiam citatorum et monitorum hujusmodi pervenire valeat, faciendi plenam tenore presentium concedimus facultatem, et volumus quod proinde ipsos citatos, requisitos et monitos, ut premittitur, arcet ac si eis facte et insinuate presentialiter et personaliter extitissent, contradictores per censuram ecclesiasticam appellatione postposita compescendo. Non obstantibus... Datum Avenione, XVIII kalendas julii, anno undecimo.

III

Indulgences accordées par le Saint-Siège à ceux qui par leurs aumônes concourront aux réparations des édifices du culte situés en Bretagne.

Diocèse de Rennes

1

Universis Christi fidelibus... Cum itaque, sicut accepimus, domus Dei elemosinaria nuncupata beati Nicolai Filgeriarum [1], Redonensis diocesis, ad quam multi pauperes confluunt qui ex ipsius facultatibus nequeunt commode sustentari, in suis edificiis magnis reparationibus indigeat, que absque Christi fidelium elemosinis fieri non possunt, nos cupientes ut capella ipsius domus, que in honore beati Joannis Baptiste, et sanctorum Nicolai et Yvonis confessorum ac beate Catherine edificata existit, congruis honoribus frequentetur, ac pauperes ipsi sustententur et edificia hujusmodi reparentur... Datum Avenione, XII kalendas julii, anno secundo [20 juin 1380].

Reg. Avin. 224, f. 551 r°.

(1) Maison-Dieu de Saint-Nicolas de Fougères, dite l'Aumônerie (De Corson, *Pouillé...*, t. III, p. 277).

2

Cupientes igitur ut... Christi fideles... ad reparationem [ecclesie parrochialis sancti Martini de Bestonio[1], Redonensis diocesis,] manus porrigant adjutrices... Datum Avenione II kalendas septembris, anno 2° [31 août 1380].

Reg. Avin 222, f. 509 v°.

3

Item pro « capella Beate Marie infra metas parrochialis ecclesie de Melereyo, Redonensis diocesis, instituta... Datum Avenione, II kalendas septembris, anno 2° [31 août 1380]. »

Reg. Avin 222, f. 509 v°.

4

Cupientes itaque ut ecclesia monasterii Sancti Georgii[2], O. S. B., prope Redonenses, ad quam causa devotionis ex diversis mundi partibus magna confluit populi multitudo, congruis honoribus frequentetur... Datum Avenione, VII kalendas aprilis, anno 9° [26 mars 1387].

Reg. Avin. 247, f. 391 v°.

5

Cupientes itaque ut cappella Beate Marie de Montealto[3], sita infra metas parrochialis ecclesie [de Montealto], Redonensis diocesis, ad quam, sicut asseritur, populi multitudo propter miracula qui ibidem divina clementia operatur... reparetur. Datum Avenione, IV nonas julii, anno 9° [4 juillet 1387].

Reg. Avin. 251, f. 476 v°.

(1) Saint-Martin-de-Bellon, canton de Rennes.
(2) Abbaye de femmes de Saint-Georges de Rennes.
(3) Notre-Dame de Montault (De Corson, *Pouillé*..., t. V, p. 257), canton de Louvigné-du-Désert, Ille-et-Vilaine.

6

Cum itaque, sicut accepimus, ecclesia prioratus sancti Symphoriani de Mortigneyo Ferricallidi, Redonensis diocesis, que, ut asseritur, sic minatur ruinam quod oportet ipsam de novo refici et quod absque Christi fidelium auxilio fieri non potest... Datum Avenione, nonis februarii, anno XI° [5 février 1389].

Reg. Avin. 258, f. 409 r°.

7

Dilecto filecto nobili viro Bertrando de Texue, domino loci de Texue, Redonensis diocesis... Nuper siquidem pro parte tua fuit expositum coram nobis quod tu ob reverentiam Dei, Beate Marie Virginis et Beate Catherine quamdam cappellam sub vocabulo ipsius Beate Catherine in manerio tuo loci de Texue [1], Redonensis diocesis, construere et fundare, eamque de decem libris turonensium parvorum annui et perpetui redditus dotare proponis... Anno tertiodecimo [31 octobre 1390-30 octobre 1391].

Reg. Avin. 268, f. 254 v°.

Diocèse de Saint-Malo

8

Venerabili fratri.. episcopo Macloviensi, salutem, etc... Oblate siquidem nobis nuper pro parte dilecti filii nobilis viri Gaufridi de Pargar, scutiferi tue diocesis, petitionis series continebat quod ipse, divini nominis accensus amore ac cupiens terrena in celestia et transitoria in eterna felici commercio commutare, ad omnipotentis Dei, et Beate Marie Virginis matris ejus ac totius curie celestis laudem et gloriam ac pro sue, et progenitorum, ac parentum et benefactorum suorum animarum salute, quamdam capellam junctam ca-

(1) Sainte-Catherine-de-Texue, paroisse de Pacé, Ille-et-Vilaine (De Corson, *Pouillé*..., t. V, p. 303).

pelle sancti Maclovii de Lecouet in parrochia sancti Petri de Plourec[1], dicte tue diocesis, de bonis a Deo sibi collatis construi et edificari fecit, nemine contradicente seu se opponente, as eandem capellam et de bonis suis propriis sacerdotem ydoneum, qui duas missas qualibet ebdomada perpetuo in eadem celebrare tenebitur, hac vice personam instituendo sufficienter dotare proponit; quare pro parte dicti Gaufridi nobis fuit humiliter supplicatum ut sibi ac suis heredibus et successoribus eandem capellam altius erigere et eam in reddilibus largius dotare possit licentiam concedere, ac eisdem Gaufrido, heredibus ac successoribus jus patronatus et collationem ipsius capelle perpetuis temporibus reservare de speciali gratia dignaremur... Datum Avenione, VI kalendas maii, anno secundo [26 avril 1380].

Reg. Avin. 224, f. 542 v°.

(L'évêque de Saint-Malo est chargé de faire une enquête et d'accorder la faveur demandée, si la fondation est suffisamment assurée).

9

Cupientes igitur ut capella Beate Marie de Guipri[2], Macloviensis diocesis, in qua, sicut accepimus, Deus meritis ipsius Beate Marie Virginis miracula sepius operatur, congruis honoribus frequentetur et ut christifideles... ad fabricam ejusdem manus promptius porrigant adjutrices... Datum Avenione, idibus junii, anno octavo [13 juin 1386].

Reg. Avin. 245, f. 300 r°.

10

Dilecto filio nobili viro Gaufrido de Quedilhac (*Quédillac*), domicello Macloviensis diocesis, salutem... Sane nuper ex

(1) Saint-Malo-de-Lescouet, en la paroisse de Plorec, canton de Plélan-le-Petit, Côtes-du-Nord.

(2) Notre-Dame de Guipry (De Corson, *Pouillé*..., t. IV, p. 701), canton de Pipriac, Ille-et-Vilaine.

serie tue petitionis nobis exhibite percepimus quod tu..., ad laudem et honorem Dei et Virginis gloriose ac sancti Christophori martiris et sancte Catherine Virginis necnon divini cultus augmentum, ac pro tue et parentum tuorum animarum salute, unam capellam in parrochiali ecclesia sancti Petri de Taden (1), Macloviensis diocesis, construi et edificari, et in ea unam perpetuam capellaniam fundare, et eam de bonis tibi a Deo collatis in redditibus perpetuis pro uno perpetuo cappellano inibi Domino serviluro dotare proponis... Datum Avenione, IV nonas aprilis, anno nono [2 avril 1387].

Reg. Avin. 247, f. 415 r°.

(Le pape réserve au suppliant le droit de patronat et de présentation à la chapellenie. — Au folio 414 r° du même registre il accorde des indulgences aux fidèles qui par leurs aumônes enrichiront la fondation).

11

Cum igitur ad capellam hospitalis pauperum sancti Juliani de Guilledou, Macloviensis diocesis, quod, ut asseritur, dilectus filius nobilis vir Carolus de Dinanno, miles dicte diocesis, fundavit ac de bonis a Deo sibi collatis dotavit, in qua quidem capella quatuor perpetui capellani pro servitio divini cultus existunt confluat Christi fidelium multitudo... Datum Avenione, XI kalendas julii, anno 9° [21 juin 1387].

Reg. Avin. 247, f. 457 r°.

12

Cupientes igitur, ut parrochialis ecclesia Sancti Maclovii de Bosco Gervili (2), Macloviensis diocesis, congruis honoribus frequentetur et ut Christi fideles... ad fabricam ipsius promptius manus porrigant adjutrices... Datum Avenione, VII idus martii, anno X° [9 mars 1388].

Reg. Avin. 253, f. 511 r°.

(1) Saint-Pierre-de-Taden, canton de Dinan, Côtes-du-Nord.
(2) Saint-Malo-de-Bois-Gervily (De Corson, *Pouillé*..., t. IV, p. 172), canton de Montauban, Ille-et-Vilaine.

13

Cum itaque, sicut accepimus, quedam capella ac honorem Beate Marie Virginis ac Sanctorum Gabrielis, Salvatoris et Radulphi in parrochia ecclesie de Guerno, Macloviensis diocesis, de novo fundata existat in qua, ut dicitur, Deus ob dictorum sanctorum reverentiam multa et diversa miracula operatur, ipsaque capella pluribus reparationibus indigeat que absque Christi fidelium elemosinis fieri non possunt... Datum XV kalendas junii, anno decimo [18 mai 1388].

Reg. Avin. 253, f. 513 r°.

14

Venerabili episcopo Macloviensi... Exhibita siquidem nobis pro parte dilecti filii nobilis viri domini Thome loci de Quebriaco, Macloviensis diocesis, petitio continebat quod ipse... unam perpetuam cappellaniam in parrochiali ecclesia de Quebriaco[1], dicte diocesis, vel alibi in provincia Turonensi instituere et ordinare, ac eam de XXX libris annui et perpetui redditus monete in partibus illis curentis pro uno perpetuo capellano, qui ibidem sex missas qualibet septimania celebrare teneatur, de bonis a Deo sibi collatis dotare proponit... Datum Avenione, IV idus februarii, anno XI° [2 février 1389].

Reg. Avin. 250, f. 540 v°.

(Le pape permet à l'évêque de Saint-Malo d'autoriser Thomas de Québriac à fonder la chapellenie et de lui réserver le droit de présentation).

15

Cupientes igitur ut capella beate Marie Magdalene de Heremo, sita in parrochia de Broon[2], Macloviensis diocesis,

(1) Québriac (De Corson, *Pouillé*..., t. V, p. 522), canton de Hédé, Ille-et-Vilaine.
(2) Broons, arr. de Dinan, Côtes-du-Nord.

ad quam, ut asseritur, in festo ejusdem sancte confluit causa devotionis populi multitudo, congruis honoribus frequentetur et ut Christi fideles... ad fabricam hujusmodi manus porrexerint adjutrices... Datum Avenione, III kalendas aprilis, anno tertiodecimo [30 mars 1391].

Reg. Avin. 263, f. 199 r°.

16

Cupientes igitur ut capella Beate Marie de la Bouetardoye[1], Macloviensis diocesis, congruis honoribus frequentetur... Datum Avenione, IV idus octobris, anno quintodecimo. Traditum XI kalendas novembris [4-22 octobre 1393].

Reg. Avin. 272, f. 496 v°.

Diocèse de Léon

17

Cupientes igitur ut cappella Beate Marie Virginis prope pontem Christi in parrochia de Plebenova[2], Leonensis diocesis, ad quam, sicut accepimus, propter miracula que Dominus noster Jhesus Christus meritis et precibus dicte Virginis Marie, ejus matris, inibi operatur magnus Christifidelis populi causa devotionis est concursus, congruis honoribus frequentetur et ut Christifideles... ad reparationem ipsorum capelle et pontis, qui magnis reparationibus indigent, manus porrigant adjutrices... Datum Avenione, II idus junii, anno 9° [12 juin 1387].

Reg. Avin. 247, f. 457 v°.

18

Cupientes igitur ut capella Beate Catherine prope Brestam sita infra metas parrochialis ecclesie de Quilbignon[3], Leo-

(1) Peut-être Notre-Dame-de-la-Bouhourdaie, en Saint-Domineuc (De Corson, *Pouillé*..., t. V, p. 799), canton de Tinténiac, Ille-et-Vilaine.
(2) Plounévez-Lochrist, canton de Plouescoat, Finistère.
(3) Quilbignon, canton de Brest, Finistère.

nen. diocesis, congruis honoribus frequentetur et ut ipsi christifideles... ad fabricam ipsius manus promptius porrigant adjutrices... Datum Avenione, III idus junii, anno 11° [11 juin 1389].

Reg. Avin. 259, f. 508 r°.

19

Cupientes igitur ut capella Beate Marie Virginis de Magnavilla, alias Augvernor, sita in parrochia de Plebenova [1], Leonensis diocesis, congruis honoribus frequentetur et ut Christi fideles eo libentius ad dictam capellam causa devotionis confluant et ad fabricam ipsius capelle eo promptius manus porrigant adjutrices... Datum Avenione, VII idus martii, pontificatus nostri anno quintodecimo. — Expeditum kalendis aprilis [9 mars-1er avril 1393].

Reg. Avin. 272, f. 337 v°.

20

Cupientes igitur ut parrochialis ecclesia de Tresbabu [2], Leonensis diocesis, que, ut asseritur, in honore et sub vocabulo beati Tulguali episcopi et confessoris fundata existit, congruis honoribus frequentetur et etiam reparetur... Datum Avenione, VII idus maii, anno quintodecimo [9 mai 1393].

Reg. Avin. 272, f. 390 v°.

Diocèse de Quimper

21

Cupientes igitur ut capella Beate Marie de Langueoez sita infra metas parrochialis ecclesie de Ploeneout [3], Corisopitensis diocesis, que, sicut accepimus, sine redditibus constructa est et sumptuosis reparationibus noscitur indigere... Datum Avenione, kalendis decembris, anno 9° [1er décembre 1386].

Reg. Avin. 247, f. 404 v°.

(1) Plounévez *ut suprà.*
(2) Trébabu, canton de Saint-Renan, Finistère.
(3) Ploeneour, canton de Plogastel-Saint-Germain, Finistère.

22

Cum itaque, sicut accepimus, capella Beate Marie, Corisopitensis diocesis, ad quam causa devotionis maxima confluit populi multitudo et que, sicut asseritur, adeo ruinosa existit quod absque Christi fidelium elemosinis decenter reparari non potest... Datum Avenione, IV idus decembris, anno 9° [10 décembre 1386].

Reg. Avin. 247, f. 466 v°.

23

Cupientes igitur ut ecclesia parrochialis Beate Marie de Ploelonen, Corisopitensis diocesis, congruis honoribus frequentetur et ut Christi fideles ad fabricam ipsius ecclesie manus porrigant adjutrices... Datum Avenione, II kalendas januarii, anno 9° [31 décembre 1386].

Reg. Avin. 247, f. 386 r°.

24

Cupientes itaque ut capella Sancti Egidii, sita in parrochia de Ploguernevel (1), Corisopitensis diocesis, congruis honoribus frequentetur et etiam reparetur... Datum Avenione, XII kalendas maii, anno nono [20 avril 1387].

Reg. Avin. 251, f. 433 v°.

25

Cupientes igitur ut capella Beate Marie de Coatquayo, sita infra parrochiam ecclesie Destrinnac, Corisopitensis diocesis, congruis honoribus frequentetur... et ad reparationem ipsius promptius manus adjutrices porrigant... Datum Avenione, II idus januarii, anno decimo [12 janvier 1388].

Reg. Avin. 253, f. 411 r°.

(1) Plouguernével, canton de Rostrenen, Côtes-du-Nord.

26

Cupientes itaque ut capella sancti Erbaudi, Corisopitensis diocesis, congruis honoribus frequentetur et ut Christi fideles eo libentius causa devotionis confluant et ad sustentationem fabrice ipsius manus porrigant adjutrices... Datum Avenione, VI idus martii, anno 11°. — Expeditum II nonas aprilis, anno XI° [10 mars-3 avril 1389].

Reg. Avin. 258, f. 423 r°.

27

Cupientes igitur ut capella Beate Katherine de Callac, Corisopitensis diocesis, congruis honoribus frequentetur et ut Christifideles... ad sustentationem fabrice ipsius manus promptius porrigant adjutrices... Datum, ut supra.

Reg. Avin. 258, f. 423 r°.

28

Cupientes igitur ut ecclesia Beate Marie de Colleallo, que parrochiali ecclesie de Bothoha [1], Corisopitensis diocesis, subdita, existit magnis et sumptuosis egens reparationibus... Datum Avenione, X kalendas maii, anno quintodecimo [22 avril 1393].

Reg. Avin. 272, f. 375 v°.

29

Item pro « ecclesia beati Egidii, que parrochiali ecclesie de Pligeau [2], Corisopitensis diocesis, subdita... Datum ut supra ».

Reg. Avin. 272, f. 375 v°.

30

Item pro « ecclesia Beate Marie de Caurel, que parrochiali

(1) Bothoha, canton de Saint-Nicolas-du-Pélem, Côtes-du-Nord.
(2) Pligeau, *ut supra*.

ecclesie de sancto Maelo [1], Corisopitensis diocesis, subdita... Datum ut supra ».

Reg. Avin. 272, f. 376 r°.

Diocèse de Saint-Brieuc

31

Universis Christi fidelibus... Cum itaque, sicut accepimus, capella Beate Marie de Lestornon, Briocensis diocesis, non modica reparatione indigere noscatur et ad reparationem hujusmodi ipsius capelle non sufficiant facultates, nos cupientes ut capella ipsa, in qua ob ipsius Virginis merita multa corruscant miracula et ad quam devotionis causa peregrinorum confluit multitudo, congruis honoribus frequentetur et etiam reparetur... Datum Avenione, II idus januarii, anno secundo [12 janvier 1380].

Reg. Avin. 224, f. 531 r°.

32

Cupientes itaque ut cappella Beate Marie du Vaudic [2] sita in parrochia de Pordic, Briocensis diocesis, congruis honoribus frequentetur et etiam reparetur... Datum Avenione, VI kalendas martii, anno 9°. [24 février 1387]

Reg. Avin. 251, f. 500 r°.

33

Cum itaque, sicut accepimus, in parrochia de Yvias [3], Briocensis diocesis, sit quedam capella, capella Beate Marie de Quaensoc nuncupata, sub nomine Beate Marie Virginis fundata, in qua Dominus noster Jhesus Christus ob honorem ipsius Beate Marie quamplurima dignatus est operari mira-

(1) Peut-être Saint-Mayeux, canton de Corlay, Côtes-du-Nord.
(2) Notre-Dame-du-Vaudy, en Pordic, canton de Saint-Brieuc, Côtes-du-Nord.
(3) Yvias, canton de Paimpol, Côtes-du-Nord.

cula, et que magnis indiget reparationibus... Datum Avenione, II nonas maii, anno nono. » [6 mai 1387]

Reg. Avin. 251, f. 455 r°.

34

Cupientes igitur ut capella Beate Marie Magdalene de Piankoet [1], Briocensis diocesis, que, sicut accepimus, reparatione indiget non modicum sumptuosa... reparetur... Datum Avenione, IV kalendas septembris, anno II° [29 août 1380].

Reg. Avin. 259, f. 590 v° et 591 v°.

35

Cupientes igitur ut parrochialis ecclesia loci de Pomerel, Briocensis diocesis, congruis honoribus frequentetur et etiam reparetur... Datum Avenione, XV kalendas decembris, anno quartodecimo [17 novembre 1391].

Reg. Avin. 269, f. 276 r°.

36

Cupientes igitur ut capella Beatarum Catharine et Margarete virginum in parrochiali ecclesia de Plemel [2], Briocensis diocesis, constructa et edificata reparetur et ut Christifideles ad reparationem et fabricam ipsius eo libentius manus porrigant adjutrices... Datum Avenione, XV kalendas novembris, anno quintodecimo [18 octobre 1393].

Reg. Avin. 272, f. 504 r°.

DIOCÈSE DE TRÉGUIER

37

Universis Christi fidelibus... Cupientes igitur ut capella Beate Marie de Lanazrac, sita in parrochia Schiflec [3], per dilectum filium nobilem virum Alanum, dominum loci de

(1) Plancoët, canton de Dinan, Côtes-du-Nord.
(2) Plémet, canton de la Chèze, Côtes-du-Nord.
(3) Squiffiec, canton de Bégard, Côtes-du-Nord.

Pinu, Trecorensis diocesis, fundata, que, ut asseritur, reparatione indiget, congruis honoribus frequentetur et etiam reparetur... Datum Avenione, XVII kalendas februarii, anno secundo [16 janvier 1380].

Reg. Avin. 224, f. 531 r°.

38

Cupientes igitur ut parrochialis eccl. Beate Marie de Menzera, Trecorensis diocesis, que, ut asseritur, pluribus reparationibus indiget et in qua per intercessionem ipsius Virginis Deus ibidem multa miracula operatur congruis honoribus frequentetur et etiam reparetur... Datum Avenione, III idus februarii, anno 2° [11 février 1380].

Reg. Avin. 222, f. 431 v°.

39

Universis Christi fidelibus... Cum itaque, sicut accepimus, parrochialis ecclesia de Gurunihel (1), Trecorensis diocesis, reparatione indigeat sintque propterea fabrice ecclesie ipsius fidelium elemosine plurimum oportune... Datum Avenione, VI idus aprilis, anno secundo [8 avril 1380].

Reg. Avin. 224, f. 466 v°.

40

Cum itaque, sicut accepimus, parrochialis ecclesia de Plebepetri (2), Trecorensis diocesis, in suis edificiis est multum destructa... Datum Avenione, XII kalendas augusti anno 9° [21 juillet 1387].

Reg. Avin. 251, f. 176 v°.

41

Cum itaque, sicut accepimus, capella Beate Marie de Landa sita infra metas parrochialis ecclesie de Squiffryec (3), Treco-

(1) Gurunhuel, canton de Belle-Isle-en-Terre, Côtes-du-Nord.
(2) Ploubezre, canton de Lannion, Côtes-du-Nord.
(3) Squiffiec, cfr. *supra*, n. 37.

rensis diocesis, ad quam, ut asseritur, prima die dominica mensis septembris annis singulis causa devotionis confluit populi multitudo, multis reparationibus indigeat... Datum Avenione, II idus januarii, anno II° [12 janvier 1389].

Reg. Avin. 259, f. 333 r°.

42

Cupientes itaque ut capella sancti Yduneti sita infra metas ecclesie parrochialis de Ploenniel, Trecorensis diocesis, congruis honoribus frequentetur et ut Christi fideles... ad sustentationem fabrice ipsius manus porrigant adjutrices... Datum Avenione, VI idus martii, anno II°; expeditum III nonas aprilis [10 mars-3 avril 1389].

Reg. Avin. 258, f. 423 v°.

43

Item pro « capella sancti Tirizani sita infra metas ecclesie parrochialis de Treguini, Trecorensis diocesis... Datum ut supra. »

Reg. Avin. 258, f. 423 v°.

44

Item pro « cappella Beate Marie de Kaerformes sita infra metas parrochie ecclesie de Plebe petri [1], Trecorensis diocesis... Datum ut supra. »

Reg. Avin. 258, f. 424 r°.

45

Item pro « ecclesia parrochiali de loco Sancti Guenbayli, Trecorensis diocesis... Datum Avenione, idibus martii, anno XI° » [15 mars 1389].

Reg. Avin. 258, f. 424 r°.

(1) Ploubezre, cfr. *supra*, n. 40.

46

Cupientes itaque ut capella Beate Marie sita in parrochiali ecclesia S. Cledei, Trecorensis diocesis, per dilectum filium nobilem virum Alanum de Kaervenenon, militem dicte diocesis, fundata, congruis honoribus frequentetur et ut Christi fideles... ad ipsius fabricam manus promptius porrigant adjutrices... Datum Avinione, XIII kalendas aprilis, anno 11° [20 mars 1389].

Reg. Avin. 250, f. 583 v°.

47

Cupientes igitur ut capella sancti Conerii sita infra metas parrochialis ecclesie de Langoel [1], Trecorensis diocesis, sicut accepimus, reparatione indiget non modicum sumptuosa... reparetur... Datum Avenione, XI kalendas junii anno XI°; expeditum V idus decembris, anno 12°; traditum parti idibus decembris anno XII° [22 mai-9 et 13 décembre 1389].

Reg. Avin. 250, f. 570 r°.

48

Cupientes igitur ut parrochialis ecclesia Beate Marie de Rochaderyani [2], Trecorensis diocesis, que, sicut accepimus, reparatione indiget non modicum sumptuosa... reparetur. Datum ut supra.

Reg. Avin. 250, f. 537 r°.

49

Cupientes itaque ut capella Beate Marie de Bozloy sita infra metas parrochialis ecclesie de Plobedanielis [3], Trecoren. diocesis, in terris dilecte in Christo filie nobilis mulieris Johanne de Craon, domine loci de Tournemine, dicte diocesis, dictioni subjectis consistentis, et ad quam propter

(1) Langoat, canton de Tréguier, Côtes-du-Nord.
(2) La Roche-Derrien, arr. de Lannion, Côtes-du-Nord.
(3) Ploudaniel, canton de Lézardrieux, Côtes-du-Nord.

nonnulla miracula, que Deus obtentu dicte Beate Marie operatur, non modica confluit populi multitudo... reparetur... Datum Avenione, XV kalendas julii, anno 11° [17 juin 1389].

Reg. Avin. 250, f. 475 r°.

50

Cupientes igitur ut ecclesia de loco Beati Marie de Pendreff, sita infra metas parrochialis ecclesie de Bellainsula (1), Trecorensis diocesis, congruis honoribus frequentetur et etiam reparetur... Datum Avenione, III nonas decembris, anno 14° [3 décembre 1391].

Reg. Avin. 269, f. 415 r°.

DIOCÈSE DE VANNES

51

Universis Christi fidelibus... Cupientes igitur ut cappella Sancte Anne, sita in hospitali pauperum Sancte Anne de Malestricto (2), Venetensis diocesis, congruis honoribus frequentetur ac pauperes in ipso hospitali degentes congrue sustententur... Datum Avenione, V kalendas martii, anno secundo [26 février 1380].

Reg. Avin. 221, f. 538 r°.

52

Cupientes igitur ut cappella quator Evangelistarum, que infra metas parrochialis ecclesie de Ploegadec (3), Venetensis diocesis, fundata existit, cujus quid ... edificia jam diu, ut asseritur, inchoata sine fidelium el...osinis commode nequeant adimpleri... Datum Avenione, X kalendas novembris, anno 2° [23 octobre 1380].

Reg. Avin. 222, f. 512 r°.

(1) Belle-Isle-en-Terre, arr. de Guingamp, Côtes-du-Nord.
(2) Malestroit, arr. de Ploërmel, Morbihan (cfr. Luco, *Pouillé historique de l'ancien diocèse de Vannes, bénéfices séculiers.* Vannes, 1881, p. 365).
(3) Pleucadeuc, canton de Questembert, Morbihan (Luco, *op. cit.*, p. 495).

53

Cupientes igitur ut cappella Beati Columbani Abbatis sita infra metas parrochie Sancti Maroli, Venetensis diocesis, congruis honoribus frequentetur... Datum Avenione, XIII kalendas julii, anno 9° [19 juin 1387].

Reg. Avin. 247, f. 557 r°.

54

Dilecto filio nobili viro Johanni vicecomiti de Rohan, Venetensis diocesis, salutem... Ex tenore siquidem petitionis tue nuper nobis oblate percepimus quod tu..., ob precipue devotionis et sincere dilectionis affectum quem ad ordinem predicatorum et ad personas ejusdem ordinis gessisti hactenus et adhuc geris, unum locum seu conventum fratrum ordinis predicatorum predicti in villa tua de Remenelguemgamp Venetensis diocesis, cum ecclesia, campanili et campana, cimiterio, domibus et aliis necessariis officinis pro fratribus predictis fundare, edificare ac de bonis propriis sufficienter dotare proponis; quare nobis humiliter supplicasti ut faciendi premissa licentiam tibi concedere dignaremur. Datum Avenione, XV kalendas septembris anno 9° [18 août 1387].

Reg. Avin. 247, f. 474 r°.

55

Cum itaque, sicut accepimus, capella sancti Salvatoris de Quoelquibihan (1) sita infra limites parrochie ecclesie de Questember, Venetensis diocesis, ad quam populus illarum partium ob multa miracula, que divina clementia ibidem assidue operatur, concurrit, nuper fuerit fulguris tempestate combusta. Datum Avenione, XIV kalendas junii, anno X° [19 mai 1388].

Reg. Avin. 258, f. 452 v°.

(1) Chapelle de Coët-Bihan, dont M. Luco (p. 625) avoue ne pas connaître le titulaire.

56

Cupientes igitur ut capella Beati Jacobi Rivensis [1], Venetensis diocesis, congruis honoribus frequentetur et ut Christi fideles... ad fabricam ipsius promptius manus porrigant adjutrices. Datum Avenione, III idus junii anno 11° [11 juin 1389].

Reg. Avin. 258, f. 465 v°.

57

Cum itaque sicut accepimus ecclesia Venetensis [2], que sub honore beatorum Petri et Pauli apostolorum fundata existit, multis indigeat reparationibus et ad ipsorum supportationem dicte ecclesie non suppetant facultates... Datum ut supra.

Reg. Avin. 258, f. 530 r°.

58

Cupientes igitur ut cappella Sancti Juliani sita infra metas monasterii monialium Beate Marie de Gaudio, alias Joye de Henbont [3], ordinis Cisterciensis, Venetensis diocesis, que, ut asseritur, dicto monasterio annexa existit, et per cappellanos dicti monasterii deserviri, et per Christifideles causa devotionis visitari consuevit, in qua tamen propter exiguam ipsius fundationem vix potest in divinis Deo laudabiliter deserviri... et ad fabricam ipsius manus porrigant adjutrices... Datum Avinione, XV kalendas julii, anno terciodecimo [17 juin 1391].

Reg. Avin. 263, f. 418 v°.

(1) Rieux ?, arr. de Vannes, Morbihan.

(2) Les réparations que nécessitait la cathédrale de Vannes ne purent être effectuées, et en 1451 elle se trouvait en piteux état (Denifle, *La Désolation...*, t. I, p. 125, n. 340).

(3) Abbaye de la Joie, commune d'Hennebont, arr. de Lorient, Morbihan.

59

Cupientes igitur ut capella Sancti Laurentii sita infra metas parrochialis ecclesie de Seno [1], Venetensis diocesis, congruis honoribus frequentetur et etiam reparetur... Datum Avenione III nonas iunii, anno quintodecimo [3 juin 1393].

Reg. Avin. 272, f. 386 r°.

XXIX

Grégoire XI vidime une bulle de Grégoire X, datée de Lyon le 5 avril 1275, portant confirmation des possessions de l'abbaye de Saint-Sauveur-de-Redon et lui accordant l'exemption moyennant un cens de trois besants d'or et de nombreux privilèges. — Avignon, 31 mars 1372.

(*Reg. Avin.* 185, f. 273 r°.)

Dilectis filiis abbati et conventui monasterii sancti Salvatoris de Rothono, ordinis sancti Benedicti, ad Romanam Ecclesiam nullo medio pertinentis, Venetensis diocesis, salutem, etc. Vestre devotionis sinceritas.... Tenorum igitur cujusdam privilegii felicis recordationis Gregorii pape X, predecessoris nostri, quod incipit vetustate consumi, et quod inspiceri et examinari fecimus diligenter, de verbo ad verbum, ad vestre supplicationis instantiam, presentibus annotari fecimus, qui talis est.

Gregorius episcopus, servus servorum Dei, dilectis filiis abbati monasterii sancti Salvatoris Rothonensis ejusque fratribus, tam presentibus quam futuris, regularem vitam professis, in perpetuum. Religiosam vitam eligentibus aposto-

(1) Séné, canton de Vannes, Morbihan (Luco, *op. cit.*, p. 860).

licum convenit adesse presidium, ne forte cujuslibet temeritatis incursus aut eos a proposito revocet aut robur, quod absit, sacre religionis infringat. Eapropter, dilecti in Domino filii, vestris justis postulationibus annuentes, monasterium sancti Salvatoris Rothonensis, Venetensis diocesis, in quo divino estis obsequio mancipati, quod beati Petri juris existit, felicis recordationis Clementis, Gregorii, Innocentii III et Honorii III, predecessorum nostrorum, Romanorum Pontificum, vestigiis inherentes, sub beati Petri et nostra protectione suscipimus et presentis scripti privilegio communimus, in primis siquidem statuentes ut ordo monasticus, qui secundum Deum et beati Benedicti regulam in eodem monasterio institutus esse dinoscitur, perpetuis ibidem temporibus inviolabiliter observetur; statuentes ut quascumque possessiones, quecumque bona idem monasterium impresentiarum rationabiliter possidet aut in futurum concessione pontificum, largitione regum vel principum, oblatione fidelium seu aliis justis modis prestante Domino poterit adipisci firma vobis vestrisque successoribus, et illibata permaneat in quibus hec propriis duximus exprimenda vocabulis, locum ipsum in quo prefatum monasterium situm est cum omnibus pertinentiis suis, monasterium de Chauma (1), quod vobis est et monasterio vestro subjectum, prioratum Sancte Marie Nannetensis (2) cum omni jure suo, Vendeles (3) cum omnibus pertinentiis suis, Marchart (4) cum omnibus ad ipsum spectantibus, Ballac (5), Jovigium (6), villam Sancti Nicolai juxta Rothonum (7), Baz (8), Brinium (9), Longam, Plechastel (10), prioratus sancti Andree et sancti Salvatoris de Loehaco (11), prioratum et villam

(1) La Chaume, O. S. B., commune de Machecoul, Loire-Inférieure.
(2) Prieuré de Toutes-Joies, à Nantes, situé sur la paroisse Notre-Dame.
(3) Vendel, commune du Cellier, Loire-Inférieure.
(4) Marsac, commune de la Loire-Inférieure.
(5) Ballac, commune de Pierric, Loire-Inférieure.
(6) Juigné-les-Moûtiers, canton de Saint-Julien-de-Vouvantes, Loire-Inférieure.
(7) Saint-Nicolas-de-Redon, Loire-Inférieure.
(8) Batz, Loire-Inférieure.
(9) Brains, Morbihan.
(10) Pléchâtel, Ille-et-Vilaine.
(11) Lohéac, Ille-et-Vilaine.

de Macent [1], et villam sancti Guiduali [2] cum omnibus ad ipsam pertinentibus, et villam Sancti Cagoti [3], More [4], Rufflac [5] et burgum sancte Crucis de Castro Joscelini [6] cum omnibus pertinentiis suis. Sane novalium vestrorum que propriis manibus aut sumptibus colitis sive de vestrorum animalium incrementis [f. 273 v°] nullus a vobis decimas exigere vel extorquere presumat. In parrochialibus siquidem ecclesiis quas habetis liceat vobis, cum vacaverint, ydoneos eligere sacerdotes et diocesano episcopo presentare, qui ei de spiritualibus, vobis vero de temporalibus debeant respondere. Crisma vero, oleum sanctum, consecrationes altarium seu basilicarum vestrarum, ordinationes quoque monachorum sive clericorum vestrorum, qui ad sacros ordines fuerint promovendi, a diocesano suscipietis episcopo, siquidem catholicus fuerit et gratiam atque communionem apostolice sedis habuerit, et ea gratis et absque pravitate aliqua vobis voluerit exhibere; alioquin ad quemcumque malueritis catholicum antistitem recurratis qui, nimirum nostra fultus auctoritate, quod postulatur impendat. Sepulturam preterea ipsius loci liberam esse decernimus ut eorum devotioni et extreme voluntati qui se illic sepeliri deliberaverint nullus obsistat, salva tamen justitia canonica ecclesiarum illarum a quibus mortuorum corpora assumuntur. Statuimus etiam ut infra fines parrochiarum vestrarum sine vestro et episcopi diocesani consensu nullus oratorium vel ecclesiam construere audeat de novo, salvis privilegiis pontificum Romanorum. Libertates quoque et immunitates a regibus et principibus vobis collatas, necnon et rationabiles et antiquas consuetudines ab episcopis et aliis personis ecclesiasticis monasterio vestro indultas ratas habemus, et eas futuris temporibus illibatis manere sancimus. Cum autem generale interdictum fuerit liceat vobis clausis

(1) Maxent, Ille-et-Vilaine.
(2) Peut-être Saint-Thual ou Saint-Tugdual.
(3) Saint-Cado, Morbihan.
(4) Maure, Ille-et-Vilaine.
(5) Ruffiac, Morbihan.
(6) Sainte-Croix de Josselin, Morbihan.

januis, non pulsatis campanis, exclusis excommunicatis et interdictis, suppressa voce, divina officia celebrare. Vestigiis quoque prescriptorum predecessorum nostrorum Gregorii et Innocentii inherentes sancimus ut monasterium vestrum seu persone inibi domino famulantes ab omni secularis servitii sint infestatione securi omnique gravamine mundane oppressionis remote in sancte religionis observatione sedule atque quiete nulli alii nisi Romane Ecclesie, cujus juris existit, aliqua occasione subdantur; nec quisquam vobis aut monasterio vestro novas et indebitas exactiones imponat. Obeunte vero te, nunc ejusdem loci abbate, vel tuorum quolibet successorum nullus qualibet surreptionis astutia seu violentia proponatur, nisi quem fratres communi consensu vel fratrum pars consilii sanioris secundum Dei timorem et Beati Benedicti regulam providerint eligendum, ita ut se in eodem collegio ydoneus inventus fuerit, qui eidem officio succedere debeat, eligatur, ut dictum est, in pastorem; alioquin de consilio Romanorum Pontificum aliunde assumetur electus, vero a Venetensi episcopo, si catholicus fuerit et gratiam Apostolice Sedis habuerit, munus benedictionis accipiat, dummodo id absque pravitate qualibet voluerit impertiri, sin autem ad quemlibet alium catholicum antistitem benedicendus accedat. Decernimus ergo ut nulli omnino homini liceat prefatum monasterium temere perturbare, vel ejus possessiones auferre, vel ablatas retinere, minuere seu quibuslibet vexationibus fatigare, sed omnia integra conserventur eorum pro quorum gubernatione ac sustentatione concessa sunt usibus omnimodis profutura, salva nimirum Sedis Apostolice auctoritate. Ad judicium autem hujus a Romana Ecclesia percepte libertatis vobis vestrisque successoribus tres bizantios auctoritate apostolica districtius inhibemus ne quis contra tenorem presentis privilegii presumat illud indebite molestare. Si qua igitur in futurum ecclesiastica secularisve persona hanc nostre constitutionis paginam sciens contra eam temere venire temptaverit secundo tertiove commonita, nisi reatum suum congrua satisfactione correxerit, potestatis honorisque sui careat dignitate reamque se divino judicio existere de perpetrata iniquitate cognoscat et a sacratissimo corpore et sanguine Dei et domini Redemptoris nostri Jhesu Christi aliena fiat atque in extremo examine districte subjaceat ultione; cunctis autem eidem loco sua jura servantibus sit pax Domini nostri Jhesu Christi quatenus et hic fructum bone actionis percipiant et apud districtum judicem premia eterne pacis inveniant. Amen Amen. Datum Lugdunum per manum magistri Lanfranci, archidiaconi Pergamensis, Sancte Romane Ecclesie vicecancellarii, nonis aprilis, indictione 3ª, incarnationis Dominice anno 1275, pontificatus vero domini Gregorii pape X anno quarto. Nos itaque, vestris supplicationibus inclinati, hujusmodi privilegium auctoritate apostolica innovamus et presentis scripti patrocinio communimus, per hoc autem nullum jus alicui de novo acquiri volumus, sed antiquum tantummodo conservari. Nulli ergo etc. innovationis infringere etc. Datum Avinione, II kal. aprilis anno secundo.

XXX

L'aumônerie du Roset au diocèse de Nantes

(1314-1321).

En vertu d'une donation testamentaire du duc de Bretagne, Arthur II, le 12 août 1314 (1), sur le territoire de la paroisse de Plessé, était fondée l'aumônerie du Roset, desservie par un chapelain et destinée à servir d'asile aux pauvres qui se présenteraient. Placée à proximité d'une des routes les plus fréquentées du duché, elle devint bientôt trop étroite et les

(1) *Gallia Christiana*, t. XIV, col. 182, Instrum.; et Léon Maître, *L'Assistance publique dans la Loire-Inférieure avant 1789*, Nantes, 1879, p. 182-188.

200 livres qui lui avaient été affectées ne suffirent plus à son entretien. Jean III songea à assurer la fondation de son père et il soumit à l'approbation du pape Jean XXII un projet d'après lequel une somme de 200 livres tournois serait prélevée en manière de dîmes sur le produit des terres autrefois incultes et nouvellement défrichées de Bretagne. Le pape consentit seulement à étendre cette mesure aux terres sises dans le voisinage de l'aumônerie et dans les limites du diocèse de Nantes; encore fallut-il que l'évêque du lieu s'assurât par lui-même que les paroisses, où se trouveraient ces terres, ne seraient pas trop lésées dans leurs intérêts.

PIÈCE JUSTIFICATIVE

Bulle de Jean XXII autorisant la constitution de dîmes au profit de l'aumônerie du Roset. — Avignon, 2 mars 1321.

(*Reg. Avin.* 15, f. 57 r°; *Reg. Vat.* 72, ep. 714; G. Mollat, *Lettres communes de Jean XXII*, t. III, p. 253, n. 13057; analyse.)

Venerabili fratri.. episcopo Nannetensi. Pia desideria... Petitio siquidem nobilis viri Johannis, ducis Britanie, nobis exhibita continebat quod quondam Arturus, dux Britanie, pater suus, cupiens terrena in celestia et transitoria in eterna felici commercio commutare, pro remedio anime sue quamdam domum celebrem apud Rosselum, tue diocesis, pro redemptione et alimento pauperum confluentium ad eamdem fundari fecit, in crebriori transitu ipsius ducatus noscitur constituta et propterea redditus eidem domui assignati non sufficiunt operibus jam crescentibus in eadem; quare dictus Johannes nobis humiliter supplicavit sibi per Sedem Apostolicam indulgeri quod de fructibus et novalibus terrarum hactenus incultarum, que dicto suo ducatu consistunt, possint per aliquem nostrum commissarium redditus in decimis ad valorem ducentarum librarum turonensium parvorum eidem domui facere assignari, presertim ubi decime veteres et alia emolumenta sufficiunt ad sustentationem idoneam rectorum parrochialium ecclesiarum in ducatu consistentium antedicto. Nos itaque, ipsius Johannis devotis supplicationibus benignum impertientes assensum ac volentes super hiis tuam conscientiam onerare, fraternitati tue per apostolica scripta mandamus quatinus, si dictus dux aliquas terras incultas vicinas domui antedicte dictam diocesim consistentes tibi duxerit exprimendas, de fructibus et novalibus terrarum hujusmodi vicinarum redditus in decimis ad valorem predictam, dummodo parrochiales ecclesie, infra quarum parrochias terre hujusmodi excoluntur, nimium non ledantur, auctoritate nostra assignare procures. Contradictores... Datum Avenione, VI nonas martii, anno quinto.

XXXI

Sur les instances du duc de Bretagne, Jean XXII charge l'évêque de Nantes de faire continuer l'aumône dite de la Comtesse, distribuée au temple de Clisson (1) **trois fois la semaine, en pain ou en argent, à raison d'une obole par pauvre.** — Avignon, le 2 mars 1321.

(*Reg. Avin.* 15, f. 57 r°; *Reg. Vat.* 72, ep. 715, f. 5 v°; G. Mollat, *Lettres communes de Jean XXII*, t. III, p. 253, n. 13068.)

Venerabili.. episcopo Nannetensi. Sincere dilectionis affectus, quam dilectus filius nobilis vir Johannes, dux Britanie,

(1) L'évêque de Nantes reçut commission, à la même date, de veiller à la répartition des aumônes qu'avait fondées au temple de Nantes la même comtesse de Bretagne: cfr. G. Mollat, *op. cit.*, t. III, p. 253, n. 13069. — M. Guillotin de Corson dans son mémoire intitulé *Les commanderies de Nantes. Le temple de Sainte-Catherine et l'hôpital Saint-Jean* (Nantes, 1897) n'a pas eu connaissance de ce fait.

ad nos et Romanam Ecclesiam habere dignoscitur, promeretur ut petitionibus suis, quantum cum Deo possumus, favorabiliter annuamus. Petitio siquidem ipsius ducis nobis exhibita continebat quod in ducatu dicti ducis quedam domus, de Clicio vulgariter nuncupata, que fuit quondam ordinis militie Templi, consistit, in qua ante sublationem dicti ordinis a tempore, cujus contrarii memoria non existit, consuevit ter in ebdomada fieri communis erogatio cuilibet pauperi ad ipsam domum confluenti ad valorem unius oboli, in pecunia vel in pane, quequidem erogatio vulgariter in illis partibus vocabatur elemosina comitisse pro eo quod fama communis habebat et habet quondam comitissam Britanie eamdem domum instituisse ac etiam fundavisse, et ob hoc eidem domui amplas et certas possessiones dedisse, et quod nunc cessat erogatio antedicta et jam cessavit annis pluralibus retroactis, maxime post abrogationem ordinis antedicti, in prejudicium pauperum et tam fundatricis predicte quam ipsius ducis periculum animarum; quare dictus dux nobis humiliter supplicavit ut providere super de oportuno remedio dignaremur. Quia vero nobis non constitit de premissis fraternitati tue per apostolica scripta mandamus quatinus, si inquisita de elemosina supradicta diligentius veritate rem inveneris ita esse, illam facias observari, et si non inveneris ita esse inducas domum ipsam tenentes ad observantiam consuetam. Contradictores... Datum Avenione, VI nonas martii, anno quinto.

XXXII

La perception de l'annate dans le diocèse de Nantes.

Le livre de comptes du collecteur apostolique de la province de Tours, Guy de la Roche [1], est tout particulièrement inté-

(1) G. Mollat et Ch. Samaran, *La fiscalité pontificale en France au XIVe siècle*, Paris ,1906, p. 182.

ressant pour l'historien de la Bretagne. Appelé à succéder à Pierre de Beumond, ce fonctionnaire partit d'Avignon le 14 mars 1365 dans la direction de Tours. A peine arrivé dans cette ville, il eut à se préoccuper de la rentrée des arriérés que n'avaient pu recouvrer son prédécesseur. Pour cette tâche il était mal outillé : les registres qui lui étaient nécessaires ne lui parvinrent que tardivement; d'autre part, les sous-collecteurs disséminés dans les divers diocèses de sa collectorie n'osèrent s'aventurer sur les routes qui conduisaient à Tours, tant celles-ci étaient peu sûres. Plus hardi que ses subordonnés, Guy de la Roche parcourut les diocèses d'Angers, Nantes, Vannes, Saint-Brieuc et Rennes au péril de sa vie. On ne trouvera dans les lignes suivantes que le résultat de son enquête dans le diocèse de Nantes relativement à la perception de l'annate.

Le mécanisme de la levée de cet impôt a été suffisamment indiqué dans un article des *Annales de Bretagne* (1) pour qu'il soit de nouveau étudié ici-même. Il convient seulement de remarquer les précieux renseignements que contiennent les comptes de Guy de la Roche ; c'est ainsi que sont soigneusement transcrites les dates de provision des bénéfices qui sont grevés de l'annate. Autre fait à considérer pour estimer la valeur des bénéfices, à partir du 27 février 1363 la taxe fut réduite de moitié dans la province de Tours à cause des guerres et de la peste qui la désolaient (2).

Collectorie 256

[f° 1 r°] Compotus mei, Guidonis de Ruppe, canonici Turonensis, collectoris apostolici de novo deputati in provincia Turonensi, in qua sunt XI suffraganei, de receptis et misiis per me factis ratione officii collectorie a die XIIII^a mensis martii anno Domini M° CCC° sexagesimo quinto, qua die iter arripui de romana curia iturus Turonis ad exercendum dictum offi-

(1) Voyez mes *Mesures fiscales*..., p. 12.
(2) *La fiscalité*..., p. 21.

cium, usque ad penultimam diem mensis augusti, qua die recessi de Turonis venturus ad curiam pro solutione receptorum et computo presenti ordinando et reddendo de anno Domini M° CCC° sexagesimo sexto.

Est autem sciendum quod non potui plenam habere notitiam de facto collectorie seu de debitis et arreragiis Camere, nisi per regestrum michi missum de camera, quod tarde recepi, videlicet secunda die mensis aprilis anno revoluto, et ideo volens et cupiens certiorari super hiis, me antea transtuli per provinciam locis quibus potui, videlicet in diocesibus Andegavensi, Nannetensi, Venetensi, Briocensi et Redonensi, licet cum magnis periculis, ut possem instrui de facto collectorie et debitorum Camere per subcollectores in singulis diocesibus antea constitutos; qui, mandati per me, excusabant se, quia non ausi erant venire ad me Turonis propter viarum pericula; cum quibus inveni multa debita de quibus fit infra mentio in recepta locis suis diocesibus singulis, prout eadem recepi. Et in aliquibus locis constitui novos subcollectores, prout vidi opportunum.

[f° 63 r°] *Sequntur reste in civitate et diocesi Nannetensi debite primo de tempore felicis recordationis domini Clementis pape sexti.*

De **prebenda Nannetensi**, collata Johanni de Rameriis (1), restant per compotum predecessoris mei............ XIII libre.

De **prebenda Guerrandia** (2), collata Gauffrido de Bonofonte, pro taxo debentur.. XXX lib.

Summa reste pagine... XLIII lib.

[f° 63 v°] De **prepositura Guerrandie,** collata Johanni Mauritii de Keroulay (3) et **prebenda** debentur pro taxo prebende XXX lib.; item pro medietate fructuum prepositure non taxate; composuit pro omnibus ad XXX francos; solvit, quia prepositura modici valoris est.

Completum est.

(1) Jean *de Rameriis* échangea le 26 mai 1351 le canonicat et la prébende de la cathédrale de Nantes pour le canonicat, la prébende et la charge de pénitencier que tenait dans la même église Guillaume Piquelier (*Reg. Avin. Innocentii VI*, anno II°, parte I°, t. VI, f. 210 r°).

(2) Saint-Aubin-de-Guérande.

(3) Voir *infra*, p. 235.

De prioratu de Fougerhe (?) collato Guillermo Danielis, pro taxo .... XXX lib.

De prebenda de Guerrandia, collata Johanni Stephani, pro taxo .... XXX lib.

Summa recepte pagine.... XXX fr.

Summa reste pagine....... LX libr.

[f° 64 r°] De ecclesia de Rocha Mendilis [1], collata Johanni Larchier, pro resta.. IV scuta.

Pro fructibus cappellanie de la Fenolhera (?) collate Johanni Garnerii, non taxate, debentur pro fructibus........... X lib.

De ecclesia de Savenayo [2], collata Johanni Talbernarii, debentur L lib. pro taxo; recepi XVI fr., pecia pro XXV sol.; restant .... XXX lib.

Summa recepte pagine... XXIV fr.

Summa reste pagine...... X lib.

[f° 64 v°] De ecclesia de Castro Theobaldi [3], collata Johanni Brientii, taxata XXX lib., que adhuc debentur; recepi XXIV fr., pecia pro XXV sol.

Completum.

De ecclesia de Paux [4], collata Natali Tanguidi, que non taxatur, debentur.. X lib.

Summa recepte pagine... XXIV fr.

Summa reste pagine...... X lib.

[f° 65 r°] Summa summarum omnium et singularum factarum per dictum collectorem in dictis civitate et diocesi Nannetensi de tempore felicis recordationis Clementis pape VI, prout superius patet duobus foliis proxime precedentibus, libris ad francos reductis, est LXX fr.

Summa summarum omnium et singularum restarum restantium ad solvendum in dictis etc... IV scuta, CLIII lib.

[f° 65 v°] *Sequuntur reste in civitate et diocesi Nannetensi tempore felicis recordationis domini Innocentii pape VI.*

(1) Roche-Mentru, commune du Pin, canton de Saint-Mars-la-Jaille.
(2) Savenay, arr. de Saint-Nazaire.
(3) Château-Thébaud, canton de Vertou.
(4) Paulx, canton de Machecoul. — Noël Tanguidi fut pourvu de l'église paroissiale de Paulx par voie d'échange avec Guillaume Robert, le 14 juin 1354 (*Reg. Avin. Innocentii VI*, anno II°, parte III^a, t. VII, f. 189 r°).

De **cappellania sancti Nicholai** in ecclesia Beate Marie Nannetensis [1] fuit provisum Petro de Nozeriis.

Traditur inutile; restant fructus.

De **decanatu rurali de Castro Brientii** [2] fuit provisum Petro de Carboneriis XVI kalendas junii anno 2° (*17 mai 1354*); taxato LX lib.

Restant LX lib.; sit major LX lib.

De **ecclesia sancti Gildasii de Nemore** [3] fuit provisum Petro de Manuassac VIII kal. octobris anno 2° (*24 septembre 1354*).

Restant fructus.

De **archidiaconatu Medie** [4] in ecclesia Nannetensi fuit provisum Guillermo Bourse II idus februarii anno 2° (*12 février 1354*); taxato LV lib.; solvit XX scuta Johannis; residuum debetur.

Resta incerta; restant fructus.

Summa reste pagine LX lib., fructus III beneficiorum.

[f° 66 r°] De **cappellania beate Katherine** in ecclesia sancti Albini de Guerrandia, Nannetensis diocesis, fuit provisum Parisiensi Johannis III idus junii anno 4° (*11 juin 1356*); non taxata.

Restant fructus.

De **prebenda Nannetensi** et **archidiaconatu Medie** in ecclesia Nannetensi, vacantibus per obitum Guillermi Bourse, fuit provisum Johanni Conversi [5] III idus junii anno 4° (*11 juin 1356*); prebenda taxata XXX lib.; soluta predecessori in XX regalibus auri; archidiaconatus taxatus LV lib. de quibus

(1) Collégiale Notre-Dame de Nantes.

(2) Pierre Charbonnier, prêtre du diocèse de Rennes, chapelain et familier du cardinal Bertrand du titre de Saint-Eustache, succéda à Jean *Moderii* qui résigna le décanat rural de Châteaubriant (*Reg. Avin. Innocentii VI*, anno II°, parte III*, t. VIII, f. 233 r°).

(3) Saint-Gildas-des-Bois, arr. de Saint-Nazaire.

(4) L'archidiaconé de la Mée vaqua par suite de la mort de Philippe du Château (*de Castro*). Guillaume Bourse était chanoine de la cathédrale de Nantes et professeur *in utroque jure*. Sa nomination, d'après les registres pontificaux, daterait du 12 février 1355 et non 1354 (*Reg. Avin. Innocentii VI*, anno III, parte I*, t. IX, f. 196 r°).

(5) D'après les registres pontificaux, cette provision aurait eu lieu le 17 juin 1356. Jean *Conversi* était licencié ès lois et chanoine de l'église Saint-Aignan d'Orléans (*Reg. Avin. Innocentii VI*, anno IV°, t. XII, f. 112 r°).

solvit predecessor XX scuta Johannis; debetur residuum pro archidiaconatu.

Resta incerta.

Collatio facta Petro Male lance de **prioratu sancti Petri de Frigneiis** (1) fuit confirmata II kal. februarii anno V° (*31 janvier 1357*); taxata XXX lib.

Restant XXX lib.

De **cappellania in ecclesia Beate Marie de Boignio** (2) fuit provisum Geraldo Voleti II kal. maii anno V° (*30 avril 1357*); non taxata.

Restant fructus.

[f° 66 v°] De **scolastria Nannetensi** (3) fuit provisum Georgio Lesnen XI kal. februarii anno VI° (*22 janvier 1358*); taxata LX lib.; soluta predecessori XXX lib.; scuto Johannis pro XXX sol.; restant XXX lib., si ad tantum sit taxata.

Restant XXX lib.: sit major XXX lib.

De **cappellania sancti Gohardi et Marie Magdalene** in ecclesia Nannetensi fuit provisum Thome Odardi VI idus martii anno VI° (*10 mars 1358*); non taxata.

Restant fructus.

De **ecclesia Beate Marie de Vigneyo** (4) fuit provisum Johanni Brunelli VIII kal. junii anno VI° (*25 mai 1358*); taxata L lib.; recepi XXXIII fr. cum tertia parte franci; franco pro XXX solidis.

Completum.

De **prebenda sancti Albini de Guerrandia** fuit provisum Johanni Leguat IV kal. junii anno VI° (*29 mai 1358*); taxata

(1) Prieuré de Saint-Pierre de Freigné, arr. de Segré, Maine-et-Loire, membre de l'abbaye de Saint-Gildas-des-Bois.

(2) Ile de Bouin, canton de Beauvoir, Vendée.

(3) La charge d'écolâtre vaquait par suite de la cession faite par Guillaume Paris en vue d'obtenir le décanat de Nantes (*Reg. Avin. Innocentii VI*, t. XVIII, f. 219 r°). Georges de Lesnen, qui était clerc du diocèse de Dol, dut solliciter d'Innocent VI la confirmation de la bulle du 22 janvier 1358, parce que dans celle-ci avait été omis son titre de chapelain perpétuel dans l'église des saints Donatien et Rogatien, près Nantes (10 octobre 1358. — *Reg. Avin. Innocentii VI*, t. XIX, f. 701 r°). Guillaume Paris avait succédé à Guillaume *la Meysa* le 20 novembre 1354 (*Reg. Avin. Innocentii VI*, t. VII, f. 257 v°).

(4) Vigneux, canton de Saint-Etienne-de-Montluc.

XXX lib.; soluta X scuta Johannis predecessori; restant X scuta; recepi X scuta que restabant.

Idem.

In jure quod habebat Johannes Gestini in quadam cappellania (de qua litigabat), fundata **in ecclesia Nannetensi,** fuit subrogratus Johannes de Carboneriis IX kal. martii anno VI° (*21 février 1358*).

Traditum inutile; restant fructus.

[f° 67 r°] De **cappellania in ecclesia Nannetensi** fuit provisum Johanni de Alneto XI kal. januarii anno VI° (*22 décembre 1358*); non taxata.

Restant fructus.

De **decanatu rurali Radesiarum** fuit provisum Stephano Avis XI kal. januarii anno VI° (*22 décembre 1358*).

Restant fructus.

Acceptatio de **prebenda Nannetensi** facta per Hugonem Sapientis confirmata V kal. januarii anno VI° (*28 décembre 1357*); taxata XXX lib.; recepi a Reginaldo Sapientis XX fr., franco pro XXX sol. Hugo non reperitur in ecclesia.

Completum.

De **ecclesia de Fresnayo** (1) fuit provisum Rollando Roulli XIV kal. januarii anno VII° (*19 décembre 1359*); taxata XXX lib.

Restant XXX lib.

De **prebenda Nannetensi** fuit provisum Petro Bertrandi V idus septembris anno VII° (*9 septembre 1359*).

Traditum inutile; restant fructus.

De **prebenda de Guerrandia** fuit provisum Reginaldo de Pratis XVI kal. decembris anno VII° (*16 novembre 1359*); taxata XXX lib.

Restant XXX lib.

[f° 67 v°] De **prioratu de Froceyo** (2) provisum fuit fratri Petro de Roca XV kal. decembris anno VII° (*17 novembre 1359*); taxata LX lib.

Restant LX lib.

(1) Fresnay, canton de Bourgneuf.
(2) Frossay, canton de Saint-Père-en-Retz.

Collatio et provisio facte Michaeli Butel de **cappellania sancti Thome de Evedol**, alias Prioratus vulgariter nuncupata, sita in parrochia de Plese (1), fuerunt confirmate XV kal. decembris anno VII° (*17 novembre 1350*); non taxata; composuit ad X scuta.

Restant X scuta.

Collatio facta Johanni Ruaut de **ecclesia de Piiriaco** (2) fuit confirmata V kal. aprilis anno VIII° (*28 mars 1360*); taxata XX lib.

Restant XX lib.

De **prioratu de Marcillac** (3) collatio facta Johanni Ernaudi fuit confirmata vel provisa de novo VII kal. octobris anno IX° (*25 septembre 1361*); taxata XX lib.; recepi XVI fr., pecia pro XXV sol.

Completum.

Collatio facta per ordinarium de **prioratu sancti Nicholai** (4) Oliverio Le Bonnaire fuit confirmata VII kal. octobris anno IX° (*25 septembre 1361*); taxata XXV lib.

Restant XXV lib.

[f° 68 r°] De **parrochiali ecclesia sancti Limphardi** (5) fuit provisum Yvoni Stephani de Villa Madeti VII kal. octobris anno IX° (*25 septembre 1361*); taxata XVI lib.

Restant XVI lib.

De **parrochiali ecclesia de Fougerayo** (6) provisum fuit Mauritio Guilhole X kal. decembris anno IX° (*22 novembre 1361*); taxata VI^{XX} lib.; composuit ad LX scuta, quia moneta tempore provisionis erat longa; solvit X scuta; restant.. L scuta pro C lib.

De **prebenda Nannetensi et archidiaconatu Medie** provisum fuit Guidoni Conversi, alias de Baugenciaco (7), VII kal. no-

(1) Plessé, canton de Saint-Nicolas-de-Redon.
(2) Piriac, canton de Guérande.
(3) Missillac, cfr. p. 236.
(4) Sans doute Saint-Nicolas-de-Redon, membre de l'abbaye de Redon.
(5) Saint-Lyphard, canton d'Herbignac.
(6) Fougeray, arr. de Redon, Ille-et-Vilaine.
(7) Guy de Beaugency, chanoine de Bayeux, succéda à Jean de Beaugency qui résigna ses bénéfices (*Reg. Avin. Innocentii VI*, t. XXVII, f. 300 r°).

vembris anno IX° (*26 octobre 1361*); taxata IV^XX^V lib. ut dicit predecessor; recepi XXVIII fr., pecia pro XXX solidis.

Salva reverentia, predecessor qui dicit quod dicta beneficia sunt taxata IV^XX^V lib.; quia pro certo non taxantur nisi LV, videlicet archidiaconatus XXV lib. et prebenda XXX lib.; de quibus solvit ut supra XLII lib., sic restant......... XIII lib.

De **ecclesia de Norto** (1) provisum fuit Thome Pagani idibus martii anno X° (*15 mars 1362*); taxata XL lib.

Restant XL lib.

[f° 68 v°] Collatio facta per ordinarium de **prioratu de Marsac** (2) fratri Roberto de Langon fuit confirmata idibus aprilis anno X° (*13 avril 1362*); taxata XX lib.; recepi pro ipsa taxa XIII fr. et I tertium, franco pro XXX solidis; valent........................ .... XIII fr., I tertium.

Completum.

De **prebenda Beate Marie Nannetensis** (3) provisum fuit Bernardo de Kaerguengaer idibus aprilis anno X° (*13 avril 1362*); non taxata; composuit et solvit in sua specie...... VI scuta.

Completum.

Pro **ecclesia de Boigneyo** (4), que dudum fuit collata Stephano Roleti; taxata L lib.; recepi XX fr., pecia pro XXV sol.; valent.. XX fr.

Restant XXV lib.; non fuit missus nec in regestris reperitur; sit major L lib.

[f° 69 r°] Summa summarum perceptarum de tempore Innocentii pape VI CXXX fr., 2 tertie partes franci, XXVII scuta.

Summa summarum debitarum de tempore Innocentii pape VI CCCLXXIX lib., LX scuta Johannis, fructus XI beneficiorum.

[f° 70 r°] *Sequuntur beneficia collata et confirmata in civitate et diocesi Nannetensi per dominum nostrum, dominum Urbanum papam V, dudum domino Petro Benmundi per Cameram Apostolicam transmissa et michi, Guidoni de Ruppe, per eamdem Cameram in compotis ipsius domini Petri Ben-*

(1) Nort, arr. de Châteaubriant.
(2) Prieuré de Marsac, canton de Nozay, membre de l'abbaye de Redon.
(3) Eglise collégiale de Notre-Dame de Nantes.
(4) Bouin, cfr. p. 229.

mundi pro restis et per modum restarum tradita et alia beneficia michi missa.

De **officio thesaurarie et prebenda** vacantibus **in ecclesia Nannetensi** per obitum Guillermi Roberti succollectoris apostolici, fuit provisum Gauffrido Callac, licenciato in legibus et in artibus, VIII kal. februarii anno I° (*25 janvier 1363*); taxate IV^{xx} lib. secundum antiquum taxum.

Restant IV^{xx} lib.

De **prebenda Nannetensi**, vacante vel vacatura per assecutionem archidiaconatus Redonensis faciendam per Joannem Mauritii, fuit provisum Petro de Monteulx, baccallario in decretis, idibus februarii anno I° (*13 février 1363*); taxata XXX lib. ut supra.

Restant XXX lib.

De **prioratu de Indria** (1), vacante per provisionem factam Reginaldo de Petra de prioratu Brionis, Abrincensis diocesis, provisum fuit Aufredo Valo Joannis Deriani IV kal. martii anno I° (*26 février 1363*); taxatus LX lib.; recepi XLVIII fr., quolibet pro XXV sol.; valent.......................... XLVIII fr.

Completum.

[f° 70 v°] De **prepositura sancti Albini Guerrandie**, dum vacabat per assecutionem archidiaconatus de Deserto in ecclesia Redonensi faciendam per Joannem Mauritii, provisum fuit Petro Berardi, nonis martii anno I° (*7 mars 1363*).

Restant fructus; hic reducitur taxum ad medietatem.

Nicholao Renerii provisum fuit de **ecclesia de Thilleyo** (2), vacante per liberam resignationem Guillelmi de Forgiis, III idus martii anno I° (*13 mars 1363*); recepi XVI fr., quolibet fr. pro XXV sol.; valent.. XVI fr.

Completum.

Causa permutationis fuit provisum Guillelmo Garnerii de **capellania ad altare** Beate Marie in ecclesia Nannetensi et Guillelmo Ternel de **altera capellania S. Hervei in veteri capitulo Nannetensi** VI nonas martii anno I° (*2 mars 1363*); non taxate;

(1) Prieuré d'Aindre, commune de Basse-Aindre, canton de Nantes, membre de l'abbaye de Bourgdieu.
(2) Teillé, canton de Riaillé.

recepi pro dicta capellania s. Hervei per manum Guillelmi Garnerii ex compositione pro parte cameram tangente in specie sua... (IV fr.). Restat medietas fructuum pro alia capellania.

Restant fructus.

Subrogatus fuit Petrus de Carboneriis in omni jure quod competebat Gauffrido de Capite fontium super **decanatu rurali Castri Brientii** VII kal. maii anno I° (*25 avril 1363*); taxatus XXX lib.

Restant XXX lib.

Johanni de Calestria de **canonicatu et prebenda ecclesie Beate Marie Nannetensis,** vacantibus per obitum Guillelmi Roberti, succollectoris apostolici, V nonas martii anno I° (*3 mars 1363*).

Restant fructus.

Johanni Molays, Nannetensis diocesis, de **ecclesia de Donges** (1), vacante ex eo quod Robinus de Fol ecclesiam de Villa episcopi, Andegavensis diocesis, est pacifice assecutus V nonas martii anno I° (*3 mars 1363*); taxata VIII lib.; recepi II fr.

Restant CX sol.

[f° 71 r°] De **prebenda ecclesie Nannetensis,** vacatura per mortem Guillelmi Roberti subcollectoris apostolici, fuit provisum Guillelmo Mali leonis et dimittet capellaniam quam obtinet in dicta ecclesia VII idus maii anno I° (*9 mai 1363*); taxata XV lib.

Restant XV lib.

Collatio et provisio facte per diocesanum Petro Dorenga de **ecclesia de Gemenayo** (2), vacante per resignationem Guillelmi Roberti, subcollectoris apostolici, fuerunt confirmate vel provise de novo II kal. septembris anno I° (*31 août 1363*); taxata XXII lib.

Salva reverentia domini Petri Benmundi taxatur secundum novum taxum ad XXV lib. de quibus recepi XX fr.

Major LX sol.

(1) Donges, canton de Saint-Nazaire.
(2) Guémené-Penfao, arr. de Saint-Nazaire.

Petro Maurelli de Marvilla de **cappellania perpetua Omnium Sanctorum in ecclesia Nannetensi**, vacante per obitum Danielis Riou, cappellani Pape, XI kal. septembris anno I° (*22 août 1363*).

Traditur inutile; restant fructus.

De **archidiaconatu ecclesie Nannetensis**, vacante per dimissionem vel obitum Guidonis Coquatrix, fuit provisum Guillelmo Bernardi [1] et dimittet parrochialem ecclesiam de Carnac, Venetensis diocesis, IV idus februarii anno I° (*10 février 1363*); taxatus C lib.

Restant C lib.

Acceptatio et provisio facte vigore litterarum apostolicarum Gauffrido de Callac de **archidiaconatu ecclesie Nannetensis** fuerunt confirmate et provise de novo kal. martii anno I° (*1er mars 1363*).

Traditur inutile; restant fructus.

[f° 71 v°] De **ecclesia sancti Hilarii de Charleon** [2], vacante vel vacatura simul cum Johannes de Guistrez canonicatum et prebendam ecclesie Beate Marie Parisiensis fuerit pacifice assecutus, fuit provisum Rollando Le Gal, et dimittet cappella-

(1) Guillaume Bernard fut pourvu le 10 février 1364 du canonicat, de la prébende et de l'archidiaconat de Nantes qui vaquaient par la mort de Gui Coquatrix hors de la curie. Il était chanoine de Vannes, de Saint-Symphorien de Reims et de Tours, curé de Carnac au diocèse de Vannes, licencié ès lois. Avant d'entrer en possession de l'archidiaconat de Nantes, dignité avec charge d'âmes qui rapportait 80 livres tournois, il lui était enjoint de se démettre de l'office d'avocat en cour d'Avignon (*Reg. Avin.*, 157, f. 236 r°). Cependant il fut contraint d'attaquer devant l'auditeur des causes du palais apostolique la nomination au même bénéfice de Geoffroy de Callac. La sentence lui étant ressortie contraire, il en appela et la cause fut confiée au cardinal Jean du titre de Saint-Marc. Celui-ci débouta de tout droit les deux adversaires et, par suite de sa longue vacance, l'archidiaconat tomba sous la réserve pontificale. Jean-Maurice de *Karoullay*, chanoine de Nantes et d'Angers, maître en théologie, chapelain pontifical, se crut autorisé à solliciter l'obtention de la dignité. Le cardinal de Saint-Marc fut chargé d'examiner à nouveau les droits de Callac et de Bernard et, s'il venait à confirmer sa précédente sentence, de conférer le bénéfice à l'impétrant, à condition que celui-ci se démît de la prévôté de Guérande et du canonicat et de la prébende de Narbonne (Bulle du 30 octobre 1365. — *Reg. Avin.* 160, f. 288 r°). Les choses traînèrent en longueur; le 25 juin 1370 Jean-Maurice de Karoullay n'était pas encore nanti de l'archidiaconat de Nantes (*Reg. Avin.* 171, f. 121 r°).

(2) Saint-Hilaire de Chaléons, canton de Bourgneuf.

niam in ecclesia Bajocensi VI kal. martii anno I° (*24 février 1363*); taxata XX lib.

Restant XX lib.

De **canonicatu et prebenda ecclesie Nannetensis,** vacaturis cum Petrus de Monteulx canonicatum et prebendam ecclesie Eduensis fuerit pacifice assecutus, fuit provisum Joanni de Malo Tumulo XV kal. januarii anno II° (*18 décembre 1363*); taxati XV lib.

Restant XV lib.

De **cappellania sancti Gohardi et Marie Magdalene in ecclesia Nannetensi,** vacatura cum Thomas Odardi canonicatum et prebendam Carnotensis ecclesie fuerit pacifice assecutus, fuit provisum Leodegario Albot, XIII kal. januarii anno II° (*20 décembre 1363*).

Restant fructus.

Provisio facta de **canonicatu et prebenda et archidiaconatu ecclesie Nannetensis,** vacantibus per obitum Guidonis Coquatrix, auctoritate litterarum apostolicarum Gauffrido de Callac fuit confirmata vel provisa de novo IV nonas januarii anno II° (*2 janvier 1364*).

Restant fructus.

[f° 72 r°] Mandatum fuit exprimi in litteris apostolicis conficiendis super provisione facta Joanni Ernaudi de **prioratu de Mirsilhaco** (1) XX lib. turonensium parvorum, in qua presens expresserat, quia XV sol. non excedebat, II nonas januarii anno II° (*4 janvier 1364*); taxatus X lib.

Restant X lib.

De **archidiaconatu ecclesie Nannetensis,** vacante per obitum seu dimissionem Guidonis Coquatrix extra curiam defuncti, fuit provisum Guillelmo Bernardi, licenciato in legibus, IV idus februarii (*10 février 1364*); taxatus L lib.

Restant L lib.

De **parrochiali ecclesia sancti Hilarii de Charleone,** vacante vel vacatura simul cum Johannes de Guistrez canonicatum et prebendam ecclesie Beate Marie Parisiensi fuerit pacifice

(1) Missillac, canton de Saint-Gildas-des-Bois, membre de l'abbaye de Saint-Gildas.

assecutus, fuit provisum Rollando Le Gal presbytero VI kal. martii (*24 février 1364*); taxata X lib.

Restant X lib.

De **canonicatu et prebenda Nannetensibus,** vacaturis cum Johannes Mauritii archidiaconatum ecclesie Redonensis fuerit pacifice assecutus, fuit provisum Johanni de Malo Tumulo XIV kal. aprilis (*19 mars 1364*); taxati XV lib.

Restant XV lib.

De **canonicatu et prebenda Beate Marie Nannetensis,** vacantibus per promotionem Roberti de Treal, episcopi Redonensis, fuit provisum Johanni Pariset, clerico Trecorensis diocesis, XIII kal. novembris (*20 octobre 1364*); non est taxatum.

Restant fructus.

[f° 72 v°] Anno III°

Causa permutationis fuit provisum Johanni Beraudi, canonico Carnotensi, de **cameraria dicte ecclesie** et Johanni de Monte Mauri de **canonicatu et prebenda Nannetensibus** V idus maii (*11 mai 1365*); taxati XV lib., pro quibus recepi XII fr.

Completum.

De **parrochiali ecclesia de Soudan** (1), Nannetensis diocesis, vacante ex eo quod Herveus de Keroulay archidiaconatum de Deserto in ecclesia Redonensi est pacifice assecutus, fuit provisum Yvoni Stephani, presbytero Leonensis diocesis, qui dimittet parrochialem ecclesiam sancti Limphardi, Nannetensis diocesis; taxata L lib.

Restant L lib.

Sunt due provisiones; quis ipsorum obtinebit ignoro. De **archidiaconatu Nannetensi,** vacante in curia, jure devoluto seu per resignationem aut alio quovismodo per mortem domini Guidonis Coquatrix extra curiam defuncti, fuit provisum Johanni Mauritii et dimittet preposituram Guerrandie, Nannetensis diocesis, pro die nonis novembris (*5 novembre 1365*); taxatus L lib.

Restant L lib.

Sunt tres collationes; ignoro quis obtinebit quia sunt illicite. De **prebenda Guerrandie,** Nannetensis diocesis, vacante

(1) Soudan, canton et arr. de Châteaubriant.

ex eo quod Johannes Mauritii archidiaconatum ecclesie Nannetensis est pacifice assecutus, fuit provisum Hugoni de Keroulay, utriusque juris professori, pro die nonis novembris (*5 novembre 1365*); taxata XV lib.

Restant XV lib.

[f° 73 r°] Anno IV°

De parrochiali ecclesia sancti Limphardi, Nannetensis diocesis, vacante vel vacatura dum Yvo Stephani parrochialem ecclesiam de Soudan, dicte diocesis, fuerit pacifice assecutus, fuit provisum Petro Guiho, subdiacono dicte diocesis, V kal. junii (*28 mai 1366*); taxata VIII lib. que debentur.

Restant VIII lib.

De prioratu de Berayo[1], Nannetensis diocesis, vacaturo dum Guillelmus de sancto Martino prioratum de Cella fuerit pacifice assecutus, fuit provisum Johanni de Duroforti XIV kal. julii (*18 juin 1366*).

Restant fructus.

De prepositura ecclesie collegiate sancti Albini de Guerrandia, vacatura cum Joannes Mauritii de Keroulay archidiaconatum ecclesie Nannetensis fuerit pacifice assecutus, fuit provisum Guidomaro de Landormia nonis octobris (*7 octobre 1366*); non est taxata.

Restant fructus.

Summa omnium receptorum de tempore Urbani.. CII fr.

Summa omnium restarum.................... V^c^III lib., X sol.

Summa fructus X beneficiorum.

[f° 73 v°] Summa omnium receptarum de tempore Clementis et Innocentii................. III^c^II fr., II tert., XXVII scuta Johannis.

Summa restarum de tempore ut supra... M. XXXV lib., X sol., LXIV scuta Johannis, fructus XXI beneficiorum.

[f° 114 r°] Sequitur recepta[2] per me Guidonem de Ruppe collectorem

(1) Prieuré de St-Jean-de-Béré, canton et arr. de Châteaubriant, membre de l'abbaye de Marmoutier.

(2) Il s'agit ici des *vacants* qui « désignent les fruits des bénéfices dont la collation appartient au Pape et qui, pour cette raison, sont dits vacants en cour; le Pape s'en réservait les revenus jusqu'à la nomination d'un nouveau titulaire et confiait la perception à un commissaire spécial ou au collecteur provincial ». G. Mollat et Ch. Samaran, *op. cit.*, p. 63.

in provincia Turonensi facta de fructibus beneficiorum apud Sedem Apostolicam reservatorum et in ipsa curia vacantium de tempore vacationis eorum secundum valorem eorumdem, prout de singulis potui experiri, videlicet de tempore Sanctissimi Patris Domini Urbani Pape V.

Nannetensis.

De monasterio sancti Gildasii de Nemore, O. S. B., quod vacavit a festo beati Michaelis anno Domini 1362 usque ad II idus junii anno Domini 1363 (*29 septembre 1362-12 juin 1363*), quo tempore modici fructus obvenerunt, pro quibus Dominus Herveus [1], abbas modernus, mecum composuit sponte ad... .... LX francos.

[f° 74 r°] **De monasterio Albe Corone** [2], quod vacavit a creatione Domini nostri Pape predicti usque ad XI kalendas aprilis tunc proxime sequentes (*6 novembre 1362-22 mars 1363*), quo tempore modici fructus obvenerunt et est illud monasterium pauperrimum adeo quod servitium suum et bullas obtinuit abbas in curia sibi dari gratis pro Deo; attamen pro fructibus de tempore vacationis composuit ipse abbas mecum ad XL fr.

De ecclesia de Soldano, que vacavit in curia, pro fructibus de tempore vacationis per archidiaconum Medie receptis, habito et audito super hiis compoto cum eodem archidiacono, reddidit michi et recepi.. XX fr.

De cappellania **Omnium Sanctorum in ecclesia Nannetensi** fundata, que vacavit per biennium, pro fructibus ejusdem de tempore vacationis, quos levavit et recepit Guido Rebours, deductis oneribus prehabito compoto super hiis, Oliverius Rebours nomine dicti Guidonis michi reddidit et ab eodem recepi... XX fr.

(1) Hervé du Port; cfr. Dugast-Matifeux, *Nantes ancien et le Pays Nantais*, Nantes, 1879, p. 45.
(2) Blanche-Couronne, O. S. B.

TABLE ALPHABÉTIQUE

DES NOMS DE PERSONNES ET DE LIEUX

C

H

O

P

S

T

TABLE DES MATIÈRES

Imprimerie Oberthür, à Rennes (1162-07)

www.ingramcontent.com/pod-product-compliance
Ingram Content Group UK Ltd.
Pitfield, Milton Keynes, MK11 3LW, UK
UKHW012205240726
13966UKWH00002B/586

9 782012 885196